Zu diesem Buch

Dieses Handbuch führt den Leser Schritt für Schritt in die Grundlagen von Therapeutic Touch oder «heilender Berührung» ein, einer zeitgemäßen Version der uralten Technik des Handauflegens, die inzwischen weit verbreitet ist und häufig benutzt wird, um die üblichen medizinischen Behandlungsmethoden zu ergänzen. Mit Hilfe von Therapeutic Touch werden Körper und Seele über das Energiefeld erneuert. In diesem Buch liefert uns Deborah Cowens, Krankenschwester und Ernährungsberaterin mit über zwanzig Jahren Berufserfahrung, Berichte aus erster Hand über die häufig dramatischen, positiven Auswirkungen heilender Berührung auf Menschen, die unter körperlichen und emotionalen Problemen leiden. Sie gibt klare Anleitungen, wie man bei einer Behandlung vorgeht. Abbildungen, Fotos und einfache Visualisierungsübungen machen es dem Leser leicht, diese Technik zu meistern, die bereits von einer wachsenden Anzahl ganzheitlicher Heiler und Angehöriger der medizinischen Berufe erfolgreich angewendet wird.

«Die Gabe des Heilens» wird den Leser in Kontakt mit der eigenen Heilfähigkeit bringen.

Deborah Cowens ist Krankenschwester, Psychotherapeutin und Ernährungsberaterin. Nach ihrer üblichen medizinischen Ausbildung hat sie auch lange Zeit bei indianischen Heilerinnen gelernt. Seit sechzehn Jahren arbeitet sie in ihrer eigenen Praxis. Sie lebt mit ihrem Mann und zwei Töchtern in San Antonio, Texas.

Tom Monte ist Autor für gesundheitliche Themen und hat bisher zehn Bücher veröffentlicht.

Deborah Cowens / Tom Monte

Die Gabe des Heilens

DIE PRAXIS DER ENERGIEHEILUNG

Deutsch von Agnes Riedel

rororo

Rowohlt

rororo transformation
Herausgegeben von Bernd Jost

Deutsche Erstausgabe
Veröffentlicht im Rowohlt Taschenbuch Verlag
GmbH, Reinbek bei Hamburg, Oktober 1997

Umschlaggestaltung Walter Hellmann
(Foto: The Image Bank / M. Tcherevkoff)
Die Originalausgabe erschien unter dem Titel:
«A Gift for Healing» bei Crown Publishing Group,
New York

Satz Galliard und Frutiger PostScript,
QuarkXPress 3.32
Gesamtherstellung Clausen & Bosse, Leck
Printed in Germany
1690-ISBN 3 499 60382 9

Inhalt

Danksagung

Ich möchte meiner ganzen Familie meine liebevolle Anerkennung aussprechen, besonders David, Meghan und Samantha, die mich während meiner Arbeit an diesem Buch sehr unterstützt haben.

Weiterhin möchte ich mich bei Joyce, Doris, Linda, Phyllis, Sandy und Connie bedanken, ohne deren Rat, Ermutigung und Hilfe beim Tippen ich ins Schleudern gekommen wäre.

Einen besonderen Dank an Clark Godfrey, Betty Taylor Godfrey und Emily Osman für ihre künstlerischen Beiträge.

Dieses Buch ist allen Schülern der Energiearbeit gewidmet und all unseren Patienten, die unsere Lehrer sind.

Anmerkung der Autorin

Es ist meine Hoffnung, daß Sie die Gabe des Heilens, die in jedem von uns angelegt ist, durch Anwendung der in diesem Buch beschriebenen Techniken verstärken können. Erinnern Sie sich, daß Lernen und Wachstum eine Reise sind, die nicht mit dem einmaligen Lesen des Buches abgeschlossen ist. Nehmen Sie sich Zeit, alle Übungen zu machen. Geben Sie sich den Raum und die Zeit, die Sie brauchen, um mit diesem Prozeß wachsen zu können, und seien Sie während des Lernens ebenso geduldig mit sich selbst wie mit Ihren Patienten.

Dieses Buch soll eine Ergänzung und keinen Ersatz für medizinischen Rat oder ärztliche Behandlung darstellen. Bevor Sie eine Behandlung mit Therapeutic Touch beginnen, sollte der Patient gründlich von einem Arzt untersucht worden sein.

Die Fallbeschreibungen sind real und wurden so exakt wie möglich wiedergegeben. Orts- und Personennamen sowie andere Charakteristika, die die Identität der betreffenden Personen preisgeben würden, wurden zur Wahrung ihrer Anonymität geändert.

Es ist die menschliche Berührung,
die zählt in dieser Welt,
die Berührung deiner Hand und meiner.

aus THE HUMAN TOUCH
(Die menschliche Berührung)
von Spencer Michael Free

Einführung

Therapeutic Touch (übersetzt: Therapeutische Berührung, heilende Berührung) ist vielleicht die erste Form der Gesundheitsfürsorge, die jemals praktiziert wurde. Seit Adam und Eva haben Eltern diese Methode instinktiv benutzt, wann immer sie einem Kind eine liebevolle Hand aufgelegt haben, um seine Schmerzen zu lindern, sein Fieber zu senken oder das Heilen einer Wunde zu unterstützen. Therapeutic Touch ist die menschlichste aller Formen des Heilens – die Benutzung der Hände, um sie einer anderen Person in einer Geste des Friedens, des Ausgleichs und der Liebe hilfreich entgegenzustrecken.

Dieses Buch soll Ihnen zeigen, wie Sie sich selbst und anderen – Ihrer Familie, Freunden und geliebten Menschen – helfen können, körperliche, geistige oder seelische Störungen zu überwinden. Sie brauchen keine speziellen Kenntnisse oder Erfahrungen, um diese Methode zu erlernen und effektiv anzuwenden. Auf den folgenden Seiten finden Sie alles, was Sie dafür benötigen. Menschen, die regelmäßig mit Therapeutic Touch arbeiten, werden feststellen, daß die Heilkraft dieser Methode bemerkenswert ist und manchmal sogar an Wunder grenzt. Dieses Buch soll nicht nur Menschen helfen, sondern auch eine Brücke zwischen den beiden Welten des Heilens schlagen: den orthodoxen und den alternativen Formen der Medizin. Ich würde mir wünschen, daß Ärzte und Menschen aus anderen medizinischen Berufen verstehen, was Therapeutic Touch ist, so daß sie anfangen können, in Krankenhäusern und medizinischen Praxen damit zu arbeiten. Indem ich Ihnen als Leser und vielleicht auch als Patienten Informationen vermittle, die Ihnen ein wirkliches Verständnis und Vertrauen in die Wirksamkeit von Therapeutic Touch geben werden, hoffe ich, Sie bei Ihrer Heilung und beim Übernehmen von Verantwortung für Ihre eigene Gesundheit zu unterstützen. Indem Sie diese Heilkunst erlernen und ihre Wirksamkeit erfahren, werden Sie dazu beitragen, den medizinischen Beruf von der Wurzel her zu beeinflussen. Aus diesen Gründen habe ich dieses Buch mit Absicht praktisch und einfach gestaltet, ohne dabei übermäßig zu vereinfachen oder den traditionellen und uralten Philosophien, auf denen die Methode basiert, Unrecht zu tun.

Es ist nicht meine Absicht, dieses Buch als Ersatz für medizinischen Rat oder ärztliche Behandlung anzubieten. Heilende Berührung sollte in Verbindung mit konventionellen medizinischen Therapien benutzt werden. Da sie den Körper entspannt und die Selbstheilungskräfte des Körpers anregt, erhöht sich die Effektivität von Medikamenten und anderen Behandlungsformen.

Ich wurde Therapeutin für heilende Berührung, nachdem ich einen langen Weg zurückgelegt hatte, der mich sowohl mit orthodoxen Formen der Medizin als auch mit alternativen Heilmethoden in Kontakt brachte. Ich habe eine Ausbildung als Krankenschwester, ein Diplom in Ernährungsberatung und bin als *Nurse Practitioner* (eine Art Heilpraktiker für Krankenschwestern, A. d. Ü.) zugelassen, das heißt, ich habe die Erlaubnis, unter der Supervision eines Arztes Medikamente zu verschreiben und Patienten selbständig zu behandeln. Andererseits bin ich eine examinierte Kräuterspezialistin und habe eine offizielle Ausbildung in Therapeutic Touch. Außerdem habe ich mich mit einer großen Bandbreite an ganzheitlichen oder traditionellen Heilmethoden beschäftigt wie z. B. der chinesischen Medizin. Dieser zweispurige Weg in moderner und traditioneller Medizin ergab sich durch eine Reihe von Entscheidungen, die damals hauptsächlich von meinen unmittelbaren Bedürfnissen und Wünschen bestimmt zu sein schienen. Wenn ich jedoch auf die mehr als zwanzig Jahre zurückblicke, die unzähligen Fächer, die ich studiert, und die sehr unterschiedlichen Lehrer, bei denen ich gelernt habe, erscheint jetzt alles so geordnet, als ob meine Ausbildung dazu bestimmt war, mich genau an den Platz zu bringen, an dem ich heute bin: als Therapeutin für moderne und traditionelle Medizin.

Mein Werdegang

Ich bin in Verona im Staat New York geboren und aufgewachsen, und seit meinem zwölften oder dreizehnten Lebensjahr habe ich immer gewußt, daß ich etwas in Richtung Medizin machen wollte. Zuerst wollte ich Ärztin werden, aber mein Vater brachte mich davon ab. «Der Arztberuf ist nichts für Frauen», sagte er. «Du bist besser dran, wenn du Krankenschwester oder Lehrerin wirst.» Das war in den fünfziger Jahren, und die Welt war damals anders – beide Geschlechter waren in einer Weltsicht gefangen, die vielen von uns heute als altertümlich erscheint. Mein Vater beriet mich entsprechend seiner Sicht der Dinge. Damals erkannte ich es noch nicht, aber er half mir tatsächlich, die richtige Entscheidung zu treffen, obwohl er vielleicht – zumindest teilweise – von einigen recht veralteten Sichtweisen beeinflußt wurde. Auf jeden Fall bin ich ihm inzwischen seit Jahren für seinen Rat dankbar.

Meine Eltern waren sich der Wichtigkeit bewußt, sich gut und gesund zu ernähren. Wir aßen biologisches Gemüse, das mein Vater in seinem Garten anbaute, und biologisches Fleisch von Hühnern und Rindern, die auf der Farm meiner Großmutter gezüchtet wurden. Gesunde Ernährung und die Vermittlung gesunder Verhaltensweisen bildeten einen wichtigen Teil der Erziehung von uns vier Kindern.

Während meine Eltern in mancher Beziehung sehr konservativ waren, besaßen sie auch einige einzigartige und spezielle Talente. Meine Mutter schien einen sechsten Sinn für Menschen zu haben. Sie hatte Einblicke in ihr Verhalten und ihre Motive; sie konnte Gefühle bei anderen wahrnehmen, die unter der Oberfläche existierten, manchmal sogar, bevor die Betreffenden selbst diese artikulieren konnten. Diese Fähigkeit war sehr ausgeprägt, und viele Freunde und Familienmitglieder meiner Mutter kamen regelmäßig, um sie um Rat zu fragen.

Meine Mutter war auch eine wunderbare Schneiderin. Sie konnte ein Schnittmuster für ein Kleid in einen Stoffladen mitnehmen, sich fünf Stoffrollen ansehen und sich bildlich vorstellen, wie das Kleid in den fünf verschiedenen Stoffen aussehen würde. Diese visuelle Fähigkeit erstreckte sich auch auf andere Lebensbereiche, etwa wie ein Raum neu dekoriert aussehen würde. Später erkannte ich, daß meine Mutter eine hochentwickelte Fähigkeit besaß, dreidimensional zu visualisieren oder im Geiste zu «sehen». Mein Vater hatte ein ähnliches Talent. Er war Tischler und Lehrer für Kunstgewerbe und konnte nahezu alles aus Holz machen. Er arbeitete oft ohne Vorlage und baute die schönsten Möbel, Schränke und andere Holzgegenstände. Diese Fähigkeiten vererbten sich auf alle vier Kinder – auf meinen Bruder, meine beiden Schwestern und mich. Wir sprachen alle über Gefühle – unsere eigenen und die anderer – und konnten im Geist ein Bild halten und ausführlich darüber diskutieren, ohne daß das für uns irgend etwas Außergewöhnliches war.

Nach Beendigung der High-School studierte ich Krankenpflege an der Niagara University, wo ich unter anderem lernte, scharf zu beobachten. Eine meiner Lehrerinnen in medizinisch-chirurgischer Krankenpflege ging häufig mit uns ins Wartezimmer unseres Krankenhauses, um uns darin zu schulen, Patienten zu beobachten und zu verstehen. Sie ließ uns bestimmte Fragen an uns selbst stellen, die uns öffnen und unsere Wahrnehmung für Menschen und Situationen erweitern sollten. «Was habt ihr gefühlt, als ihr mit dieser Person gesprochen habt?» pflegte sie zu fragen. «Was könnt ihr über die Leute sagen, die ihr beobachtet habt? Was hat dieser Patient durchgemacht? Was für Krankheitssymptome hat er oder sie gezeigt?» Und so weiter.

Während einer meiner frühen Unterrichtsstunden, die auf den Krankenstationen abgehalten wurden, konnte ich miterleben, wie intuitiv meine Lehrerin Menschen wahrnahm. Als wir sie an diesem Morgen auf ihrer Visite begleiteten, bat sie uns, die Dinge aufzulisten, die wir an den Patienten beobachteten, denen wir begegneten. Wir gingen mit ihr in ein Patientenzimmer und beobachteten sie, während sie die Hand des Patienten hielt, guten Morgen sagte und drei Fragen stellte: «Wie geht es Ihnen heute?», «Wie haben Sie geschlafen?» und «Was machen Ihre Schmerzen?». Jeder von uns schrieb drei oder vier Sätze darüber auf, was er beobachtet hatte. Als unsere Lehrerin uns mitteilte, was sie beobachtet hatte, machte das zwei geschriebene Seiten aus. Noch bemerkenswerter war, daß sie all diese Informationen erhalten hatte, indem sie lediglich die Hand des Patienten hielt. Ich war perplex. In diesem Moment wußte ich, daß ich auch fähig sein wollte, so zu berühren – ein menschliches Wesen so tief zu fühlen, daß ich seinen inneren Zustand wahrnehmen konnte, nur indem ich seine Hand hielt.

Während meines Abschlußjahres arbeitete ich in Roswell Park, dem Krebsinstitut in Buffalo. Der dortige Unterricht und die Anleitungen, die ich von den Schwestern auf meiner Station erhielt, waren ausgezeichnet. An diesem Ort begann sich meine Fähigkeit zu entwickeln, Menschen auf vielen Ebenen zu berühren. Eine Patientin, eine ältere Frau, war wegen einer gynäkologischen Krebserkrankung eingewiesen worden, die sich auch auf die Knochen ausgebreitet hatte. Sie hatte große Schmerzen und stand kurz vor einer gynäkologischen Operation. Ihre Ärzte machten ihr aber nicht viel Hoffnung auf Genesung. In jenen Tagen bereiteten die Schwestern die Patientinnen noch auf die Operation vor, indem sie mit einer Rasierklinge die Haare von ihrem Bauch entfernten, und das mußte ich bei dieser Frau machen. Nach etwa fünf Minuten fing sie an zu weinen, sowohl wegen der Schmerzen, die das Rasieren ihr verursachte, als auch aus Angst, sterben zu müssen. Ich hörte auf, sie zu rasieren, und legte instinktiv meine Hände auf die Stelle, wo sie am meisten Schmerzen hatte. Dabei sprach ich ein Gebet, daß der Schmerz nachlassen möge. Nach ein paar Minuten sagte sie mir, sie fühle sich besser, und wir konnten mit dem Rasieren weitermachen. Von Zeit zu Zeit bat sie mich aufzuhören, und ich mußte meine Hand auf ihren Bauch legen, um den Schmerz zu lindern. Zu diesem Zeitpunkt hatte ich keine Ahnung von Therapeutic Touch. Ich berührte sie instinktiv, einzig und allein in der Absicht, ihre Beschwerden zu erleichtern.

Während meines Abschlußjahrs wechselte ich in die Psychiatrie, wo ich Bertha traf, eine Frau Mitte Sechzig, die, wenn sie auf der Station herumging, ihren Finger als imaginäre Pistole benutzte und damit auf nichtexistente Wesen schoß. Ich fragte meine Ausbilderin um Rat, wie ich mit Bertha umgehen sollte. «Mach sie nach, damit du besser verstehen kannst, was sie vielleicht fühlt», riet mir meine Lehrerin. Von da an begann ich, Berthas Verhalten nachzuahmen. Einmal während ich das tat, warf ich beinahe eine Lampe um, und als ich sie wieder zurechtrückte, gestand ich Bertha, daß ich mich albern dabei fühlte, auf imaginäre Personen zu schießen. Bertha blickte mir gerade in die Augen und sagte mit äußerster Klarheit: «Na ja, Sie sehen auch ziemlich albern aus.» Die anderen Patientinnen, die in der Nähe standen, sahen mich alle an, nickten zustimmend und grinsten. Ich lachte, und die nächsten vier Wochen waren Bertha und ich Freundinnen. Für eine Weile erschien sie mir geistig völlig gesund – das heißt, bis ich ihr erzählte, daß ich diesen Teil des Krankenhauses wieder verlassen würde. Sobald sie diese Neuigkeiten hörte, begann Bertha mich zu ignorieren und nahm den Beschuß ihrer imaginären Feinde wieder auf. Sie schien so psychotisch zu sein wie zuvor. Aber diese Erfahrung lehrte mich, daß es – egal, wie krank eine Person sein mag – immer auch einen gewissen Grad von Gesundheit in ihrem Inneren gibt. Dieser gesunde Anteil des Patienten ist es, den ein Heiler zu stärken versucht, um ihn bei der Überwindung seiner Krankheit zu unterstützen.

Von Niagara aus ging ich zur Graduate School, um mit emotional gestörten Kindern zu arbeiten. Hinter all meinen Ausbildungen steckte der tiefe Wunsch, die Ursachen von Krankheit zu finden. Ich glaubte immer, wenn ich die Ursache fände, könnte ich die Krankheit irgendwie mitsamt ihren Wurzeln ausreißen. Nach der Abschlußprüfung arbeitete ich drei Monate lang als examinierte Krankenschwester am Rome City Hospital im Staat New York und ging dann zur Boston University, wo ich einen Master's Degree in kinderpsychiatrischer Krankenpflege erwarb, der mich zu einer klinischen Spezialistin machte. Ich arbeitete drei Jahre lang in der Kinderpsychiatrie und unterrichtete auch an der Schwesternschule.

Als Krankenschwester lernte ich schnell, wie die Kraft der Berührung meinen Patienten half. Wann immer ich Patienten die Hand hielt oder ihnen den Rücken rieb, war die Wirkung höchst kraftvoll und offensichtlich. Sie entspannten sich, und allmählich verschwand ihre Angst. Die Patienten bekamen mehr Vertrauen zu mir und schauten zuversichtlicher auf das, was vor ihnen lag. Es ist bemerkenswert, wieviel Sicherheit einer Person durch einfache Berührung übermittelt wird. Ich fragte mich, ob das der Grund ist, warum wir unsere Kinder instinktiv berühren, wenn wir sie beruhigen wollen.

1972 arbeitete ich an der Boston University im Child Guidance Center und in der Abteilung für frühkindliche Entwicklung, woraus später das Solomon Carter Fuller Mental Health Center wurde. Ich arbeitete mit Familien aus schwierigen sozialen Verhältnissen. Die Babys der Mütter in dieser Gruppe waren häufig Frühgeborene, von denen sehr viele starben. Diese «Frühchen» kamen oft auf die Intensivstation für Neugeborene, wo sie an Lebenserhaltungssysteme angeschlossen wurden. Die Mütter hatten häufig Angst vor all den Maschinen, und diese Angst stand wie eine Wand zwischen der Mutter und ihrem Baby.

Eine der Neuerungen, die ich einführte, war, die Mütter ihre Babys über längere Zeitperioden streicheln zu lassen. Das half den Müttern, ihre Angst vor den Maschinen zu überwinden, und – was noch wichtiger war – das Streicheln half den Kindern, sich wesentlich schneller zu entwickeln, wodurch ihre Sterberate gesenkt wurde. Wir arbeiteten auch selber direkt mit den Kindern, die häufig Mißbildungen hatten. Die von uns eingeführten Körperübungsprogramme hatten bemerkenswerte Verbesserungen in der motorischen Entwicklung der Kinder zur Folge.

Frühgeborene sind oft nicht größer als eine kleine Faust und noch weit verschrumpelter als die Finger eines alten Mannes. Sie sind verletzlich und zart. Aber da ist etwas, was von diesen winzigen, verletzlichen Babys ausgeht, was ich nur als strahlende Energie beschreiben kann. Man fühlt es, wenn man so ein Kind berührt oder die Hand nahe an seinen Körper hält. Wenn die Hand sich dem Kopf oder Rücken des Kindes bis auf wenige Zentimeter nähert, kann man eine gewisse Energie spüren, die von seinem Körper ausgeht. Unsere Hand sagt uns, daß da etwas ist, aber wir können es nicht sehen. Zuerst war ich nicht sicher, was ich da fühlte. Die einzigen Bezeichnungen, die ich diesem Phänomen damals geben konnte, waren «Geist» oder «Energie». Da ich keine Ausbildung in diesen Bereichen hatte, verursachten mir solche Worte Unbehagen. Ich konnte keine rationale Erklärung für meine Wahrnehmungen finden.

Jeder, der schon einmal mit Kindern gearbeitet hat, wird Ihnen sagen, daß diese Erfahrung transformierend wirkt. Eins der Dinge, die man dabei lernt, ist, daß die Weltsicht eines Kindes völlig verschieden von der eines Erwachsenen ist. Kinder finden es aufregend, uns in ihrer Nähe zu haben, und sind sehr offen gegenüber unserer Berührung. Sie haben nicht die gleichen Mauern aus Abwehr und Skepsis um sich herum wie die Erwachsenen. Kinder lassen uns herein. Ich begann mich zu fragen, ob dieser hohe Grad an Empfänglichkeit, Offenheit und Akzeptanz zur Beschleunigung des Heilungsprozesses beiträgt, denn trotz ihrer offensichtlichen Verletzlichkeit erholen sich Kinder oft auf höchst wundersame Weise auch unter völlig widrigen Umständen.

Einige Jahre später auf meinem beruflichen Weg begann ich mich für die Auswirkungen der Diät auf unsere Gesundheit zu interessieren. Im Alter von neunundzwanzig Jahren schrieb ich mich an einer Schule für Ernährungslehre ein, um etwas über ganzheitliche Gesundheit und Ernährung zu lernen. Ich erkannte auch, daß die Ernährung ein Bereich ist, den jeder von uns bis zu einem gewissen Grad kontrollieren kann und der uns daher die Macht gibt, uns selbst zu heilen. Diese Idee leuchtete mir ein, zum Teil aufgrund meiner Kindheitserfahrungen auf diesem Gebiet. Zu dieser Zeit begann sich gerade die Bewegung für biologische und natürliche Ernährung auszubreiten.

An der Schule begann ich zu erkennen, daß ich einen gewissen Grad an außersinnlicher Wahrnehmung besaß, der mir einen Einblick in den inneren Zustand einer Person ermöglichte. Ich entdeckte, daß ich, wenn ich jemanden mit der Absicht anschaute, etwas über seinen Gesundheitszustand zu erfahren, manchmal bestimmte Ereignisse wahrnehmen konnte, die sich im Körper dieser Person abspielten – sogar in ihren Organen. Wenn ich z. B. den Bereich berührte, wo sich die Leber eines Patienten befand, oder meine Hände auf seinen Bauch legte, bekam ich ein Bild von seinem inneren Zustand und darüber, ob dieser Patient an irgendeiner Form von physischer oder emotionaler Pathologie litt. Ich fing auch an, mich beim Berühren der Patienten zu konzentrieren und zu beten. Sehr häufig erzählte mir die betreffende Person, daß ihr Schmerz oder ihre Entzündung mit meiner Berührung deutlich abgenommen hätte. Diese Erkenntnis bewirkte eine tiefe Veränderung in meinem Leben. Sie gab auch meinen vorherigen Erfahrungen mit Berührung eine größere Bedeutung.

1982 ging ich zum Heilungs- und Ausbildungszentrum Interface in Boston, um Therapeutic Touch zu lernen. Ich wußte gleich zu Beginn, daß dieser Ansatz für mich richtig war. Es war so, als ob meine bisherige Ausbildung und viele meiner Erfahrungen bereits die Grundlage für diese Arbeit gelegt hätten. Ich war gut vorbereitet, und von dem Moment an, als ich das Klassenzimmer betrat, erschien mir nichts von dem, was unterrichtet wurde, merkwürdig, bizarr oder auf irgendeine Weise außerhalb des normalen menschlichen Erfahrungsbereichs. Die Ausbildung vermittelte mir auch eine Sprache, um meine Eindrücke und Erfahrungen beschreiben zu können, sowie diverse Techniken, die ich in der Praxis anwenden konnte.

Danach suchte ich aktiv nach spirituellen Erfahrungen und Unterweisungen und lernte einiges über indianische Heilmethoden – einschließlich solchen, die mit heilender Berührung zu tun haben. Besonders dankbar bin ich für meinen fortlaufenden Unterricht bei Oh Shinnah Fastwolf, einer Apachenfrau, und Twylah Nitsch, einer Senecafrau. Diese beiden indianischen Frauen haben mich sehr unterstützt und ermutigt; beide vermittelten mir durch ihr indianisches Lebensverständnis eine ganzheitlichere Weltsicht. Sie lehrten mich, Energiearbeit zu machen, eine klare Absicht zu entwickeln, Bildvorstellungen zum Heilen zu benutzen und Geduld mit mir zu haben, während ich auf meiner Lebensreise voranschritt. Oh Shinnah machte mir die Bedeutung von Ritual und Gebet klar, nicht nur, um empfänglicher für Heilenergien zu werden, sondern auch, um während des Prozesses fokussiert zu bleiben. Twylah half mir mit meiner Technik. Aber was noch wichtiger war – sie legte viel Wert auf Geduld und die Notwendigkeit, mich zu erinnern, wer ich bin. Twylah betont immer, daß jedem von uns auf einer unbewußten Ebene alles Wissen zugänglich ist, einschließlich des Wissens um unsere persönliche spirituelle Identität. Lernen ist in Wirklichkeit Erinnern, und die wichtigste Erinnerung, die wir letztendlich alle anstreben, ist die Erkenntnis unseres wahren spirituellen Selbst.

In diesem Buch versuche ich, Ihnen die Essenz und die praktische Anwendung all dieser Lehren zu vermitteln. Ich hoffe, daß Sie während unserer gemeinsamen Reise durch dieses Buch Ihre Heilungsfähigkeiten und Ihre außersinnliche Wahrnehmung steigern lernen, so daß Sie sich selbst und anderen helfen können.

Einige Kapitel enthalten Übungen, die Sie dabei unterstützen werden, Ihre Energien zu fokussieren, während Sie Therapeutic Touch lernen.

Heilung beginnt mit Respekt und Vertrauen

Während meiner zahlreichen Jahre des Lernens bin ich Zeugin und Vermittlerin vieler bemerkenswerter Heilungen geworden, von denen ich im Verlauf dieses Buches berichten werde. Ich habe auch Methoden erlernt, um den Energiekörper oder die Lebenskraft, die um alle Menschen herum existiert, verstehen und spüren zu können. Aber was meine Lehrer mir zuerst vermittelten, war die richtige Einstellung, an diese Methode heranzugehen. Es ist nicht der Heiler, der heilt; er erleichtert nur einen Prozeß, der in uns allen aktiv und von selber vorhanden ist. Der Same für eine Heilung ist bereits in der hilfesuchenden Person angelegt. Es ist wichtig, daß derjenige, der mit heilender Berührung behandelt wird, offen und respektvoll gegenüber diesem Heilungsprozeß ist. In gewissem Sinne müssen wir wie Kinder sein – offen, empfänglich und bereit zu lernen. Indem der Behandelte Geist und Seele offenhält, erlaubt er der Energie, die ihm zufließt, aufgenommen und effektiv genutzt zu werden.

Eine achtungsvolle Haltung dem Heilungsprozeß gegenüber ist immer die Basis aller traditionellen Heilweisen gewesen, und das ist weltweit immer noch so. In den meisten Kulturen wird Heilung nicht als eine glückliche Mischung chemischer Prozesse angesehen, sondern als Ausdruck einer harmonischen Verbindung von Himmel und Erde. In vielen Kulturen werden Heilungsrituale praktiziert, um größeres Vertrauen hervorzurufen, was wiederum die Heilkräfte im Inneren der hilfesuchenden Person und innerhalb ihrer Familie und Gemeinschaft erhöht.

Die von mir angeführten wissenschaftlichen Studien, die die Wirksamkeit von Therapeutic Touch beweisen, zeigen, daß jeder Mensch von heilender Berührung profitiert, unabhängig von seinem Glauben. Meine Erfahrung hat jedoch gezeigt, daß diejenigen, die offener und empfänglicher sind, schnellere Fortschritte machen. Aus diesem Grund betone ich immer, daß *Heilung ein Geschenk ist, das Sie sich selber machen*, weil Sie diese erhöhte Lebensenergie aufnehmen und Ihrem Körper, Ihrem Geist und Ihrer Seele erlauben müssen, sie zu Ihrem höchsten Wohl zu nutzen. Etwas in Ihnen lenkt diese höheren Energien zu Ihrem eigenen Besten und nimmt den Heilungsprozeß an. Wie Norman Cousins in «Anatomie einer Krankheit» schreibt: «Medikamente sind nicht immer notwendig. Glaube an die Genesung immer.»

Wir leben in einer Zeit, in der Brücken zwischen orthodoxer und alternativer Medizin gebaut werden müssen, wenn wir ein wirklich humanes und effektives Gesundheitssystem haben wollen. Heutzutage suchen mehr und mehr Menschen Rat und Behandlung bei alternativen Medizinern und Heilpraktikern, die Dinge wie Akupunktur, Massagebehandlungen, Kräutermedizin, Diäten und andere traditionelle Heilmethoden anbieten. Heilende Berührung gehört zu den Behandlungsformen, die dabei sind, an Glaubwürdigkeit in der Öffentlichkeit zu gewinnen, sowohl bei Laien als auch bei den medizinischen Berufen. Es gibt inzwischen wissenschaftliche Beweise für die Effektivität alter Heilmethoden, die die Weltsicht der westlichen Gesellschaft dramatisch verändern. Dieser Trend wird sich weiter fortsetzen, da mehr und mehr Menschen nach kreativen Wegen suchen, alte und hartnäckige Beschwerden zu heilen. Ich hoffe, daß mein Buch «Die Gabe des Heilens» Menschen inspirieren wird, diese Methode anzuwenden und dadurch im Laufe der Zeit ein besseres Verständnis von Heilung – und von sich selbst – zu entwickeln.

TEIL EINS

Die Sprache der Energie erlernen

EINS

Eine uralte Heilkunst, wissenschaftlich betrachtet

Von unseren Händen geht eine heilende Kraft aus. Diese Kraft kann Menschen dabei helfen, Krankheiten, negative Denkmuster und alte, nutzlos gewordene Gewohnheiten zu überwinden. Sie kann Wunden heilen, Schmerzen lindern, das Energieniveau anheben, die seelische Gesundheit verbessern und zur Erleichterung und Heilung chronischer Krankheiten beitragen. Therapeutic Touch oder heilende Berührung – im Westen meist «Handauflegen» genannt – ist eine Behandlungstechnik, die praktisch in allen traditionellen Kulturen benutzt wurde. Sie kann auch die konventionellen Behandlungsmethoden unserer heutigen Medizin sehr effektiv ergänzen. Heutzutage ist die Wirksamkeit heilender Berührung bereits durch eine ganze Reihe wissenschaftlicher Studien nachgewiesen worden, obwohl die Wissenschaftler sich noch nicht ganz klar darüber sind, wie und warum diese Methode funktioniert.

Im weitesten Sinne kann man sagen, daß heilende Berührung eine bewußte Lenkung von Lebensenergie ist – von ihrer unendlichen Quelle durch den Heiler zu der hilfebedürftigen Person – mit der Absicht, ihr Liebe und Unterstützung bei der Überwindung eines körperlichen oder seelischen Problems zu geben. Diese bewußte Übermittlung von Energie kann durch das Erlangen eines tieferen Verständnisses dieser Heilmethode sowie durch bestimmte Techniken erleichtert und verstärkt werden.

Therapeutic Touch oder heilende Berührung wird heute bereits an achtzig Colleges und Universitäten in den Vereinigten Staaten gelehrt und von Angehörigen medizinischer Berufe in allen Teilen unseres Landes angewendet. Führend in dieser Bewegung ist der Krankenpflegeberuf (dem auch ich angehöre), größtenteils deshalb, weil es traditionell gesehen hauptsächlich die Krankenschwestern sind, die den Patienten emotionale Unterstützung, Mitgefühl und Trost spenden, oft auch in Form von Berührung. Das Praktizieren von Therapeutic Touch ist das Ergebnis unseres Wunsches, Menschen in Zeiten von Krisen oder Schmerzen beizustehen.

Um das WIE und WARUM heilender Berührung verstehen und ihren therapeutischen Wert voll nutzen zu können, müssen wir uns für eine erweiterte Sichtweise unserer selbst und des Lebens an sich öffnen. Wir müssen gewissermaßen über die begrenzende Definition von Leben hinausgehen, die uns von unserer modernen Kultur aufgezwungen worden ist, und unser Leben wieder auf traditionellere Weise sehen lernen – das heißt, so wie während eines Großteils der Menschheitsgeschichte: als ein körperliches, emotionales und spirituelles Ganzes, das in Verbindung mit dem Leben anderer und dem vielfältigen Leben unserer natürlichen Umgebung steht.

Auch Gesundheit müssen wir auf ähnliche Weise verstehen. Statt Gesundheit lediglich als Abwesenheit von Krankheitssymptomen zu betrachten, müssen wir auch sie in einem größeren Zusammenhang sehen – als einen Zustand der Ganzheit und Integration von Körper, Geist und Seele innerhalb eines größeren kulturellen und natürlichen Umfelds. Jeder von uns stellt ein riesiges Reservoir an emotionalen, psychologischen und spirituellen Wachstums- und Entwicklungsmöglichkeiten dar. In der Tat beruht unsere Gesundheit auf unserer Fähigkeit, ständig in die Tiefen unserer Psyche hinabzutauchen und die einzigartigen Fähigkeiten und Eigenschaften, die dort in uns verborgen liegen, hervorzuholen und zu entwickeln. Doch nur wenigen von uns gelingt es, ihr volles Potential zu verwirklichen, zum Teil deswegen, weil wir viele unserer besseren Eigenschaften verstecken und aufgrund von Ängsten oder falschen Überzeugungen unterdrücken oder ablehnen. Diese unterdrückenden Emotionen stehen wie eine energetische Wand oder Blockade zwischen unserem Potential oder wahren Selbst und unserem Verstandesbewußtsein. So kommt es, daß wir uns der Welt nur mit einem Teil unserer wirklichen Fähigkeiten, Stärke und Geisteskraft zuwenden können, die uns eigentlich zur Verfügung stehen.

Außer unsere Selbsterkenntnis und unsere Selbsteinsicht zu behindern, können energetische Barrieren auch den Fluß der Lebensenergie durch den Körper blockieren. In den traditionellen Gesundheitsmodellen hängt das Funktionieren des gesamten Körpers – und all seiner Teile – vom optimalen Fluß der Lebensenergie ab. Wenn durch Blockaden bestimmte Körperteile ihrer Lebenskraft beraubt werden, werden diese Zellen, Gewebe und Organe in der Folge schwach und träge; ihr Stoffwechsel stagniert, und allmählich degenerieren sie. Mit der Zeit können solche Zustände zu einer Form von Krankheit führen. Diese Krankheit kann den einen oder anderen Namen haben, aber die wahre Ursache des körperlichen oder mentalen Problems ist die zugrundeliegende Verminderung der Lebensenergie, die zu dem betreffenden Körperteil fließt. Daher beginnt eine tiefgehende Heilung mit einer Wiederherstellung der Lebenskraft in den damit unterversorgten Bereichen des Körpers.

Mit Hilfe heilender Berührung können wir all diese Probleme angehen, indem wir Blockaden oder Barrieren auflösen, die den Energiefluß behindern. So wird die Lebenskraft in den unterversorgten Körperteilen wiederhergestellt. Gleichzeitig kann heilende Berührung uns dabei helfen, ein tieferes Verständnis für uns selbst zu entwickeln und die in uns verborgen liegenden Talente besser auszudrücken.

Nach einer Einzelbehandlung mit Therapeutic Touch fühlt sich der Patient unweigerlich erfrischt, gestärkt und klarer, so, als ob er gerade ein sehr erholsames Schläfchen gehalten hätte.

Wiederholte Sitzungen haben einen bemerkenswerten gesundheitsfördernden Effekt. Akute körperliche Symptome und lange bestehende chronische Beschwerden werden abgemildert oder verschwinden ganz.

Die psychologische und spirituelle Transformation ist gleichermaßen eindrucksvoll. Allmählich verschwinden die Blockaden, die die betreffende Person bisher daran gehindert haben, sich selbst zu erfahren und zu verstehen, aus ihrem Energiefeld und damit aus ihrem Leben. Alte einschränkende Überzeugungen werden abgestreift wie eine Haut, aus der die Person herausgewachsen ist. Krankmachende Verhaltensmuster können losgelassen werden, und der Patient sieht klarer, welche Lebensweise seiner Gesundheit förderlich ist.

Eins der Ziele heilender Berührung ist es, Menschen klarer erkennen zu lassen, wer sie wirklich sind, und sie dabei zu unterstützen, diese Erkenntnis in ihrem Alltagsleben umzusetzen. Ich nenne das «Integriertes erweitertes Gewahrsein». Nur indem wir dieses Gewahrsein in unsere täglichen Aktivitäten einfließen lassen, können wir unsere Integrität wirklich entwickeln. So befreien wir uns mit der Zeit von begrenzenden Verhaltensweisen und entwickeln ein gesünderes und viel umfassenderes Bild von unserem wahren Selbst.

Heutige Heiler, die mit traditionellen Heilmethoden arbeiten, benutzen oft eine ganze Bandbreite von Behandlungsmethoden einschließlich Ernährung, Kräuterheilkunde, Akupunktur und Handauflegen, um den physischen Körper und die Lebenskraft des Patienten zu stärken. Ich selbst wende in meiner Arbeit ebenfalls viele verschiedene Formen des Heilens an und kombiniere häufig auch moderne wissenschaftliche Medizin und traditionelle Heilmethoden miteinander. In meinen zahlreichen Praxisjahren habe ich intensiv mit Therapeutic Touch gearbeitet und großes Vertrauen in die bemerkenswerte Kraft dieser Methode gewonnen, die Gesundheit von Körper, Geist und Seele wiederherzustellen. Dieses Buch ist aus meiner Praxis erwachsen und soll ein Gleichgewicht zwischen den häufig notwendigen modernen medizinischen Behandlungsmethoden und traditionellem Heilen herstellen.

In diesem Buch werde ich unter anderem auch darüber sprechen, was die wissenschaftliche Forschung über heilende Berührung zu sagen hat; größtenteils werde ich jedoch aus der Sichtweise der traditionellen Heiler an dieses Thema herangehen – mit dem gleichen Verständnis und Respekt, den sie dieser Heilmethode schon seit der Geburt der Zivilisation entgegengebracht haben. Keine andere Sichtweise kann besser erklären, wie die Methode tatsächlich funktioniert, und es gibt keine bessere Vorbereitung für die Anwendung ihrer Prinzipien als die von den alten Heilern empfohlenen Verhaltensweisen.

Die Methode ist unter vielen Namen bekannt. Dolores Krieger, Wissenschaftlerin, Krankenschwester und Pionier auf dem Gebiet heilender Berührung, hat zusammen mit der Heilpraktikerin Dora Kunz den Begriff Therapeutic Touch geprägt. Manche nennen es «Heilen» und wieder andere «Heilen durch das aurische Feld». Im allgemeinen benutze ich den Begriff «heilende Berührung», obwohl alle genannten Namen im Prinzip austauschbar sind. Egal, wie wir die Sache nennen – die grundlegenden Prinzipien sind dieselben. Einfach ausgedrückt dient der Heiler als Kanal oder Leiter für machtvolle heilende Energien, die durch ihn hindurch zu der Person fließen, der er helfen will.

Heutzutage gewinnt die Anwendung heilender Berührung langsam ihr altes Ansehen zurück, dank der vielen Menschen – Mediziner, Wissenschaftler und Laien –, die damit anderen bei der Überwindung aller möglichen Krankheiten und Probleme helfen.

Dieses Buch wird Ihnen beibringen, wie man heilende Berührung anwendet. Es wird Ihnen zeigen, wie Sie eine Energie nutzen können, die auch jetzt, in diesem Moment, Ihr gesamtes Wesen durchdringt. Soweit es möglich ist, werde ich erklären, wie Therapeutic Touch funktioniert und warum. Dieses Buch wendet sich an diejenigen unter Ihnen, die die heilende Kraft ihrer Hände wiederentdecken und nutzen wollen. Sie können heilende Berührung in kleinerem Rahmen anwenden, um sich selbst, Ihren Freunden und Ihrer Familie zu helfen, oder Sie können durch fortgesetztes Üben, Lernen und kontinuierliche Arbeit an sich selbst auch Therapeut für diese kraftvolle Heilmethode werden.

Wie die meisten Heilkünste stellt auch heilende Berührung hohe Anforderungen an den Behandler. Im Verlauf dieses Buches werde ich viele der heute üblichen Überzeugungen und Sichtweisen in Frage stellen. Sie werden aufgefordert, auf einer viel tieferen Ebene als bisher den Fähigkeiten und Wahrnehmungen Ihrer Sinne vertrauen zu lernen, und zwar besonders denen, die mit Berührung und Intuition zu tun haben.

Die unentdeckten Kräfte der Berührung

Mehr oder weniger nehmen wir alle unsere Sinne als gegeben hin, aber kein anderer Sinn wird so häufig übersehen wie unser Tastsinn. Dabei vermitteln uns ironischerweise gerade unsere Berührungsempfindungen in jedem Augenblick unseres Lebens eine unaufhörliche und überwältigende Menge an Informationen. Machen Sie sich für eine Weile bewußt, daß gerade jetzt, in diesem Moment, Ihre Hände Sie mit Informationen über das Buch versorgen, das sie halten – Informationen über die Dicke der Seiten, die Schärfe ihrer Kanten, den Widerstand, der durch die Buchbindung hervorgerufen wird, das Gewicht des Buches und die Glätte des Einbands. Wenn Sie sitzen, senden die Nerven in Gesäß und Beinen Signale an Ihr Gehirn, die etwas über die Form und Bequemlichkeit Ihres Stuhls aussagen. Die Temperatur um Sie herum wird Ihnen über die Luft vermittelt, die Ihre Haut berührt, und die Haut gibt Ihnen auch Informationen über die Kleidung, die Sie tragen, und den Druck Ihrer Füße auf dem

Boden. Der Berührungssinn vermittelt uns ein Gefühl für den Raum – nicht nur für die grobe Materie, die wir berühren, sondern auch für die Wärme der Sonne auf unserer Haut, den Wind in unserem Gesicht oder die Beschaffenheit und den Widerstand des Bodens unter unseren Füßen. Er sagt uns etwas über die Temperatur des Wassers, die Weichheit oder Rauheit der Haut eines Menschen und über alle möglichen Details jeder Oberfläche, auf die wir stoßen. Ohne unseren ständig präsenten Tastsinn würden wir in unserem physischen Universum völlig «die Berührungspunkte verlieren».

Jeder von uns wird durch Berührung in diesem physischen Leben willkommen geheißen – durch die Berührung unserer Eltern, die erste und wesentlichste Form, wie eine Mutter oder ein Vater ihrem Kind ihre Liebe übermitteln. Berührung ist ein grundlegendes Mittel menschlicher Kommunikation.

In gewisser Weise erkennen wir, daß Berührung heilend wirken kann, besonders wenn sie liebevoll ist. Es ist dieses instinktive Wissen, das Eltern dazu veranlaßt, den blauen Fleck eines Kindes zu reiben oder zu küssen oder ein Kind in den Arm zu nehmen, wenn es emotional oder körperlich verletzt ist. Tatsächlich ist liebevolle Berührung auch wesentlich für unsere Entwicklung. Wenn ein Kind nicht genügend liebevolle Berührung bekommt, wird sein Hormonsystem beeinträchtigt, und es wächst nicht richtig. Forscher an der Medizinischen Hochschule der University of Miami haben herausgefunden, daß die Gewichtszunahme bei Frühgeborenen um 50% schneller war, wenn sie drei jeweils fünfzehnminütige Streicheleinheiten am Tag erhielten. Die Babys, die diese Zuwendung bekamen, waren ausgeglichener, aktiver und benötigten weniger Tage auf der Intensivstation als diejenigen ohne zusätzlichen Körperkontakt. Kinder, die verlassen worden sind und nicht berührt werden, leiden häufig an sogenannten «Gedeihstörungen», wie die Ärzte sagen würden. Vielen älteren Leuten, die allein und ohne regelmäßigen Körperkontakt leben, geht es ähnlich.

Das Bedürfnis nach Berührung bleibt unser ganzes Leben lang erhalten. Eine Umarmung, ein Kuß, Sexualität und ein anerkennendes Schulterklopfen – all das sind Beispiele dafür, wie Berührung im täglichen Leben benutzt wird, um Liebe, Unterstützung und Versöhnung auszudrücken und sogar Heilung zu vermitteln.

Irgendwie können wir bei der Berührung eines Menschen auch etwas über dessen Einstellung und Charakter wahrnehmen. Wenn man jemandem die Hand schüttelt, seine Schulter berührt oder ihn umarmt, geht dabei etwas von dem einen auf den anderen über, das beinahe greifbar und voller Informationen ist. Tatsächlich ist unsere Fähigkeit, Informationen mittels Berührung aufzunehmen, so fein, daß Eltern in der Lage sind, mit geschlossenen Augen und nur mit Hilfe ihres Tastsinns ihr eigenes neugeborenes Baby unter Dutzenden anderer Kinder zu erkennen. Wenn wir aktiv daran arbeiten, uns solche Informationen bewußt zu machen, beginnen wir uns für die unglaublichen Wahrnehmungsfähigkeiten zu öffnen, die in jedem von uns angelegt sind. Wir beginnen uns für eine größere Definition von Leben zu öffnen, die faßbare und nicht faßbare Verbindungen zu anderen beinhaltet.

Heilende Berührung erfordert einen noch höheren Grad an Sensitivität als z. B. Massage, weil der Behandler dabei den Patienten nicht direkt berührt, sondern seine Hände lediglich in einem gewissen Abstand über dessen Körper führt. Manchmal berühre ich auch den physischen Körper, um blockierte oder stagnierende Energie zu bewegen – worauf ich später noch genauer eingehen werde –, die meiste Zeit jedoch arbeite ich am Energiefeld selbst, das heißt, in einigem Abstand zum physischen Körper. Der Behandler versucht, das zu heilen und zu stärken, was traditionelle Heiler die «Lebenskraft» nennen, ein komplexes Gewebe aus Energie, das den physischen Körper umgibt und durchdringt.

Unsere Kultur hat nur wenig Verständnis dafür, wie jemand die

Gesundheit eines anderen Menschen beeinflussen kann, ohne ihn körperlich zu berühren. Unsere gegenwärtige Weltsicht, die auf dem Modell wissenschaftlicher Objektivität basiert, geht davon aus, daß die Welt aus getrennten Objekten besteht, die keine Beziehung zueinander haben, solange sie nicht in physische Interaktion miteinander treten. Diese Sichtweise des Lebens hindert uns daran, die subtilen, aber machtvollen Kräfte zu verstehen, die uns alle miteinander verbinden. Sie hindert uns auch daran zu sehen, wie jemand, der mit Therapeutic Touch arbeitet, als Kanal für eine mächtige heilende Kraft dient, die von einer Person auf eine andere übertragen werden kann.

Um diesen Prozeß besser zu verstehen, wollen wir uns zunächst dem Sprachgebrauch und der Philosophie unserer Vorfahren zuwenden, um uns anschließend damit zu beschäftigen, wie die moderne Wissenschaft trotz ihrer Vorurteile gegen Begriffe wie «Lebenskraft» und «menschliches Energiefeld» diese Philosophien anhand ihrer Experimente beurteilt.

Die Energie, die unseren Körper belebt

Jede traditionelle Kultur, sei es die chinesische, japanische, indische, griechische oder indianische, betrachtet Leben als eine selbständige Einheit – eine Art Lebenskraft –, die für bestimmte Zeitperioden in physischen Objekten wohnt. Diese Lebenskraft ist wie ein riesiger und grenzenloser Energiestrom, ähnlich einem Fluß, der keinen Anfang und kein Ende hat. Der Strom der Lebenskraft manifestiert sich in Form von einzelnen Menschen, Tieren, Insekten, Pflanzen und «unbeseelten» Objekten wie z. B. Steinen. Die alten Chinesen nannten diese unbegrenzte Lebenskraft CHI, die Griechen nannten sie PNEUMA, die Inder PRANA, die Japaner KI und die Indianer einfach den Strom des Großen Geistes.

Unabhängig von dem Namen, den wir ihr geben, wird der Fluß einer universellen Lebensenergie vom Schöpfer des Universums zu jedem lebenden Objekt praktisch in jeder traditionellen Kultur als Grundlage für körperliche, psychische und spirituelle Gesundheit angesehen. Unser Körper nimmt diese Lebensenergie ständig auf. Sie umgibt jede Zelle, jedes Organ und jeden unserer Sinne. Sie ist wie eine große Energiekugel, innerhalb derer unser Körper sich aufhält. Solange die Lebensenergie ungehindert durch den menschlichen Körper fließt, arbeiten all seine Organe, Funktionssysteme und Sinne auf optimale Weise. Krankheit wird durch einen verminderten Fluß der Lebensenergie verursacht. Wenn die Energie nicht frei zirkulieren kann, arbeiten die Organe weniger effektiv – der Fluß von Blut und Lymphflüssigkeit stagniert, Abfallstoffe sammeln sich an, und Krankheiten können sich manifestieren.

Unabhängig davon, welche Heilmethoden er benutzt, behandelt jeder traditionelle Heiler im wesentlichen die Lebenskraft selbst. Wo immer die Lebenskraft zu schwach oder mangelhaft ist, versucht der Heiler, sie zu stärken; da, wo sie zu stark oder im Überschuß vorhanden ist, versucht er sie auszugleichen oder zu regulieren. Ist der optimale Fluß der Lebenskraft wiederhergestellt, wird sie automatisch die natürlichen Heilkräfte des Körpers bei der Wiederherstellung seiner Gesundheit unterstützen.

Die traditionellen Denkweisen besagen, daß die Lebensweise eines Menschen den Grad seiner Aufnahmefähigkeit für die Lebensenergie beeinflußt, so daß er selbst dadurch seine Existenz entweder bereichert oder beschränkt. Methoden, die die Lebensenergie des Individuums stärken, dienen letztendlich auch als Grundlage für das religiöse und spirituelle Leben dieser Kulturen. Aus diesem Grund stellt so gut wie jede religiöse Tradition ihren spirituellen Lehrer von einem Lichtschein umgeben dar. Zeugnisse für die Kraft der Lebensenergie, die von spirituellen Leitfiguren ausgestrahlt wird, sind in großer Zahl vorhanden: Im Buddhismus ist es Buddha, von dem ein goldener Schein ausgeht; im Christentum wird Jesus mit einem strahlenden Heiligenschein um den Kopf herum dargestellt. Die Bibel und andere religiöse Bücher beschreiben, wie diese Persönlichkeiten den Fluß der Lebensenergie kontrollierten, um andere zu heilen (siehe z. B. Markus 5,28–34).

Archäologen haben mit Hilfe der am Toten Meer entdeckten Schriftrollen herausgefunden, daß es bei den Essenern eine Ausbildung im Handauflegen gab, und daß bestimmte Menschen in der Essenergemeinde ausgeprägte Fähigkeiten in der Anwendung heilender Berührung besaßen. Höhlenmalereien über Heilungsmethoden der Indianer stellen ebenfalls die Praxis des Handauflegens dar, und auch im gesamten asiatischen Raum wurde heilende Berührung benutzt. Tatsächlich basieren die gesamte taoistische Philosophie, die Akupunktur und die Kampfkünste auf der Entwicklung eines tiefgehenden Verständnisses dieser allem zugrundeliegenden Lebenskraft und ihrer Nutzung zur Erlangung von Gesundheit, Weisheit und persönlicher Macht.

Zunehmende Unterstützung durch die Wissenschaften

In der heutigen Zeit lernen Wissenschaftler diese uralten Weisheiten wieder schätzen. Wann immer Forscher die Wirksamkeit heilender Berührung experimentell untersuchen, berichten sie von übereinstimmenden und bemerkenswerten Ergebnissen.

An der McGill University in Montreal, Kanada, fand Dr. Bernard Grad heraus, daß die Wunden von Labormäusen, die mit heilender Berührung behandelt wurden, schneller heilten als vergleichbare Wunden von Mäusen, die eine solche Behandlung nicht erhielten. Dr. Grad stellte auch fest, daß mit Therapeutic Touch behandelte Pflanzen schneller und kräftiger wuchsen und mehr Chlorophyll produzierten als Pflanzen ohne eine solche

Behandlung. Dr. Krieger berichtet von einer Erhöhung der Hämoglobinkonzentration – des roten Blutfarbstoffs, der für den Sauerstofftransport zuständig ist – bei Patienten, die mit Therapeutic Touch behandelt wurden. Da Hämoglobin wesentlich für das Leben an sich und für den Heilungsprozeß ist, läßt dieses Ergebnis darauf schließen, daß heilende Berührung die Selbstheilungskräfte des Körpers stärkt. Auch durch andere Studien wird diese Schlußfolgerung unterstützt. Daniel Wirth von der John F. Kennedy University Graduate School for Professional Psychology in Orinda, Kalifornien, demonstrierte eine Beschleunigung der Wundheilung bei zweiundzwanzig von vierundvierzig männlichen Studenten, die als Freiwillige an einem Experiment teilnahmen, bei dem sie nach einem chirurgischen Schnitt fünf Minuten lang mit Therapeutic Touch behandelt wurden.

Im Jahre 1987 berichtete Dr. Janet Quinn von einer signifikanten Verbesserung der Immunabwehr bei Testpersonen, die heilende Berührung erhielten. Unter anderem fand sie eine erhöhte Relation von CD4-Zellen – den T-Helferzellen, die die Mobilisierung der Abwehrkräfte gegen ein Antigen steuern – zu CD8-Zellen – den Zellen, die eine Immunreaktion unterdrücken. (Diese erhöhte Relation von CD4- zu CD8-Zellen ist besonders wichtig bei HIV-Infizierten und Menschen mit AIDS. Bei diesen Menschen nimmt normalerweise die Zahl der CD4-Zellen ab, während die Zahl der CD8-Zellen stabil bleibt oder zunimmt. Die Verminderung der CD4-Zellen bewirkt eine rapide Schwächung der Abwehrlage, während die Zunahme der CD8-Zellen zur Folge hat, daß das Immunsystem auch in Anwesenheit von Krankheitserregern oder Krebszellen abschaltet oder einfach nicht reagiert.)

Andere Studien haben gezeigt, daß Personen während der Behandlung mit heilender Berührung einen erhöhten Anteil an Alphawellen in ihrem Gehirnstrommuster aufweisen – typisch für Menschen, die sich in einem meditativen Zustand befinden. Solche tiefen Entspannungszustände gehen mit einer Streßverminderung einher, einer verbesserten Atmung, besserem hormonellen Gleichgewicht, erhöhter Darmtätigkeit, einer Abnahme des Cholesterinspiegels im Blut und einer Verbesserung der Immunabwehr. Es ist wichtig anzumerken, daß heilende Berührung bei Pflanzen, Tieren und Menschen (sowohl Kleinkindern als auch Erwachsenen) wirksam ist, eine Tatsache, die das Argument entkräftet, das ganze Phänomen beruhe lediglich auf einem Placeboeffekt. Außerdem hat diese Behandlungsmethode keine schädlichen Nebenwirkungen – heilende Berührung ist sicher und sehr effektiv. Die hier aufgeführten und andere Studien zeigen, daß an der Übertragung der zwischen Heiler und Patient ausgetauschten Kräfte mehr beteiligt sein muß als lediglich die Nervenfasern.

Die Entwicklung eines wissenschaftlichen Modells für das Energiefeld

Neuere Laborversuche demonstrieren nicht nur, *daß* heilende Berührung wirkt, sondern die Forscher finden auch mehr und mehr Hinweise auf die zugrundeliegenden Mechanismen, die uns eine Erklärung liefern können, *warum* sie wirkt. Es gibt wissenschaftliche Beweise dafür, daß der menschliche Körper durch ein komplexes Gewebe elektrischer Energie am Leben erhalten wird und daß diese Energie verstärkt werden kann, um eine Heilung herbeizuführen.

Einer der führenden Wissenschaftler auf diesem Forschungsgebiet ist der Arzt Robert Becker, ein orthopädischer Chirurg, der früher Professor am Upstate Medical Center in Syracuse, N. Y., war. Dr. Becker und seine Kollegen haben gezeigt, daß es eine Reihe von Techniken gibt, die diese elektrischen Ströme im Körper verstärken können, wodurch wiederum seine Heilungsmechanismen einschließlich des Immunsystems, des Hormon- und des Nervensystems gestärkt werden. Zu den Techniken, die nach Dr. Becker das Energiesystem des Körpers nachweislich beeinflussen können, gehören Akupunktur, bestimmte Diäten und heilende Berührung.

In seinem Buch «Heilkraft und Gefahren der Elektrizität» berichtet Dr. Becker davon, wie wir uns mit Hilfe von Laborexperimenten ein Bild über die mögliche Wirkungsweise heilender Berührung machen können.

«Ich habe bemerkenswerte Ergebnisse gesehen, die bei einer Reihe lebensbedrohlicher Zustände erzielt wurden», schreibt Dr. Becker. «... Da wir wissen, daß der Körper elektrische Kontrollsysteme benutzt, um diverse Basisfunktionen zu regulieren, und daß der Fluß dieser elektrischen Ströme äußerlich meßbare Magnetfelder produziert, erfordert es keinen großen Gedankensprung zu der Annahme, daß die Gabe des Heilers in der Fähigkeit besteht, sein eigenes elektrisches Kontrollsystem zu benutzen, um externe elektromagnetische Felder zu erschaffen, die mit denen des Patienten interagieren. Diese Interaktion könnte sich so auswirken, daß sie das Gleichgewicht der inneren Kräfte ‹wiederherstellt› oder die elektrischen Systeme so verstärkt, daß der Körper in seinen Normalzustand zurückkehrt.»

Dr. Becker und andere haben gezeigt, daß durch die Verstärkung der elektrischen Körperströme auch das Immunsystem und lebenswichtige Organe gestärkt werden. Außerdem haben diese Forscher gezeigt, daß das Heilungsphänomen selbst elektromagnetischer Natur ist. Das heißt, wenn der Körper verletzt oder krank ist, versucht er, vermehrt elektromagnetische Energie an die verletzte oder kranke Stelle zu leiten. Diese Forschung bildet die Grundlage für eine möglicherweise revolutionäre neue Art der Gesundheitsfürsorge, die die Wissenschaftler «Elektro-Medizin» nennen. Sie hat das Potential, eine Verbindung zwischen der modernen Wissenschaft und den alten überlieferten Heilmethoden herzustellen und so ein wirklich einheitliches Gesundheitssystem zu erschaffen.

Die Grundlage solcher Heilungen ist, wie Dr. Becker demonstriert hat, der elektromagnetische Körper, der den physischen Körper umgibt und durchdringt. Dr. Becker hat gezeigt, daß dieser Energiekörper, den er – wie Rupert Sheldrake, der Autor von «Das schöpferische Universum» und «Die Wiedergeburt der Natur» – ein «morphogenetisches Feld» nennt, eine einzigartige Intelligenz beinhaltet, die Wachstum, Entwicklung und Gesundheit der Zellen und Gewebe kontrolliert.

Wie er in «Heilkraft und Gefahren der Elektrizität» beschreibt, machte Dr. Becker diese Entdeckung durch eine Reihe bemerkenswerter Experimente an Salamandern. Diese Tiere haben bekanntermaßen die Fähigkeit, diverse Teile ihres Körpers wie z. B. ein neues Bein, ein Auge, ein Ohr, ein halbes Herz, bis zu einem Drittel ihres Gehirns und den größten Teil ihres Verdauungssystems perfekt nachwachsen zu lassen.

Die Forscher am SUNY-Institut beschädigten Schwanz und Bein eines Salamanders, und als an den amputierten Stellen neue Zellen wuchsen, nahm Dr. Becker einige der Zellen, die sich gerade zu einem neuen Schwanz entwickelten, und implantierte sie auf den Stumpf des amputierten Beins. Man sollte meinen, daß diese «Schwanzzellen» weiter zu einem Schwanz wuchsen, weil die DNS sie bereits dazu programmiert hatte. Interessanterweise wurde jedoch aus den neuen Schwanzzellen, die auf den Stumpf des amputierten Beins gesetzt worden waren, ein neues Bein. Das Bein war in jeder Hinsicht perfekt – Knochen, Muskeln und Nerven – alles war komplett vorhanden!

Bei einem anderen Salamander kehrte Dr. Becker den Prozeß um: Er nahm Zellen, die gerade dabei waren, zu einem neuen Bein zu werden, plazierte sie an die Stelle des amputierten Schwanzes, und sie entwickelten sich zu einem perfekten Schwanz. Becker konnte zeigen, daß neu gewachsene Zellen, die an einer beliebigen amputierten Stelle des Salamanderkörpers entnommen und an einer neuen Stelle eingepflanzt werden, genau diesen neuen Teil des Körpers nachbilden, sei es das Herz, das Gehirn oder die Eingeweide. Die Frage dabei war natürlich:

Was veranlaßte diese Zellen, sich zu einem Bein oder einem anderen komplexen Organ zu entwickeln, nachdem sie bereits begonnen hatten, zu einem Schwanz zu werden? Was war es, das die Anordnung ihrer DNS veränderte?

Die Annahme, diese Veränderung fände lokal, d. h. an der Amputationsstelle durch Übermittlung von lokalen Nervenimpulsen statt, konnte von den Forschern widerlegt werden. Ihre Untersuchungen demonstrierten, daß die Nerven «vollkommen still» waren oder, anders ausgedrückt, keine Nervenimpulse oder Informationen übermittelten. Entsprechend der reduktionistischen Sichtweise hätten die neu wachsenden Zellen, die darauf programmiert waren, zu einem Schwanz zu werden, dies auch tun müssen – außer es gäbe da eine Art höhere Intelligenz, die den Körper des Salamanders als Ganzes verstehen könnte. Diese höhere Intelligenz, eine Art Blaupause des Körpers, hatte anscheinend die Notwendigkeit erkannt, ein neues Bein wachsen zu lassen und den Befehl an die Schwanzzellen dahingehend geändert, ein Bein zu produzieren.

Durch eine Reihe zusätzlicher Experimente entdeckte Becker, daß solch eine höhere Intelligenz tatsächlich existiert, und zwar in Form eines elektrischen Feldes, das den Körper des Salamanders umgibt und durchdringt. Becker bewies, daß dieser größere elektromagnetische Körper als «morphogenetisches Feld» in der Tat die DNS organisiert und umordnet, so daß sie alles wachsen lassen kann, was der Körper an einer bestimmten Stelle braucht. Er konnte beweisen, daß die Information von diesem morphogenetischen Feld aus an den Körper weitergegeben wird, die angemessene DNS-Antwort auslöst und dadurch das entsprechende Organ entstehen läßt.

Auch bei der Heilkraft von Akupunktur und heilender Berührung spielt das morphogenetische Feld eine Rolle; indem es mehr Lebensenergie zu bestimmten Körperteilen lenkt, die Heilung benötigen. Becker konnte beweisen, daß, wenn eine Person sich geschnitten hat, verletzt ist oder an einer Krankheit leidet, der Körper einen verstärkten Fluß elektrischen Stroms direkt an die verletzte oder kranke Stelle schickt, der die für die Heilung benötigte Energie zur Verfügung stellt.

Akupunktur und heilende Berührung – um nur zwei Behandlungsformen zu nennen – verstärken die Konzentration zusätzlicher Energie auf Wunden oder erkrankte Körperteile. Therapeuten, die mit heilender Berührung arbeiten, erfüllen diese Funktion, indem sie als Kanal für die Lebensenergie dienen, die von der universalen Quelle durch den Therapeuten zum Patienten weitergeleitet wird. Mit anderen Worten, der Therapeut für heilende Berührung unterstützt dieselbe Funktion, die der Körper selbst durchzuführen versucht. Der Unterschied ist, daß es dem Therapeuten oft gelingt, die Energie so zu verstärken, daß Blockaden im Fluß der Lebensenergie überwunden werden können und in vielen Fällen der Heilungsprozeß beschleunigt wird.

Jeder kann heilende Berührung anwenden

Sie können heilende Berührung benutzen, um z. B. einem Freund oder Familienmitglied zu helfen, das mit einer chronischen oder akuten Krankheit oder einer anderen Störung zu kämpfen hat. Wenn Sie schon länger mit heilender Berührung gearbeitet haben, möchten Sie vielleicht auch Therapeut für diese effektive Heilmethode werden. Aber auch diejenigen, die nicht die Absicht haben, professionelle Therapeuten zu werden, sollten sich verpflichten, alle aufgeführten Übungsschritte zu befolgen, besonders was das Zentrieren angeht (s. Kapitel 6). Die Arbeit mit einem kranken Menschen kann sehr kräftezehrend sein, außer man ist zentriert und kennt seine Grenzen. Sie sollten sich auch bewußt sein, welche Art von Ungleichgewicht Sie gerade behandeln und wie man mit bestimmten Disharmonien umgeht. Ganz besonders sollten Sie wissen, wie man Energie aus dem Feld abzieht und wie man sie zu der betreffenden Person weiterleitet. Abschließend sei gesagt, daß keine Sitzung länger als dreißig Minuten dauern sollte, besonders wenn diese Methode noch neu für Sie ist. Die Kapitel 2, 3, 7, 8 und 10 enthalten Instruktionen über die Behandlungszeiten, das Übertragen und Abziehen von Energie, die Untersuchung des Energiefelds und die Anwendung heilender Berührung bei speziellen Störungen. Lesen Sie diese Kapitel sorgfältig durch, bevor Sie die Methode in die Praxis umsetzen.

Die Vereinigung moderner und traditioneller Heilmethoden zu einem ganzheitlichen Heilungsmodell

Unsere Wissenschaftler stehen an der Schwelle großer Entdeckungen über das elektromagnetische Feld oder den Energiekörper, der den physischen Körper umgibt und durchdringt, aber bisher haben sie nur die Oberfläche dieser Phänomene berührt. Um uns von diesem Energiefeld ein Bild zu machen, mit dem wir wirklich arbeiten können, müssen wir uns auf das Modell verlassen, das uns traditionelle Heiler, Religionen und spirituelle Lehrer vermitteln. Diese Lehren, die ich auch in meiner eigenen Praxis anwende, sind bisher nicht wissenschaftlich bewiesen worden, und das wird wahrscheinlich auch in Zukunft nicht der Fall sein, bis wir wissenschaftliche Meßinstrumente haben, die so sensibel sind, daß sie diese äußerst subtilen Energien registrieren können. Aber selbst wenn die Wissenschaft diese Energien analysieren könnte, wäre sie doch nicht in der Lage, mit ihren Meßinstrumenten die spezifischen Eigenschaften dieses Feldes so zu erfassen, wie sie von traditionellen Heilern verstanden werden. Dieses Verständnis reicht zu weit in den Bereich des Spirituellen, um sich mit unseren heutigen wissenschaftlichen

Methoden erklären zu lassen. Dennoch brauchen wir ein Bild des Energiekörpers wie dieses Modell, um unsere Arbeit verstehen und durchführen zu können. Wenn Sie mit heilender Berührung arbeiten, werden Sie Ihre eigenen Erfahrungen machen und Ihr eigenes Verständnis darüber entwickeln. Für viele von Ihnen mag das Modell selbst sich ändern – Sie werden Ihre eigenen Bilder über die Natur und Topographie des Energiekörpers entwickeln. Doch nun betrachten wir zunächst einmal die Methode in der Praxis und erforschen dann die Ideen und Modelle, die Heilern mehr als zehntausend Jahre lang gedient haben.

ZWEI

Der Heilungsprozeß

Wendy war eine junge Frau, die an multipler Sklerose (MS) litt und durch diese Krankheit schon fast gehunfähig geworden war. Sie war achtundzwanzig, als sie das erste Mal zu mir kam. Kurz vor ihrem ersten Termin bei mir im Frühjahr 1992 hatte der behandelnde Arzt ihr mitgeteilt, daß ihr ein neuer Krankheitsschub bevorstände und sie sich umgehend einen Rollstuhl besorgen solle. Aller Wahrscheinlichkeit nach, so sagte er, würde sie bis *Thanksgiving* (amerikanisches Erntedankfest Ende November, A. d. Ü.) völlig an den Rollstuhl gefesselt sein. Außerdem empfahl er ihr dringend, für eine Woche ins Krankenhaus zu gehen und sich dort intravenös mit Prednison behandeln zu lassen, einem Cortisonpräparat, das immunsuppressiv und entzündungshemmend wirkt. Allerdings hat Prednison viele Nebenwirkungen – unter anderem schwächt es die Knochen und begünstigt Osteoporose. So fand Wendy, die zunächst eine andere Behandlungsmethode ausprobieren wollte, schließlich ihren Weg zu mir.

Ich begann damit, Wendy einmal wöchentlich mit Therapeutic Touch zu behandeln, und stellte außerdem eine Kombination diverser Nahrungsergänzungsstoffe für sie zusammen. Bevor ich meinen Patienten solche Präparate verordne, erhebe ich eine sorgfältige Anamnese, und falls sie nicht schon medizinisch durchgecheckt worden sind, schicke ich sie zu einer gründlichen Untersuchung zu ihrem Hausarzt. Daraufhin mache ich eine vollständige Blutanalyse, anhand derer ich im allgemeinen bestimmte Veränderungen in der Ernährung empfehle, meist in

Verbindung mit der Einnahme zusätzlicher Nahrungsergänzungsstoffe. Letztere sind bei uns rezeptpflichtig und dürfen nur von Angehörigen der offiziellen Heilberufe verordnet werden. In Wendys Fall verschrieb ich eine Kombination von Mitteln, die die Leber und das Verdauungssystem entgiften und das Nervensystem stärken sollten.

Wendy litt damals an vielen der bei MS üblichen Symptome einschließlich Gliederzittern, Sprachschwierigkeiten, Schwäche in den Beinen und chronischer Erschöpfung; beim Gehen schleiften ihre Füße über den Boden, und ihr fielen oft Sachen aus der Hand. Ihr Zustand wurde noch durch Asthma und Nasennebenhöhlenentzündungen verkompliziert, wordurch sie häufig nur mühsam und keuchend atmen konnte. Ihre Nacken- und Schultermuskulatur war extrem hart und verspannt. Im Gegensatz dazu waren die Arme schwach und schlaff. Zusätzlich hatte sie eine Beugekontraktur des Ringfingers und des kleinen Fingers der rechten Hand – diese beiden Finger waren so fest in die Handfläche gekrallt, daß sie sich nicht bewegen ließen. Während sich die anderen Finger taub und kribbelig anfühlten, hatte sie in diesen beiden Fingern überhaupt kein Gefühl.

Ich erkannte sofort, daß ein großer Teil von Wendys Lebensenergie in ihren Schultern saß und dort blockiert war. Diese Blockaden verhinderten, daß die Lebensenergie zu den Armen, Händen und Beinen weiterfließen konnte, und waren somit die Ursache für ihre zunehmende Schwäche in Armen und Beinen und die zunehmende Taubheit in den Fingern. Um Wendy zu helfen, würde ich die in den Schultern und im Rücken festsitzende Energie befreien und sie in ihre Arme und die unteren Körperregionen weiterleiten müssen.

Ganz behutsam begann ich die Blockaden in Wendys Energiesystem aufzulösen, damit alles wieder mehr in Fluß kam. Um das zu erreichen, machte ich eine Art langsamer, sanfter «Schöpfbewegungen» über Wendys Schultern und Rücken, mit denen ich sozusagen die blockierte, überschüssige Energie herauszog und sie nach oben «in die Luft schickte». Ich bat Wendy zu visualisieren, wie Energie aus ihrem Herzen nach oben in ihren Hals floß und von dort hinunter in ihre Arme, Hände und Finger, in die Sehnen und Knochen. Dann richtete ich meinerseits die Aufmerksamkeit auf ihre Arme, Finger und Beine und schickte neue Energie in diese Körperteile. Während ich mit Wendy arbeitete, wurden meine Hände ganz heiß, was sowohl ein Zeichen für die intensive Energie war, die von meinen Händen ausstrahlte, als auch für die Energie, die ich von ihrem Rücken und ihren Schultern abzog.

Nachdem ich Wendy einige Wochen lang behandelt hatte, kam mir während einer unserer Sitzungen ein Bild in den Sinn. Ich sah ein kleines Mädchen, das mit dem Daumen im Mund auf einer großen schwarzen Kiste saß. Das Mädchen hatte offensichtlich nicht die Absicht, die Kiste zu öffnen und ihren Inhalt zu erforschen – aber es konnte auch nicht hinunterklettern und weggehen. Irgendwie saß es da oben fest.

Dieses Bild sprang mich mit solcher Kraft und Klarheit an, daß ich wußte – es mußte eine Art Schlüssel zu Wendys Behandlung sein. Behutsam und ohne den Eindruck zu erwecken, ich «wüßte» da etwas über sie, teilte ich Wendy mit, was ich sah, und fragte sie, ob es eine Bedeutung für sie hätte. Interessanterweise war ihr das Bild von dem kleinen Mädchen auf der schwarzen Kiste ebenfalls gekommen. Während ich mit ihr arbeitete, war das Bild anscheinend von ihrem in mein Energiefeld übergegangen, so daß ich es bewußt wahrnehmen konnte. Von da an versuchten Wendy und ich bei jeder Sitzung mehr darüber herauszufinden, was dieses Bild für sie und ihre Heilung bedeuten könnte. Wir erforschten viele emotionale Themen, die vielleicht in dieser schwarzen Kiste enthalten sein mochten. Nach jedem dieser Gespräche behandelte ich Wendy mittels heilender Berührung.

Wir kamen zu dem Schluß, daß die schwarze Kiste Wendys Unterbewußtsein und die darin enthaltenen unterdrückten Emotionen symbolisierte. Das kleine Mädchen schien anzudeuten, daß Wendy irgendwann in ihrer frühen Kindheit ein emotionales Trauma erlitten hatte. Innerhalb der erwachsenen Wendy gab es ein kleines Mädchen, das emotional litt, aber unfähig war, mit all dem Schmerz fertig zu werden, der in seiner Psyche feststeckte. Dieser Schmerz hatte das kleine Mädchen daran gehindert, in seiner Entwicklung weiterzugehen. Wann immer die erwachsene Wendy mit stark emotional geladenen Situationen konfrontiert wurde, manifestierte sich dieses Kind, indem es sie daran hinderte, auf der körperlichen Ebene zu fühlen. Bestimmte Aspekte von Wendys Bewußtsein waren sozusagen in einem vorpubertären Entwicklungsstadium steckengeblieben. Diese verdrängten und unbewußten Gefühle in ihrer Psyche waren in der schwarzen Kiste verstaut, auf der das kleine Mädchen in unserem Bild saß. Uns wurde auch klar, daß die erwachsene Wendy diese Emotionen und die Ereignisse, durch die sie ausgelöst worden waren, untersuchen und in ihr bewußtes Leben integrieren mußte, wenn sie geheilt werden wollte.

Ich kam außerdem zu dem Schluß, daß die Energie, die in ihren Schultern festsaß, ihren Ursprung im Herzchakra hatte. Aufgrund der Blockade in den Schultern konnte diese Energie nicht ungehindert die Lunge, den Nacken, die Arme und die Hände versorgen.

Wendy sagte, daß ihr Gefühlsleben ihr «wie betäubt» vorkomme. Sie äußerte die Vermutung, daß vielleicht ihr gesamter Krankheitsprozeß eine Parallele zu ihrer emotionalen Erstarrung und Taubheit darstelle.

Ich stimmte ihr zu, aber nur teilweise. Ich gab ihr zu verstehen, daß niemand schuld an seiner Krankheit ist und wir niemals vollkommen ergründen können, warum wir krank werden. Wenn Wendy und ich effektiv zusammenarbeiten wollten, so betonte ich, müßten wir beide das Phänomen von Gesundheit und Krankheit als ein nicht völlig zu lösendes Rätsel anerkennen, dem wir uns einfach hingeben müssen.

Damit kommen wir zu einer wichtigen Aussage, die Sie beim Lesen dieses Buches im Hinterkopf behalten sollten. Der Verstand will uns immer davon überzeugen, daß wir den Heilungsprozeß *intellektuell* verstehen müßten, um geheilt zu werden. Dabei handelt es sich jedoch nur um einen Versuch des Verstandes, die Kontrolle über den Prozeß selbst aufrechtzuerhalten, was in Wirklichkeit unmöglich ist. Wahre Heilung – besonders bei schweren Krankheiten – ist fast immer eine persönliche Transformation. Damit eine solche Heilung stattfinden kann, ist es notwendig, uns bestimmten tiefverwurzelten Gewohnheiten zu stellen, die wir lange Zeit zur Lebensbewältigung benutzt haben, und sie zu verändern.

Dies kann sehr schwierig sein, weil es sich dabei meist um Gewohnheiten handelt, die von der betreffenden Person entwickelt wurden, um mit seelischem Schmerz umgehen und ihn überleben zu können. Solche Gewohnheiten haben einmal einem wichtigen Zweck gedient, sind aber nun der gegenwärtigen Lebenssituation nicht mehr angemessen. Indem wir alte Verhaltensmuster ändern, erneuern wir uns selbst und können so mit einer neuen Einstellung in die Zukunft schreiten, ausgestattet mit lebendigeren Reaktionsweisen auf unser Leben – das vergangene, das jetzige und das zukünftige. Wir alle haben bestimmte Gewohnheiten, Lebensstrategien und Verhaltensweisen, die wir in den unterschiedlichen Stadien unserer Entwicklung annehmen bzw. wieder verwerfen. Daher kann man niemandem völlig die «Schuld« an seiner eigenen Krankheit geben, genausowenig wie man bei einem gesunden Menschen sagen kann, seine Gesundheit sei allein sein «Verdienst».

Dennoch konnten wir Wendys Erkenntnis über die Taubheit, die sie sowohl gefühlsmäßig als auch körperlich verspürte, als therapeutisches Werkzeug benutzen. «Fühlen ist Heilen», sagte ich zu ihr. «Vielleicht kannst du das als eine Art Leitsatz oder Mantra benutzen, um deine Heilung zu unterstützen.»

Die Energiearbeit hatte einen sehr positiven Effekt auf Wendy. Mehr und mehr entwickelte sie die Stärke, ihren emotionalen Schmerz zu erforschen, die schwarze Kiste zu öffnen und ihren Inhalt zu untersuchen. Gleichzeitig machte sie körperlich ausgezeichnete Fortschritte. Im allgemeinen kommt es bei multipler Sklerose zu einer ständig fortschreitenden Degeneration des Nervensystems und der lebenswichtigen Organe. Der Krankheitsprozeß wird von Plateauphasen unterbrochen, in denen der körperliche Zustand zeitweilig stabil bleibt, die aber dann jeweils von neuen Krankheitsschüben mit weiterer Degeneration des Nervensystems und der von ihm versorgten Organe abgelöst werden. Normalerweise verschlimmert sich die MS so lange, bis lebensbedrohliche Komplikationen einsetzen, die im Endeffekt auch zum Tod der betroffenen Person führen können. Aus diesem Grund wird MS als «unheilbar» angesehen.

Entgegen allen Erwartungen war bei Wendy diese stetige Abwärtstendenz nicht zu verzeichnen. Sie machte regelmäßige Spaziergänge und zeigte keine weitere Verschlechterung beim Gehen. Tatsächlich war unsere Zusammenarbeit so gut, daß wir mit immer mehr Zuversicht hofften, unsere Arbeit könne den Degenerationsprozeß verlangsamen und vielleicht sogar Wendys Zustand deutlich verbessern.

Der Eintritt in das «Heilungsdreieck»

Während unserer Arbeit waren Wendy und ich in das sogenannte «Heilungsdreieck» eingetreten. Mit diesem Ausdruck bezeichne ich einen erhöhten Bewußtseinszustand, der durch drei Eigenschaften gekennzeichnet wird: Geduld, Intention und Imagination (s. Abbildung 1). Je länger ich diese Arbeit mache, um so mehr bin ich davon überzeugt, daß es keine Disharmonie auf diesem Planeten gibt, die wir nicht überwinden können. Wir benötigen jedoch bestimmte Eigenschaften, wenn wir die Harmonie in unserem Leben wiederherstellen und erhalten wollen. Die erste Eigenschaft, die wir brauchen, ist Geduld. Sie ist eine Vereinigung von Ausdauer, Bescheidenheit und Konzentration. Das «American Heritage Dictionary» definiert Geduld als «die Fähigkeit, etwas ruhig zu ertragen». Geduld gibt uns die Kraft, auf unser Ziel ausgerichtet zu bleiben, Ruhe zu bewahren und Unannehmlichkeiten auszuhalten. Sie erlaubt uns, jede Aufgabe ruhig und sorgfältig auszuführen, so daß die Summe unserer Aktionen uns unausweichlich zum Ziel führt. Wendy bewies Geduld, indem sie zuließ, daß ihr Heilungsprozeß sich natürlich und auf harmonische Weise entfaltete. Wenn sie müde war, ruhte sie sich aus. Tat sie das nicht, entwickelten sich Taubheitsgefühle an verschiedenen Körperstellen. Dadurch, daß sie ihren Heilungsprozeß respektierte und bereit war, sich seiner Geschwindigkeit anzupassen, gewann ihr Körper langsam seine Kraft zurück, und ihre Erschöpfungs- und Taubheitsphasen wurden kürzer.

ABBILDUNG 1: **Das Heilungsdreieck**

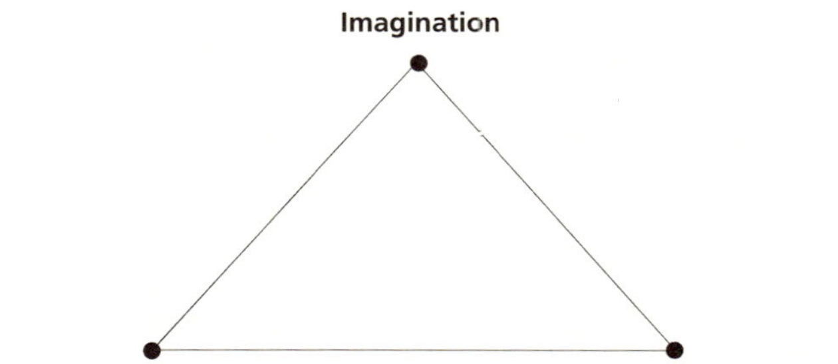

Geduld ist automatisch auch mit Bescheidenheit und Offenheit verbunden. Weder Wendy noch ich hatten einen bestimmten Zeitplan oder ein Schema dafür, wann denn nun eine Besserung bei ihr eintreten oder wie diese Besserung aussehen müsse. Statt dessen waren wir offen für alles, was ihr Körper mit der Energie tun wollte, für deren Übertragung ich als Kanal diente. Als Wendy eines Tages feststellte, daß sie mit geschlossenen Augen fühlen konnte, was für ein Geldstück sie gerade in der Hand hielt, wußten wir, daß sie wirklich bedeutende Fortschritte machte. Sie konnte auch wieder regelmäßig zur Gymnastik gehen und dort alle Übungen mitmachen. Ihr Gang wurde stabiler, und sie hatte keine Taubheitsgefühle mehr in den Beinen und Füßen. Wenn sie allerdings übermüdet war und sich nicht genug ausruhte, wurde ihr Gang wieder schleppend, und die Taubheit kehrte zurück. Alles in allem fühlten wir uns durch ihre Fortschritte sehr ermutigt. Unsere Geduld und unser Vertrauen in ihren Heilungsprozeß verstärkten sich.

Der zweite Eckpunkt des Heilungsdreiecks, das Wendy und ich benutzten, ist die Intention oder Absicht. Wenn wir hier wieder unser Wörterbuch zu Rate ziehen, erfahren wir, daß «etwas beabsichtigen» bedeutet, «einen klaren Vorsatz» zu haben, «ein Ziel, das die Handlungen lenkt...». Dies setzt einen starken Willen voraus – die Willenskraft, sich auch im Angesicht von Zweifeln weiter auf ein Ziel zuzubewegen. Am Anfang der Beziehung zwischen Heiler und Patient ist für gewöhnlich der Heiler derjenige mit der klareren Absicht und dem stärkeren Glauben an das, was er tut. Der Patient kommt vielleicht lediglich deswegen zu Ihnen, weil Sie – wie in Wendys Fall – die einzige Alternative zu Rollstuhl und Cortison für ihn sind. Trotzdem kann er von starken Zweifeln erfüllt sein und wenig Vertrauen haben, daß die Behandlung ihm wirklich helfen kann. In diesem Fall braucht der Patient eine starke Ausrichtung auf sein Ziel sowie den Willen und die Offenheit, sich trotzdem auf die Behandlung einzulassen und sich ihre Ergebnisse mit Objektivität anzusehen. Gleichzeitig muß auch der Heiler seine Absicht und seinen Willen stärken, trotz seiner eigenen Zweifel voranzugehen. O ja, auch der Heiler muß sich mit Zweifeln auseinandersetzen: Kann dieser Mensch gesund werden? Kann diese Methode ihm wirklich helfen? Kann ich die Behandlung adäquat durchführen, so daß sie einen Nutzen für diese Person hat? Dies sind nur ein paar der Zweifel, die sich in das Herz jedes Heilers einschleichen, der anderen wirklich helfen will. Um über diese Zweifel hinauszuwachsen, braucht auch der Heiler eine klare Intention.

Mit der Zeit, als sich ihr körperlicher Zustand verbesserte, begann Wendy ebenfalls an die Wirksamkeit heilender Berührung zu glauben. Danach war unsere Zusammenarbeit auf beiden Seiten von großer Geduld und klarer Absicht geprägt.

Schließlich verbinden sich Geduld und Intention und erschaffen Möglichkeiten auf einer höheren Ebene, die anfänglich nur in der Welt der Bilder und der Imagination existieren, dem dritten Standbein des Heilungsdreiecks. Die Imagination, die durch den Einsatz von Geduld und Intention entsteht, erschafft Möglichkeiten, die zunächst nicht offensichtlich waren, Möglichkeiten, die man ursprünglich nicht sehen konnte oder von denen man noch nicht einmal zu träumen wagte.

Der Heilungsweg, der sich aus den Eigenschaften des Heilungsdreiecks ergibt, ist ein ganz anderer als derjenige, der von kranken Menschen eingeschlagen wird, die aus Angst heraus handeln. Einige Menschen, deren Antriebskraft ausschließlich ihre Angst ist, haben wenig Geduld und keine klare Absicht (außer ihrer Krankheit zu entfliehen). Der Versuch, den Heilungsprozeß in eine bestimmte Richtung zu forcieren, behindert unsere Fähigkeit einer umfassenderen Sicht der Heilungsmöglichkeiten, die in der gegebenen Situation enthalten sein mögen. Wenn wir jedoch geduldig bleiben und aus einer klaren Absicht heraus handeln, bringen wir Magie in unseren Heilungsprozeß hinein, denn wir öffnen uns dem dritten Element dieser alchemistischen Verbindung: der Imagination.

Viele Erwachsene glauben, daß Imagination hauptsächlich etwas für Kinder ist, etwas, aus dem man herauswächst. Wir werden zu Realisten erzogen. Sei realistisch, heißt es immer. Wenn wir das zu unseren Freunden sagen, fühlen sie sich beschämt, denn es wirkt wie eine Zurechtweisung: «Nun werd doch mal erwachsen» oder «Benimm dich deinem Alter entsprechend».

Diese «erwachsene» Denkweise beschränkt unsere Kreativität und damit auch unsere Heilungsmöglichkeiten. Zum Glück für uns alle ist es unmöglich, die Imagination völlig abzutöten oder auszulöschen, denn sie ist ein grundlegender Teil unserer Menschlichkeit. Sie ist die Antriebskraft für unsere Kreativität. Auch wenn wir also unausgesprochene Regeln dafür haben mögen, wie und wann wir unsere Imagination anwenden dürfen, und sie bisher vielleicht nur sehr selten benutzt haben, können wir trotzdem wieder lernen, einen besseren Zugang zu ihr zu bekommen.

Der Einsatz der Imagination zur Unterstützung des Heilungsprozesses ist an sich nichts Neues. Bei Naturvölkern überall auf der Welt hat die Imagination beim Heilen immer eine große Rolle gespielt, und die Behandlung vieler Krankheiten ist bei diesen Völkern entsprechend effektiv. Heilende Berührung und andere Formen energetischer Medizin sowie der Einsatz von Kräutern und gesunder Ernährung haben ihren Beitrag zur Heilung von Menschen geleistet, solange wir denken können. Obwohl die Wissenschaft heutzutage zum Teil ihre frühere Verdammung solcher Methoden widerrufen hat, wirken ihre alten Überzeugungen häufig noch ganz subtil in uns weiter und verhindern, daß wir uns diese Heilweisen, auf die wir ein Anrecht haben, wieder zu eigen machen und daß wir unsere Imagination benutzen, um Bilder von Gesundheit und Wohlergehen zu erschaffen.

Merkwürdigerweise fällt es uns in bezug auf Krankheiten leichter, unsere Vorstellungskraft einzusetzen. Häufig machen wir sogar ans Hellseherische grenzende Voraussagen, wenn wir meinen, daß sich bei uns eine gesundheitliche Störung anbahnt. Es ist bei uns völlig legitim zu sagen: «Ich glaube, ich werde krank.» Wenn dagegen jemand, der bereits krank ist, sagt: «Ich kann deutlich spüren, daß ich bald wieder gesund werde», wird er schief angeguckt. Wir neigen dazu, herablassend zu lächeln, wenn jemand so etwas sagt. Viele Menschen – besonders in den offiziellen Heilberufen – fühlen sich sogar bedroht, wenn jemand auf imaginative Weise über seine bevorstehende Gesundung spricht. Der Grund dafür ist, daß diese Leute eher ihrer Einschätzung der Krankheitssymptome – wie z. B. Übelkeit oder Kopfschmerzen – trauen, während die Aussage, daß du dich auf dem Wege der Besserung befindest, weil du «positive Symptome» an dir feststellst, oft als Wunschdenken oder «unrealistischer» Optimismus eingestuft wird.

Die Imagination ist das Tor zu einer umfassenderen, unbegrenzten Sichtweise unserer selbst und unserer Welt. Außerdem ist sie die Grundlage für die positiven Botschaften, die wir unseren Zellen, Organen und dem gesamten Körper senden können. Die Botschaft «Ich bin gesund» kann sich sehr positiv auf die Zellen auswirken und sie sogar dahingehend programmieren, sich auf gesundheitsfördernde Weise zu verhalten. Es ist, als würden wir durch den Einsatz unserer Vorstellungskraft eine Erzader anzapfen – eine große Goldader in einem dunklen Bergwerk –, die uns eine reiche Ausbeute an positiven und sogar magischen Möglichkeiten erschließen kann. Das dritte Element des Heilungsdreiecks, die Imagination, weist uns den Weg nach oben in Richtung Gesundheit. Sie ist ein wesentlicher Bestandteil jeder Genesung, unabhängig von der Behandlungsmethode.

Wir müssen jedoch im Auge behalten, daß das, was wir uns vorstellen, vielleicht weniger ist als das, was tatsächlich erreicht werden kann oder was unser Schöpfer für uns beabsichtigt. Da unsere Imagination so lange unterdrückt worden ist, müssen wir anerkennen, daß vielleicht noch bessere Möglichkeiten existieren als die, die wir uns selbst ausdenken können. Imagination ist, als würde man sich mit geöffneten, nach oben ausgestreckten

Armen hinstellen und die unerwarteten und sogar magischen Möglichkeiten willkommen heißen, die das Leben zu unserer Erneuerung bereithält.

Das Dreieck wird zu einer Pyramide

Das Dreieck ist natürlich nur ein zweidimensionales Objekt, eine abstrakte Form, die Höhe und Breite, aber keine Tiefe besitzt. Wenn in den alten Kulturen Leute das Dreieck benutzten, um spirituelle Tempel, Schreine und Heilungssymbole zu erschaffen, gaben sie ihm eine quadratische Basis, indem sie vor und hinter der Grundlinie des Dreiecks jeweils einen Punkt hinzufügten und so eine Pyramide daraus machten. Um unsere Dreiecks-Metapher noch einen Schritt weiterzuführen, möchte ich daher auch unserem Heilungsdreieck zwei weitere Punkte hinzufügen, um eine Heilungspyramide zu erschaffen. Diese beiden Punkte stehen für Dankbarkeit und Vertrauen, zwei Tugenden, die so eng miteinander verbunden sind, daß sie sich gegenseitig bedingen (s. Abbildung 2).

Wie Hans Selye, einer der Pioniere auf dem Gebiet der Streßforschung, gezeigt hat, hat Dankbarkeit die Macht, augenblicklich unsere gesamte Lebenseinstellung zu ändern. Wenn wir unser Leben mit Dankbarkeit betrachten, erscheint uns plötzlich alles um uns herum extrem wichtig und wertvoll. Wir bemerken die Schönheit der Natur, das Lächeln von geliebten Menschen, die Güte unserer Freunde und die endlosen Segnungen, die wir in unserem Leben schon erhalten haben. Wir erkennen, daß viele Situationen an wichtigen Kreuzungspunkten unseres Lebens, die zunächst extrem hoffnungslos aussahen, sich dennoch zu unseren Gunsten entwickelt haben. Man kann kaum Dankbarkeit gegenüber dem Leben empfinden und das Gewicht seiner zahlreichen Offenbarungen spüren, ohne sich Gedanken über die

ABBILDUNG 2: **Die Heilungspyramide**

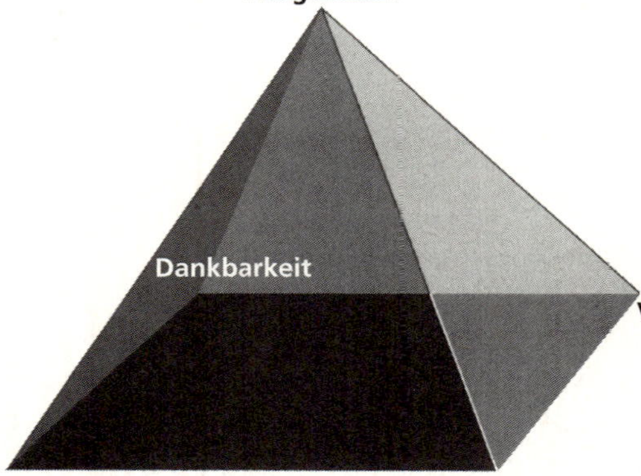

Quelle von alldem zu machen und über das letztendliche Wohlwollen dieser Quelle. Wie Plato und Sokrates werden wir gezwungen uns zu fragen, ob es da nicht eine Kraft hinter den Ereignissen des Lebens gibt, die alles zum Guten lenkt. Je mehr wir uns mit dieser Quelle befassen, um so mehr Vertrauen gewinnen wir in sie. Daher führt Dankbarkeit automatisch zu Vertrauen.

Nachdem Wendy und ich eine Zeitlang zusammengearbeitet hatten, erzählte sie mir, wieviel sie durch Therapeutic Touch und durch ihre Krankheit gelernt habe. Sie hatte gelernt, ihren Körper zu respektieren und zu ehren, ihn ausruhen zu lassen, wenn er Ruhe brauchte, und ihn mit Nahrung und Getränken von besserer Qualität zu versorgen. Je mehr sie mit ihrem Körper vertraut wurde, um so erstaunter war sie über seine endlosen Geheimnisse und Wunder. Dieses Vertrautwerden und Staunen halfen ihr, noch mehr Dankbarkeit für ihren Körper und größeres Vertrauen in den sich entfaltenden Heilungsprozeß zu entwickeln.

Ich konnte Wendy nur dankbar dafür sein, daß sie in mein Leben getreten war. Ich hatte so viel aus meiner Arbeit mit ihr gelernt und viel mehr Vertrauen in meine Fähigkeiten und die Wirksamkeit meiner Methode gewonnen. Sie hat mir ein unersetzliches Geschenk gemacht, ein Geschenk, das mein Leben verändert hat.

Heilung ist ein Geschenk, das man sich selbst macht

Eines Tages im Juni, während ich mit Wendy arbeitete, überkam mich ein seltsames Gefühl von Ruhe, ein enormes Wohlgefühl. Ich war gerade dabei, Energie aus Wendys Rücken und Nacken in ihre Arme und hinunter bis in die Hände zu leiten. Dann richtete ich meine Aufmerksamkeit auf ihre Hände, besonders die rechte, deren kleiner Finger und Ringfinger beinahe spastisch nach innen gebogen waren. Ich war äußerst konzentriert und nahm nur diese Hand mit den gekrümmten Fingern wahr. Plötzlich fühlte ich mich gedrängt, ihre Hand in meine zu nehmen und die beiden Finger ganz sanft gerade zu biegen. Wendys Hand öffnete sich, und die Finger streckten sich zu ihrer vollen Länge. Langsam und vorsichtig begann sie die Finger zu bewegen, sie abwechselnd zu beugen und zu strecken. Diese Finger waren monatelang steif und unbeweglich gewesen, und jetzt waren sie gerade. Einen Moment lang konnte ich das, was sich da vor meinen eigenen Augen abgespielt hatte, nicht fassen. Ich schaute Wendy ungläubig an. «Du hast deine Hand aufgemacht», sagte ich.

Als würde sie meine Gedanken lesen, sagte Wendy: «Ja, Deby, du hast mir wirklich die Hände geöffnet.» Sie fing an zu weinen. In diesem Moment fühlte ich mich von Gott erfüllt. Ich hatte keine Fragen mehr.

Von da an machte Wendys Heilung enorme Fortschritte. Ich arbeitete die nächsten drei Jahre lang regelmäßig mit ihr. Sie bekam mehr Kraft in den Beinen, konnte längere Strecken gehen und allgemein länger auf den Beinen bleiben, bevor sie müde wurde. Einen Rollstuhl hat sie nie gebraucht, und sie hat sich auch nicht mit Prednison behandeln lassen. Heute ist Wendy sehr aktiv und Mutter von drei Kindern. Sie hat eine Ausbildung als Schwesternhelferin gemacht, und sowohl ihr Berufs- als auch ihr Familienleben bringen ihr große Freude und Erfüllung – ihre Herzensenergie fließt wieder frei und ungehindert. Nicht nur die volle Beweglichkeit ihrer Hände ist zurückgekehrt, sondern auch ihr Tastempfinden, so daß sie Gegenstände wieder anhand ihrer Größe, Textur und Form unterscheiden kann. Das Kribbeln in den Fingern hat deutlich nachgelassen, und die Fingernägel sehen rosa aus, ein Zeichen für die wesentlich verbesserte Blutzirkulation in den Fingerspitzen. Wann immer sie sich überanstrengt, werden ihre Beine taub, aber solange sie beim Gehen und beim Sport auf ihre Grenzen achtet, ist sie recht belastbar.

Von Zeit zu Zeit mache ich immer noch Energiearbeit mit Wendy, aber nicht mehr so regelmäßig wie am Anfang. Kurz bevor wir dazu übergingen, uns weniger regelmäßig zu treffen, kam mir ein neues Bild von ihr in den Sinn. Ich sah, wie sie durch einen Wald ging, direkt auf eine strahlende Sonne zu, deren Licht durch die Bäume vor ihr fiel. Unmittelbar links und rechts von ihr war Dunkelheit. Ich beschrieb ihr dieses Bild, und wir unterhielten uns lange darüber. Wir kamen zu dem Schluß, daß das Licht den Heilungsweg symbolisierte, während nicht gesundheitsfördernde Verhaltensweisen Abweichungen von diesem Weg bedeuteten, Umwege nach links oder rechts in die Dunkelheit der Krankheit.

Die Heilungspyramide lehrt uns, daß es nötig ist, die bei einer Behandlung mit Therapeutic Touch bereitgestellte Energie auch anzunehmen, damit sich das volle Potential unserer Heilungsmöglichkeiten entfalten kann. Wir müssen sozusagen in die Heilungspyramide eintreten. Es ist notwendig, daß wir unsere Geduld, Intention und Imagination trainieren, und daß wir Dankbarkeit empfinden und dadurch Vertrauen entwickeln. Das ist die Rolle, die wir in unserem eigenen «Heilungsdrama» spielen. Und weil wir selbst einen so wichtigen Anteil an unserem Heilungsprozeß haben, müssen wir verstehen, daß Heilung ein Geschenk ist, das wir uns selber machen. Wir bemühen uns um Geduld und Klarheit in unserer Absicht und empfangen mit offenen Armen die Möglichkeiten, die wir vielleicht zu Anfang nicht gesehen haben; durch unsere Dankbarkeit werden wir transformiert und erhalten letztendlich das Geschenk des Vertrauens.

ÜBUNG

1. Benutzen Sie ein Lexikon oder Wörterbuch, und schreiben Sie jeden Begriff aus der Heilungspyramide mit seinen verschiedenen Bedeutungen jeweils auf eine eigene Karteikarte.
2. Lesen Sie diese Karten vor einer Heilungssitzung, um das Heilungsdreieck und die Heilungspyramide zu aktivieren.

DREI

Die Hände zum Heilen benutzen

Mit Hilfe ihrer Hände haben Menschen Zivilisationen errichtet, große Kunstwerke geschaffen und sich gegenseitig geheilt. Ein großer Teil unseres Fortschritts als menschliche Spezies basiert auf einer einfachen, aber einzigartigen Überzeugung: Unsere Hände können erschaffen, was der Geist sich vorstellt. Die Hände sind Werkzeuge der Imagination, und wenn die Imagination von Gott inspiriert wird, dann sind die Hände Werkzeuge des Göttlichen. Unsere Hände selbst sind große Kunstwerke. Sie besitzen Schönheit, Kraft und Nützlichkeit. In den Händen finden wir grobe Kraft, bewundernswerte Präzision und musikalische Geschicklichkeit vereint. Hände können Brücken bauen, Skulpturen aus Stein herstellen, tippen, Krawatten binden und chirurgische Operationen durchführen. Alle Macht unseres Verstandes, unseres Herzens und unserer Seele konzentriert sich in unseren Händen; deshalb können sie die Welt verändern. Wer könnte bestreiten, daß die Hände eine einzigartige und ehrfurchteinflößende Kraft besitzen?

Diese Kraft fließt aus Ihren Händen, und Sie können sie benutzen, um zu heilen. Sie müssen dazu lediglich diese Methode verstehen lernen, Vertrauen in ihre Wirksamkeit entwickeln und Ihr Herz in Liebe und Verständnis öffnen, so daß die Lebenskraft frei durch Ihre Hände fließen kann.

Die Rolle der Elektrizität im Körper: An der Schwelle zu einer medizinischen Revolution

Wenn ich davon spreche, daß die Hände elektromagnetische Energie abstrahlen oder der Körper von einem elektromagnetischen Feld umgeben ist, ist dies weder etwas Mystisches noch eine Spekulation. Ich spreche über wissenschaftliche Tatsachen. Der Körper ist sozusagen eine elektronische Anlage, und wie alle elektronischen Anlagen ist er von einem elektrischen Feld umgeben. Es ist Elektrizität, die bewirkt, daß Ihr Herz schlägt, Ihre Muskeln sich kontrahieren und entspannen und Ihr Nervensystem über winzige Nervenfasern hinweg Botschaften sendet. Innerhalb des Gehirns sind die Nervenzellen durch ein Feuer elektrischer Impulse verbunden und ermöglichen so jeden Ihrer Gedanken, jede Stimmung und jede körperliche Reaktion. Kurz gesagt, es gibt kein einziges Ereignis in Ihrem Körper, das nicht von einer elektrischen Ladung abhängig ist.

Vor etwas mehr als fünf Jahrzehnten begannen Wissenschaftler damit, das menschliche Energiefeld zu fotografieren. Im Jahre 1939 bekam der russische Wissenschaftler Semyon Kirlian aus Versehen einen Stromschlag durch einen Hochspannungsgenerator und sah einen elektrischen Blitz, der sich über seine Hände entlud. Fasziniert von dieser leuchtenden Energieentladung entwickelte Kirlian eine Kamera, die diese elektrische Ladung, die aus seinen Fingern kam, fotografieren konnte. Auf den Fotos stellt sich die Entladung als ein vielzackiger Lichthof um die Hände herum dar. Die folgenden zwanzig Jahre arbeiteten er und seine Frau zusammen an der Frage, ob die von den Händen abgegebene elektrische Ladung als diagnostisches Werkzeug benutzt werden könne. Die Kirlians fragten sich, ob es möglich sei, anhand solcher Fotos Gesundheit oder Krankheit eines Individuums festzustellen. Sie arbeiteten einen umfangreichen Satz an

Bildern aus, von dem sie behaupteten, man könne ihn zur Diagnose diverser krankhafter Zustände benutzen. Mittlerweile erregten die Bilder so viel Aufsehen, daß viele Wissenschaftler argumentierten, sie seien fotografische Beweise für die «Aura» des Körpers, von der traditionelle Heiler und Mystiker seit Jahrtausenden berichten. Andere behaupteten, diese Bilder seien nicht weniger als ein physikalischer Beweis für die Existenz der Seele.

Westliche Wissenschaftler wußten nicht so recht, was sie mit den Fotografien der Kirlians anfangen sollten, und schrieben sie als bedeutungslos ab – zumindest bis vor kurzem. Heutzutage beschäftigen sich auch Wissenschaftler am Massachusetts Institute of Technology (MIT) der State University of New York und in anderen Forschungszentren damit, das elektromagnetische Feld des Körpers zu studieren, um herauszufinden, «was man durch dieses neue Fenster sehen kann», wie der Forscher David Cohen es ausdrückt, der in der Abteilung für Biomagnetismus des MIT arbeitet. (*In den modernen bildgebenden Verfahren der Medizin, wie Magnetresonanztomographie und Computertomographie, bezeichnet man Einstellungen, die bestimmte Strukturen besonders deutlich sichtbar machen, als «Fenster» für diese Strukturen, z. B. «Knochenfenster» für eine Einstellung, die die knöchernen Strukturen besonders hervorhebt. A. d. Ü.*) Einer der Gründe für dieses neuerwachte Interesse ist, daß einige Forscher inzwischen berichten, die «Aura» eines Menschen verändere sich seinem inneren Zustand entsprechend.

In den späten siebziger Jahren zeigten der Biophysiker Leonard W. Konikiewicz und seine Kollegen am Polyclinic Medical Center in Harrisburg, Pennsylvania, daß negative Gefühle wie ängstliche Anspannung und Feindseligkeit die Intensität der inneren Corona, die von den Händen abgestrahlt wird, schwächen. Dagegen machen Freude und sexuelle Erregung die Corona stärker. Weitere Forschungen haben gezeigt, daß auch physische Zustände wie z. B. der weibliche Monatszyklus oder die allgemeine körperliche Gesundheit einer Person Veränderungen in der

Corona verursachen. Ein krebskranker Mensch hat zum Beispiel eine hellere und diffusere Corona als ein Mensch in normalem Gesundheitszustand. Wie die Erforscher der Kirlian-Fotografie seit langem behaupten, ist eine klare, dicht anliegende Corona ein Zeichen von Gesundheit, während eine größere, diffusere Corona ein Zeichen von Krankheit ist.

Der amerikanische Biochemiker Glen Rein, der seine Forschungsarbeiten am Queen Charlotte's Hospital in London durchführte, benutzte Kirlian-Fotografie, um Gewebeproben von Frauen mit Brustkrebs zu untersuchen und sie mit Proben von gesunden Frauen zu vergleichen. Rein fand heraus, daß die Lichtintensität, die von dem Gewebe der Frauen mit Brustkrebs ausging, größer war als die der gesunden Frauen. Weiterhin zeigte sich, daß auch die Hände von Krebspatienten mehr elektromagnetische Energie abstrahlten als die von gesunden Menschen. Einige Forscher haben die Spekulation aufgestellt, die Zunahme der von Krebspatienten abgegebenen Energie zeige, daß ihr Körper sich in einem Zustand der Degeneration befinde und folglich die Lebensenergie nicht mehr halten könne. Daher gehe die Energie in größeren Mengen verloren und stelle sich auf Kirlian-Fotos als größere, hellere und diffusere Corona dar.

Meine eigenen Erfahrungen mit Krebs haben mir ein etwas anderes Verständnis dieses Phänomens vermittelt. Die Krebszellen oder Tumore konsumieren die Lebensenergie mit einer solchen Geschwindigkeit, daß sie für die Entladung überschüssiger Energie verantwortlich sind, die man auf den Kirlian-Fotos wahrnimmt. Die Lebenskraft wird von den gesunden Zellen weggezogen und zu den Krebszellen umgeleitet. Dies bewirkt einen generellen Zusammenbruch des Körpers bzw. den Verlust seiner physischen und energetischen Integrität, die sich in Kirlian-Fotos in Form jener überschüssigen oder ungesunden Strahlung aus den Fingerspitzen darstellt.

Andere Experimente haben gezeigt, daß sich die Intensität der Corona auch entsprechend den Bedingungen der Umgebung verändert, in der sich der Mensch befindet. Zu diesen Einflußfaktoren gehören die Raumtemperatur, diejenigen, die mit der betreffenden Person im Raum sind, und die Gefühle der dort Anwesenden. Mit anderen Worten – die relative Stärke oder Schwäche des Feldes hängt sowohl von den inneren als auch von den äußeren Bedingungen der untersuchten Person ab. (Das ist einer der Gründe, warum ich in Kapitel 6 so betone, wie wichtig das Zentrieren ist und wie lebensnotwendig es ist, daß Sie als Therapeut sich Ihres inneren Zustands bewußt sind, wenn Sie diese Arbeit machen.)

Überall auf der Welt sind Wissenschaftler damit beschäftigt, neue Perspektiven energetischer Medizin zu eröffnen. Einige Arbeiten sind dem, was an namhaften Universitäten wie dem MIT oder SUNY gemacht wird, weit voraus, aber sie können uns einen Hinweis darauf geben, womit die Forscher kommender Jahre sich vielleicht befassen werden. Einer der Pioniere auf diesem Gebiet ist Harry Oldfield, ein Londoner Wissenschaftler, der eine Technik entwickelt hat, die «Elektronographie» genannt wird. Oldfields Technik besteht darin, ein elektromagnetisches Feld niedriger Energie durch den Körper zu schicken, welcher einen Teil dieses Feldes absorbiert und den Rest zu einem hochempfindlichen Gerät zurückstrahlt. Dieses Gerät ist fähig, ein bestimmtes Frequenzspektrum zu registrieren, das vom Körper abgegeben wird. Oldfield behauptet, daß jedes Organ seine eigene Frequenz oder Schwingungsrate hat, die man messen kann, um den Gesundheitszustand dieses Organs festzustellen. Er hat auch gezeigt, daß das elektrische Feld des Körpers stärker ist, wenn die betreffende Person an etwas Angenehmes denkt. Denkt die Person an etwas Deprimierendes oder Angstmachendes, wird ihr Feld signifikant schwächer.

1986 erschien ein Bericht über Oldfields Arbeit in der Frühjahrausgabe von «Advances», einer angesehenen Zeitschrift, die vom Institute for the Advancement of Health herausgegeben wird. Clive Wood, ein Physiologe, der an der Oxford University lehrt, beschreibt darin seine eigenen unmittelbaren Erfahrungen mit Oldfields Methode und deren Technik: «Oldfield fragte mich, ob er meinen Kiefer scannen könne, und lokalisierte exakt die Stelle, wo ich vor kurzem eine neue Brücke eingesetzt bekommen hatte, von der er nichts hatte wissen können. Als er dann meinen Solarplexus scannte, bat er mich, an etwas Unangenehmes zu denken. Ich dachte an die Zahnbehandlung, und innerhalb von Sekunden fiel die Nadel, die seinen Angaben zufolge das Energieniveau anzeigte, fast auf Null. Er sagte, daß der Gedanke das Verhältnis zwischen den in meinen Körper eintretenden und den wieder von ihm abgegebenen energetischen Frequenzen geändert habe. Falls das ein Trick war, war es ein guter, aber er hatte keinen Grund, mich zu betrügen.»

Während Oldfield und andere sich in den Grenzbereichen der Elektromedizin bewegen, beweisen auch die Forschungsergebnisse vieler hochangesehener Wissenschaftler die grundlegende Tatsache, daß der Körper nicht nur eine elektromagnetische Einheit ist, sondern die Energie auch in eine bestimmte Richtung lenken kann, um eine Heilung zu bewirken. Wie in Kapitel 1 dargestellt, hat Robert Becker am SUNY-Institut gezeigt, daß jede Heilung mit einem erhöhten Fluß elektromagnetischer Energie zu dem beschädigten Körperteil einhergeht. Wenn man sich die Arbeiten von Becker und Oldfield zusammen ansieht, könnte das erklären, auf welche Weise positives Denken eine verstärkte Immunreaktion bewirken kann: Positive Gedanken könnten der Auslöser für eine Stärkung des elektrischen Felds sein, welches sich wiederum förderlich auf das Immunsystem auswirkt. Diese Forschungen könnten auch erklären, warum Methoden wie Biofeedback und Visualisationen eine so heilsame Wirkung haben.

Daß der Körper eine elektrische Einheit darstellt und Gesundheit von elektromagnetischer Energie abhängig ist, wird inzwischen nicht mehr bestritten. Sie haben nicht nur die Macht, sich selber zu heilen, indem Sie Ihr eigenes elektrisches Feld stärken, sondern können auch anderen helfen, indem Sie deren Feld stärken. Diese Energie wird von Ihrem gesamten elektromagnetischen Feld abgestrahlt. Sie können Ihre Hände benutzen, um diese Kraft an andere weiterzugeben.

Die Hände «anschalten»

Nachdem Sie sich zentriert haben, besteht der nächste Schritt darin, Ihre Hände «anzuschalten», das heißt, die Energie dazu zu bringen, kraftvoll aus Ihren Händen zu strömen. Dazu müssen Sie sich bewußt werden, wie die Lebenskraft, die von einer höheren Quelle oder dem universalen Heiler ausgeht, durch Sie hindurchfließt. Sowohl von oben aus dem Kosmos als auch von unten aus der Erde, den zwei Polen der Existenz, strömt Ihnen Energie zu. Sie erfüllt Ihr Energiefeld und Ihren gesamten Körper und fließt wie ein kraftvoller Strom zu Ihren Händen. Ihre Hände haben die Macht, diesen Strom heilender Energie an Ihre Patienten weiterzuleiten.

In diesem Kapitel werden wir mehrere Übungen durchführen, die Ihnen helfen sollen, die heilende Energie, die aus Ihren Händen fließt, wahrzunehmen. Wir beginnen einfach damit, uns auf unsere Handflächen zu konzentrieren. Drehen Sie Ihre Handflächen nach oben und schauen Sie, ob Sie eine Energie spüren können, die auf Ihren Händen ruht, so, als ob Sie auf jeder Handfläche einen sehr leichten Ball halten würden. Viele Menschen können diese Energie sofort spüren, aber machen Sie sich keine Sorgen, wenn Sie es nicht gleich können. Es braucht Zeit, diese Energie als selbständige Einheit wahrnehmen zu lernen – sowohl Ihre eigene als auch die von anderen. Jetzt lassen Sie uns diese Energie ein bißchen weiter erforschen.

Reiben Sie zunächst etwa eine Minute lang Ihre Handflächen kräftig aneinander. Dann halten Sie die Hände so, daß die Handflächen etwa zwanzig Zentimeter voneinander entfernt sind – die

Finger sind dabei gestreckt. Nun bewegen Sie Ihre Handflächen langsam aufeinander zu. Dabei versuchen Sie zu spüren, wie die Energie zwischen Ihren Händen zusammengedrückt wird, so, als ob sie durch ihre Dichte den Händen einen gewissen Widerstand leistet. Nun entfernen Sie die Hände wieder voneinander, bis auf einen Abstand von etwa dreißig Zentimetern. Spüren Sie, daß es etwas leichter ist, Ihre Hände voneinander weg als zueinander hin zu bewegen. Machen Sie das ein paarmal, bis Sie ein Gefühl für den relativen Widerstand beim Zusammenführen und Auseinandergehen der Hände bekommen.

Fangen Sie nun noch einmal damit an, Ihre Handflächen etwa eine Minute lang kräftig aneinanderzureiben. Anschließend verändern Sie jedoch die Haltung Ihrer Hände: diesmal sind sie leicht gekrümmt, als würden sie einen Ball halten. Bewegen Sie Ihre Hände allmählich aufeinander zu, so wie in der vorigen Übung. Sie sollten sich nicht berühren, sondern etwa zehn Zentimeter voneinander entfernt bleiben. Schauen Sie, ob Sie diesmal einen größeren Widerstand zwischen Ihren Händen spüren. Wenn man die Finger etwas beugt, kann man die Energie leichter fühlen als mit gestreckten Händen. Es kann sein, daß Sie auch ein Gefühl von Hitze oder eine Art Energiestrahlung zwischen den Händen spüren. Was Sie da wahrnehmen, sind Eigenschaften der Energie selbst.

Falls Sie Schwierigkeiten haben, nach dem Reiben der Handflächen die Energie in Ihren Händen zu spüren, versuchen Sie diese Übung: Strecken Sie Ihre Arme etwa in Schulterhöhe waagerecht nach vorn, wobei die Handflächen nach oben zeigen. Dann öffnen und schließen Sie beide Hände ganz schnell ungefähr dreißig- bis vierzigmal. Führen Sie nun Ihre Hände langsam aufeinander zu, wobei die Finger leicht gebeugt sind, und versuchen Sie, die Energie zwischen Ihren Händen wahrzunehmen. Für viele Menschen fühlt sich diese Energie wie eine Kugel aus Schaumstoff an. Das schnelle Öffnen und Schließen der Hände weckt die sekundären Chakras, die dort liegen.

Nachdem Sie diese Sensibilität in Ihren Händen hergestellt bzw. «Ihre Hände angeschaltet» haben, bitten Sie ein Familienmitglied oder einen Freund, Sie sein Energiefeld fühlen zu lassen. Haustiere oder Pflanzen eignen sich ebenfalls gut als «Energieobjekte». Berühren Sie denjenigen nicht, sondern halten Sie mit Ihrer Hand einen Abstand von etwa 45 Zentimetern zu seinem Körper ein. Probieren Sie, ob Sie die Dichte des Feldes spüren können. Bewegen Sie Ihre Hand ein bißchen näher heran und spüren Sie, ob Sie die Energie wahrnehmen können, die vom Körper abgestrahlt wird. Falls Sie das können, werden Sie bemerken, daß das Energiefeld fester wird, je dichter Ihre Hand an den Körper herankommt.

Während Sie diese Übungen machen, werden Sie feststellen, daß ein Teil von Ihnen die Energie, die von Ihren Händen oder vom Körper einer anderen Person abgestrahlt wird, klar spüren kann. Gleichzeitig wird ein anderer Teil von Ihnen diese Erfahrung anzweifeln. Es sind hier nicht Ihre Sinneswahrnehmungen, die im Konflikt miteinander liegen, sondern Ihre widerstreitenden Definitionen davon, was real ist. Wie ich schon an früherer Stelle gesagt habe, werden wir durch die Anwendung heilender Berührung gezwungen, uns mit unseren jetzigen Überzeugungen und unserer Definition von Realität auseinanderzusetzen. In gewisser Weise hatte ich gegenüber vielen anderen Menschen, die mit dieser Behandlungsmethode anfangen, einen Vorteil, weil ich schon während meiner Arbeit als Krankenschwester gesehen hatte, wie heilsam Berührung sein kann. Jedesmal, wenn ich Patienten die Hand streichelte, ihren Arm oder ihre Schulter berührte, konnte ich fühlen, wie sie sich entspannten. Es war, als ob sich die Anspannung, die ihren Körper bis dahin im Griff gehabt hatte, plötzlich auflöste.

Erinnern Sie sich, daß eine erhöhte Spannung im Körper die Basis vieler Krankheiten ist. Anspannung ist nichts weiter als eine Zunahme von Energie, die sich in den Muskeln und im Bindegewebe wie z. B. den Muskelfaszien manifestiert hat.

Die Energiekugel aufbauen

Hier ist eine Meditationsübung, mit deren Hilfe Sie Ihre Wahrnehmungsfähigkeit und die Heilkraft Ihrer Hände verbessern können; sie wird Ihnen zeigen, wie Sie diese erhöhte Sensibilität benutzen können, um das Energiefeld einer anderen Person zu «fühlen». Als erstes nehmen Sie wahr, wie die Energie vom universalen Heiler zu Ihnen fließt; von oben aus dem Kosmos und von unten aus der Erde. Visualisieren Sie, wie diese Energie Ihr gesamtes energetisches Feld ausfüllt und in großen Strömen durch Ihren Körper fließt. Sie werden durchtränkt mit der Kraft, die der Große Heiler Ihnen schickt.

Um nun die auf der vorigen Seite beschriebene Übung zu erweitern, reiben Sie Ihre Hände kräftig aneinander, bis Sie die Wärme spüren können, die durch die Reibung entsteht. Das Aneinanderreiben der Hände weckt die Energiezentren in Ihren Handflächen. Bewegen Sie Ihre Hände langsam voneinander weg, bis sie etwa 30 Zentimeter voneinander entfernt sind. Wenn Sie diesen Abstand erreicht haben, bringen sie die Hände langsam wieder zusammen, während Sie fühlen, wie die Energie zwischen Ihren Händen zusammengedrückt wird. Sie werden bei dieser Übung bald bemerken, daß es leichter ist, Ihre Hände voneinander zu entfernen als sie zusammenzubringen. Es ist so, als würde etwas Ihre Hände auseinanderdrücken. Während Sie die Hände zusammenführen, können Sie einen gewissen Widerstand zwischen Ihren Handflächen spüren, als ob die Energie komprimiert und dadurch dichter wird. Wann immer ich diese Übung mache (und das tue ich auf die eine oder andere Weise jedesmal, wenn ich am Energiefeld einer Person arbeite), nehme ich eine kraftvolle Energiekugel wahr, die sich nun zwischen meinen Händen befindet. Meiner Wahrnehmung nach hat sie eine schaumstoffähnliche Konsistenz, strahlt Licht aus und ist etwa so groß wie ein Basketball (siehe Abbildung 3).

ABBILDUNG 3: **Die Energiekugel**

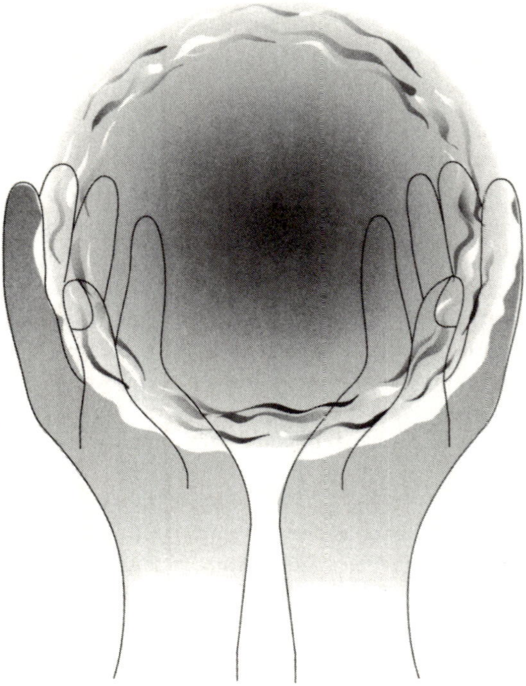

Während Sie auf diese erhöhte Sensibilität und die Wahrnehmung der Energie in Ihren Händen konzentriert bleiben, gehen Sie nun auf ein Familienmitglied, einen Freund oder Mitarbeiter zu und bringen langsam Ihre Hand in einen Abstand von etwa 45 cm zu dessen Schulter oder Rücken (machen Sie diese Übung nicht, ohne die betreffende Person vorher um Erlaubnis zu fragen). Wenn es sich dabei um Ihren Ehepartner, Ihr Kind oder einen engen und vertrauten Freund handelt, können Sie Ihre Hand auch ein bißchen dichter heranbringen; berühren Sie denjenigen jedoch nicht. Schauen Sie, ob Sie die Dichte des Energiefeldes spüren können, das diesen Menschen umgibt. Fühlen Sie die Energie, die von seinem Körper ausstrahlt. Zu einem späteren Zeitpunkt werden wir uns damit beschäftigen, die Eigenschaften des Feldes zu analysieren, doch jetzt probieren Sie einfach nur aus, ob Sie die Energie spüren können, die vom Körper einer anderen Person ausgeht. Wenn ja, werden Sie bemerken, daß das Feld deutlich tastbar ist und um so dichter wird, je näher Sie Ihre Hand an den Körper heranbewegen.

Je mehr Sie sich Ihrer Hände gewahr werden, desto mehr können Sie deren bemerkenswerte Kraft erkennen, Energie zu empfangen und auszusenden. Sie können Energie an einen anderen Menschen weitergeben, in Form der Lichtkugel, die von Ihren Handflächen ausgeht. Und Sie können Energien empfangen – einschließlich der Informationen, die durch sie übermittelt werden –, wenn Sie jemandem die Hand geben oder ihn berühren.

Schmerzen lindern: Jacks Geschichte

Vor einigen Jahren machte ich eine Ernährungsberatung bei einem Mann mittleren Alters, den ich Jack nennen werde. Kurz nachdem wir begonnen hatten, miteinander zu arbeiten, hatte Jack einen Herzanfall und bekam einen koronaren Bypass, um die Blutzirkulation und Sauerstoffversorgung seines Herzens wiederherzustellen. Damals benutzten die Chirurgen den Teil einer Beinvene (Vena saphena), um die Koronararterien zu ersetzen, welche das Herz mit Blut versorgen. Einen Tag nach seiner Entlassung aus dem Krankenhaus kam Jack zum verabredeten Termin in meine Praxis, und nachdem wir über seine Ernährung gesprochen hatten, fragte ich, ob er sonst noch irgendwelche Probleme habe. Er erzählte mir, daß sein Bein und sein Knöchel infolge der Operation noch sehr schmerzhaft und stark geschwollen seien. Als ich ihn untersuchte, sah ich, daß sein Knöchel oberhalb der

Schuhöffnung ballonartig angeschwollen war; sein Fuß war so dick, daß er kaum seinen Schuh anziehen konnte, und das Bein war an der Operationsstelle wund und entzündet. Ich bot ihm an, sein Bein mit Therapeutic Touch zu behandeln. Jack stutzte. Er hatte noch nie etwas von Therapeutic Touch gehört und war sehr skeptisch. Die mehr praktischen Diätempfehlungen, die er von mir bekam, waren ihm lieber. «So eine Behandlung kann aber sehr wirksam bei Schmerzen und Schwellungen sein», sagte ich zu ihm. «Es wäre jedenfalls einen Versuch wert.»

«Na gut, dann lassen Sie's uns mal probieren», sagte Jack.

Ich bat Jack, seine Schuhe auszuziehen und sich hinzulegen, und wir begannen mit der Behandlung. Ich fing damit an, Heilungsenergie zu der Operationswunde an Jacks Bein zu schicken. Dann ging ich weiter nach unten zu seinem Knöchel und entfernte die stagnierende Energie aus dem geschwollenen Bereich. Ich hatte eigentlich nur erwartet, Jacks Schmerzen ein wenig lindern zu können, aber während ich mit ihm arbeitete, kam mir sein Knöchel schon weniger geschwollen vor. Da er jedoch seine Schuhe nicht anhatte, konnte ich die Schwellung nicht richtig beurteilen. So machte ich einfach mit meiner Behandlung weiter – ich entfernte gestaute Energien aus dem Knöchel und schickte heilende Lebenskraft in das Gewebe. Als ich die Behandlung abgeschlossen hatte, stand Jack auf, um sein Bein zu testen, und stellte fest, daß der Schmerz vollkommen verschwunden war. Völlig perplex ging er in meinem Behandlungszimmer herum. «Mein Gott, das ist ja nicht zu fassen», sagte er. «Das könnte ich niemals meinem Arzt erzählen. Er würde mir bestimmt nicht glauben.» Dann zog er seine Schuhe wieder an, und wir konnten beide feststellen, daß die Schwellung seines Knöchels erheblich abgenommen hatte. Jack ging weiter im Raum auf und ab, schüttelte den Kopf und sagte: «Das fühlt sich ja toll an. Ich kann es gar nicht glauben. Das kann ich niemandem erzählen – man würde mich für verrückt erklären.»

Hin und wieder kommt Jack noch zu mir zur Ernährungsberatung. Er bekommt zwar keine Energiebehandlungen mehr von mir, dafür aber von seiner Frau, die später eine Schülerin von mir wurde.

Die Energie wahrnehmen

Diese Übung gibt Ihnen ein Gefühl für die Energie in Ihren Händen. Sie eignet sich gut als Vorübung, wenn Sie am Energiefeld von jemandem arbeiten wollen.

ÜBUNG

1. Halten Sie die Arme mit nach oben gerichteten Handflächen etwas vom Körper weggestreckt.
2. Öffnen und schließen Sie beide Hände ganz schnell etwa 30- bis 40mal.
3. Bringen Sie Ihre Hände mit leicht gebeugten Fingern langsam vor dem Körper zusammen und spüren Sie dabei die «schaumstoffähnliche» Energiekugel zwischen den Händen, wenn sie noch etwa 10 Zentimeter voneinander entfernt sind.

Energie übertragen und aus dem Energiefeld abziehen

Bei meiner Energiearbeit mit Wendy löste ich hauptsächlich Blockaden auf und brachte ihr gesamtes Energiefeld wieder ins Gleichgewicht. Ihre Arme, Hände und Beine stellten Bereiche dar, die energetisch unterversorgt, während ihre Schultern und ihr Rücken durch Blockaden überlastet waren. Ich mußte daher fähig sein, Energie zu entfernen, wo sie überschüssig war, und sie an Stellen zu schicken, wo sie benötigt wurde. Es ist nicht schwer festzustellen, welche Bereiche energetisch überversorgt und welche unterversorgt sind, selbst wenn man noch nicht die Sensibilität und Erfahrung hat, die Energien über den Berührungssinn «fühlen» zu können. Erinnern wir uns daran, daß Qualität und Quantität der in unserem energetischen Feld vorhandenen Energien im allgemeinen im Körper selbst widergespiegelt werden. In Wendys Fall war eine Menge blockierter und überschüssiger Energie über Rücken und Schultern vorhanden, die sich als Verspannung ihrer Nacken- und oberen Rückenmuskulatur manifestierte. Wenn ich meine Hände über ihr energetisches Feld hinweg oder durch das Feld hindurch bewegte, konnte ich die Energie in diesem Bereich deutlich fühlen. Sie war dicht und schwer; es fühlte sich an, als würde meine Hand sich durch eine zähe Flüssigkeit bewegen. Wendys Arme, Hände und Beine waren energetisch unterversorgt, was sich deutlich in der Tatsache widerspiegelte, daß diese Teile ihres Körpers schwach waren und noch weiter in ihrer Funktion eingeschränkt wurden, wenn Wendy von Gefühlen wie Ärger und Furcht überwältigt wurde. Sie war dann wie gelähmt – bildlich gesprochen war sie unfähig, von ihrer schwarzen Kiste zu klettern und den Weg zu gehen, der Heilung für sie bedeutete. Ihre Ängste blockierten ihre Imagination, sich selbst als gesund sehen zu können, und verhinderten daher, daß sie die Kräfte des Heilungsdreiecks anwenden konnte. Als ich das energetische Feld über diesen Körperteilen bearbeitete, war der Energiemangel, der dort herrschte, deutlich tastbar. Das Feld fühlte sich leer an; ohne elektrische Ladung, Vitalität oder Dichte. Für mich als Therapeutin für heilende Berührung war das ein seltsames Gefühl, weil ich mich daran gewöhnt hatte, zumindest irgendein Gefühl von Präsenz im Energiefeld zu erwarten.

Die Grundlage meiner Herangehensweise an Wendys Problem war, die Energie dort abzuziehen, wo sie überschüssig und blokkiert war, und sie an die Stellen zu schicken, die energetisch unterversorgt waren. Um Ihnen nun ein Gefühl für das Abziehen und Senden von Energie zu vermitteln, zwei Grundtechniken heilender Berührung, schlage ich vor, daß Sie die beiden folgenden Übungen ausprobieren.

Sie brauchen dazu einen Partner.

ÜBUNGEN

Beide Partner sitzen sich auf einem Stuhl mit gerader Rückenlehne gegenüber, wobei sich ihre Knie beinahe berühren und die Füße flach auf dem Boden stehen. Nehmen Sie sich zunächst ein bis zwei Minuten Zeit, um tief zu atmen und sich zu zentrieren.

Nun lassen Sie Ihre Hände auf den Oberschenkeln ruhen, wobei die linke Handfläche nach oben und die rechte nach unten zeigt. Lassen Sie Ihren Partner seine rechte Hand auf Ihre linke Hand legen und seine linke Hand unter Ihre rechte. (Bei dieser Übung dürfen sich Ihre Handflächen berühren.)

Bevor Sie anfangen, Energie zu senden oder zu empfangen, sollten Sie und Ihr Partner den Energiefluß zwischen Ihnen zu spüren versuchen. Fließt die Energie aus Ihrer linken Hand hinaus und in die rechte Hand Ihres Partners? Oder fließt sie aus der rechten Hand Ihres Partners in Ihre linke? Welchen Einfluß hat die Energie, die Sie von Ihrem Partner empfangen, auf Ihren Körper? Wie bewegt sie sich durch Ihren Körper – das heißt, tritt sie z. B. durch Ihre rechte Hand in Ihren Körper ein, bewegt sich den Arm hinauf und über die Schultern wieder aus Ihrer linken Hand hinaus? Versuchen Sie einfach, die Bewegung der Energie zu spüren, bevor Sie den Versuch machen, sie zu beeinflussen. Machen Sie sich keine Sorgen, wenn Sie den Energiefluß nicht spüren können. Das Wichtigste dabei ist, nicht zu denken, sondern nur zu fühlen. Man braucht Zeit und Übung, um Sensibilität für diese Energiebewegungen zu entwickeln.

Energie auf Ihren Partner übertragen

Nachdem Sie zunächst versucht haben, die Richtung der Energiebewegung zu spüren, ohne sie zu beeinflussen, probieren Sie nun, ob Sie den Energiefluß mit Hilfe Ihrer Hände und Ihrer geistigen Vorstellungskraft dirigieren können. Sprechen Sie untereinander ab, wer von Ihnen als erster Energie schicken und wer der Empfänger sein soll. Bevor Sie damit beginnen, Energie zu übertragen, atmen Sie ein paarmal tief durch, um sich zu zentrieren. Entscheiden Sie, aus welcher Hand Sie die Energie fließen lassen wollen – aus der linken oder der rechten. Nun benutzen Sie das Ausatmen, um mit der Hand, die Sie sich dafür ausgesucht haben, Energie zu schicken. Während Sie ausatmen, visualisieren Sie, wie die Energie aus Ihrer Handfläche in die gegenüberliegende Hand Ihres Partners fließt. Die Person, die die Energie empfängt, sollte den Energiefluß lediglich neutral beobachten. Visualisieren Sie den Weg, den die Energie nimmt – das heißt, wie sie sich durch Ihren Partner hindurch bewegt, und von dem einen Arm über seine Schultern den anderen Arm wieder hinunterfließt zu seiner anderen Hand, die der Ihren gegenüberliegt. Fühlen Sie, wie Ihre andere Hand die Energie wieder aufnimmt. Fragen Sie Ihren Partner, ob er den Energiefluß spüren kann oder nicht. Wechseln Sie die Richtung der Bewegung, indem Sie die Energie aus der anderen Hand fließen lassen. Tauschen Sie auch die Rollen, so daß beide Partner einmal als Empfänger und einmal als Übermittler der Energie fungieren.

Im allgemeinen erhöht das Übertragen von Energie auf Ihren Partner oder Klienten dessen Lebensenergie; er bekommt einen «Energieschub». Sie schicken Energie an die Stellen, die ein schwaches Chi oder einen Mangel an Lebenskraft haben.

Energie von Ihrem Partner abziehen

Die nächste Form des Energieflusses, mit der wir uns beschäftigen wollen, ist das Abziehen von Energie. Dadurch wird die Lebenskraft in diesem Bereich vermindert; man macht das an Stellen, wo ein Überschuß an Energie vorhanden ist. Wiederholen Sie die vorige Übung, aber diesmal visualisieren Sie, daß Sie beim Einatmen Energie aus der Hand Ihres Partners abziehen, anstatt beim Ausatmen Energie hineinzuschicken. Versuchen Sie festzustellen, wie die Energie in Ihnen selbst und in Ihrem Partner fließt. Wo kommt die Energie her, die Sie von Ihrem Partner abziehen? Kommt sie aus seiner Schulter? Seinem Rücken? Seinem Nacken? Fragen Sie Ihren Partner, ob er irgendwelche Körperempfindungen hat, während Sie Energie von ihm abziehen.

Den Energiefluß stoppen

Als letztes versuchen Sie zu erreichen, daß der Energiefluß zwischen Ihnen beiden aufhört. Visualisieren Sie, daß die Energie zwischen Ihnen und Ihrem Partner in einem Ruhezustand verharrt. Ihre Energiefelder sind jetzt voneinander abgeschlossen. Machen Sie sich zu. Spüren Sie, wie sich das anfühlt, und vergleichen Sie es mit den vorangegangenen Übungen.
Diese Übungen werden Ihnen helfen, die Energie, die durch Ihre Hände fließt, dirigieren zu lernen. Sie können das Übertragen und Empfangen von Energie den ganzen Tag üben – immer wenn Sie jemandem die Hand geben, schicken Sie ihm Ihre Energie oder empfangen die seine. Wenn Sie jemanden an der Schulter oder am Arm fassen, versuchen Sie, die Energie dieses Menschen zu spüren oder schicken Sie ihm etwas von Ihrer eigenen. Kurz gesagt: Versuchen Sie, Ihren Berührungssinn zu erweitern. Es ist tatsächlich viel leichter, als Sie denken. Versuchen Sie das Ganze nicht übermäßig zu intellektualisieren oder zu

komplizieren. Alles, was Sie tun müssen, ist üben und Erfahrungen sammeln.

Wann immer Sie Energie senden oder empfangen, werden Ihnen Bilder oder Eindrücke kommen. So wie die Bilder, die bei meiner Arbeit mit Wendy auftauchten, können diese Gedanken den Heilungsprozeß unterstützen. Zunächst haben diese Eindrücke vielleicht keine bestimmte Form, aber achten Sie auf den ersten Gedanken, der Ihnen in den Sinn kommt. Er ist gewöhnlich richtig. Sie haben vielleicht ein klares Gefühl, daß Energie aus Ihrem Körper zu Ihrem Klienten fließt, doch Ihr Verstand versucht so einen Gedanken sofort plattzuwalzen. Vielleicht halten Sie Ihre Hand in die Nähe der Schulter eines Menschen und spüren sofort, daß Sie eine Schwingung fühlen können, die aus dem Energiefeld dieser Person kommt, doch Ihr Verstand wird automatisch anzweifeln, was Sie da fühlen. Lernen Sie, Ihrem ersten Eindruck und Ihrem erweiterten Tastsinn zu vertrauen.

Um Ihre Übungsmöglichkeiten zu vergrößern, versuchen Sie festzustellen, wo Leute, die Sie auf der Straße oder bei der Arbeit treffen, ihre Blockaden haben. Untersuchen Sie deren Energiefeld, indem Sie ihre Haltung beobachten, die Art, wie sie gehen, sich bücken usw. Probieren Sie, ob Sie herausfinden können, ob die linke oder rechte Seite ihres Energiefeldes stärker oder schwächer ist, ob sie Blockaden über den Schultern, dem Nacken oder dem unteren Teil ihres Rückens haben. Versuchen Sie, die Energie einer Person zu «fühlen», die Ihnen gegenübersitzt, und beobachten Sie eventuelle Veränderungen im Energiefeld dieser Person, während Sie sich mit ihr unterhalten.

Mit der Zeit werden Sie all diese Übungen ganz automatisch durchführen. Ihr Studium der Energie kann sich auf den ganzen Tag erstrecken und für den Rest Ihres Lebens anhalten, was einen positiven Effekt sowohl auf Ihre eigene Gesundheit als auch auf die Gesundheit anderer haben wird.

Halten Sie die Behandlungen kurz

Im allgemeinen sind Behandlungssitzungen mit heilender Berührung kurz – irgendwo zwischen fünf und dreißig Minuten, abhängig von Alter und Gesundheit der betreffenden Person. Die Grundregeln dabei sind: Je jünger der Patient, um so kürzer die Behandlungszeit. Und je schwerer die gesundheitliche Störung, um so kürzer die Behandlung.

Beispielsweise braucht man für die Behandlung von Babys bis zu einem Jahr im allgemeinen nur dreißig Sekunden. Bei einem Kind dieses Alters würde man entweder die betroffene Stelle selbst behutsam mit heilender Berührung behandeln oder den gesamten Körper, besonders wenn es sich um Frühgeborene oder Babys handelt, die irgendeine Art systemischer Störung haben.

Kinder im Alter von einem bis zu fünf Jahren werden gewöhnlich eine Minute lang behandelt (oder so lange, wie sie stillsitzen).

Sehr kranke (besonders bettlägerige) Patienten werden nicht kürzer als fünf, aber auch nicht länger als sieben Minuten behandelt. Hier kann man die Behandlung täglich durchführen.

Für diejenigen, die an einer akuten Krankheit leiden (wie z. B. dem Anfangsstadium einer Erkältung) gilt die Faustregel «Weniger ist mehr», das heißt, ein paar Minuten heilende Berührung wirken hier gesundheitsfördernd, ohne den Körper zu überfordern. Arbeitet man zu lange mit einer Person, die an einer Erkältung oder Grippe leidet, kann man die Symptome noch verstärken und mehr Leiden verursachen als ohne Behandlung. Erkältungen sind nämlich ein Versuch des Körpers, Schlackstoffe und Toxine auszuscheiden, die sich angesammelt haben, besonders solche, die aus der Umgebung aufgenommen werden, durch Luft, Wasser und Nahrung. Mit der Zeit sammeln sich diese Abfallprodukte in der Gewebsflüssigkeit an, die die Zellen umgibt. Spannungen in den Muskeln, den Faszien und anderen Geweben verhindern, daß diese Abfallstoffe in die Lymphflüssigkeit gelangen. Durch Verspannungen wird die Lymphe auch daran gehindert, diese Stoffe aus dem Gewebe zur Entgiftung in die Leber zu transportieren. So können sich immer mehr Abfallprodukte ansammeln. Dieser vergiftete Zustand der Körpergewebe ist es, der den Nährboden schafft, auf dem sich Bakterien und Viren vermehren und eine Erkältung hervorrufen können. Erkältungssymptome wie Niesen, Husen, eine laufende Nase, häufiges Wasserlassen, Durchfall und Fieber sind alles Anstrengungen des Körpers, sich von Giftstoffen zu reinigen und die Viren oder Bakterien zu vernichten. Die Symptome sind in Wirklichkeit die Antwort des Körpers auf das Problem. Wenn Sie daher mit einer erkälteten Person eine längere Heilungssitzung machen, können Sie diese Ausscheidung von Abfallprodukten noch beschleunigen, was die Symptome verstärkt und noch mehr Leiden verursacht. Eine Erkältung oder Grippe kann dann für die nächsten 24 oder 48 Stunden extrem akut werden. Mit anderen Worten, Sie verstärken das Leiden Ihres Patienten beträchtlich. Behandeln Sie daher solche Erkrankungen jeweils nur fünf bis sieben Minuten lang. Dafür können Sie täglich eine Sitzung durchführen. (Genaueres über die Behandlung bestimmter gesundheitlicher Störungen einschließlich Erkältungen finden Sie in Kapitel 10.) Besonders wenn man gerade anfängt, mit heilender Berührung zu arbeiten, ist es schwer zu erkennen, wie kraftvoll diese Methode tatsächlich ist. Man schickt einer anderen Person Lebenskraft, die Grundenergie, die den gesamten Körper am Leben erhält (s. Abbildung 4). Wenn der Körper diese Energie annimmt, werden seine eigenen Heilkräfte dramatisch gesteigert. Was der Körper mit soviel Energie und Kraft macht, bleibt nun der betreffenden Person und dem Großen Geist überlassen.

Ihre Hände sind sehr machtvoll. Doch wie ich Ihnen schon im ersten Abschnitt dieses Kapitels erklärt habe, strömt diese Kraft aus Ihrem Geist und Ihrem Herzen. Und so können Ihre Hände, je nach den Bildern, die Ihr Verstand und Ihr Herz zulassen, hei-

ABBILDUNG 4: **Energie aus der Energiekugel zur Schulter leiten**

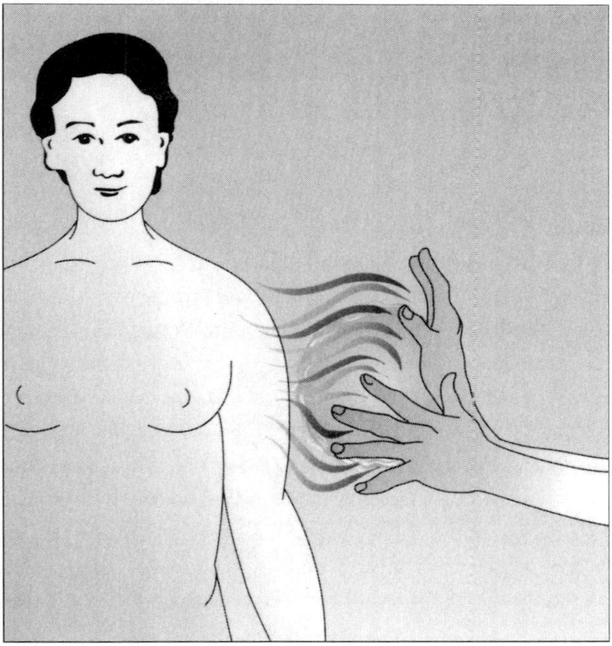

lende Energie nur so verströmen oder eher träge sein. Sie selbst können Ihre Heilungsfähigkeit entweder einschränken oder an einem Prozeß teilnehmen, der all unsere Vorstellungen übersteigt. Welch machtvolle Werke können unsere Hände vollbringen, wenn wir nur das Vertrauen haben, sie ihre göttlich inspirierte Arbeit tun zu lassen.

VIER

Das Energiefeld

Bei weitem die meisten von uns können das Energiefeld eines anderen Menschen fühlen. Tatsächlich ist dieses Feld oft so deutlich spürbar, daß viele Menschen gedankliche und sprachliche Verrenkungen vollführen, um mit rationalen Begriffen das auszudrücken, was sie intuitiv spüren, aber nicht angemessen erklären können. So sagen wir zum Beispiel von manchen Menschen, sie hätten eine «starke oder schwache Präsenz». «Er hat keine Ausstrahlung», sagen wir über andere, oder «Sie füllt den ganzen Raum aus, wenn sie hereinkommt». Wir meinen damit nicht wirklich, daß jemand so breit ist, daß er «den Raum ausfüllt». Wir sprechen hier über unsere Wahrnehmung des Energiefeldes einer Person einschließlich all der Informationen, die wir daraus ableiten.

Jeder von uns kann den Energiekörper und das Bewußtsein spüren, das so ein energetisches Feld enthält. Manche Menschen strahlen zum Beispiel Disziplin aus oder Weisheit, Macht oder Gefahr. Andere wirken, als wären sie ständig von Schatten umgeben, egal, wie hell das Licht in ihrer Umgebung ist. Manche Leute haben eine sehr stabile Energie. Wir fühlen uns in ihrer Gegenwart wohl, werden entspannt und ruhig, ohne daß sie ein Wort sagen müssen. Andere haben ein sehr instabiles Feld. Innerhalb von Minuten – manchmal sogar Sekunden – fühlen wir die Ruhelosigkeit ihres energetischen Körpers, ihre Instabilität, ihren elektrisch «aufgeladenen» Zustand. «Er war nervös», sagen wir vielleicht später zu einem Freund oder Kollegen. «Woher weißt du das? Hat er gezittert?» könnte unser Freund fragen. «Nein, aber ich konnte es spüren», sagen wir. Genau wie ein Lügendetektor, der die elektrischen Fluktuationen im Körper mißt, reagieren Sie und ich auf die Veränderungen im elektromagnetischen Feld anderer Personen.

Von Kindheit an wird uns beigebracht, solche Wahrnehmungen als irrational zu zensieren. Und dennoch – wenn jemand einen kraftvollen Gedanken oder ein starkes Gefühl aussendet, empfangen wir diesen Gedanken oder dieses Gefühl, und häufig erreicht es auch unser Bewußtsein. Die sexuelle Energie eines Menschen zum Beispiel kann sehr stark wahrnehmbar sein, selbst wenn derjenige keine offenen Annäherungsversuche macht. Gewalt und Gefahr sind andere starke Energien, die vom energetischen Feld ausgestrahlt werden können und eine Wirkung auf uns haben, welche wir meist bewußt wahrnehmen. Auch subtilere energetische Wellen werden ausgesandt, über die wir jedoch meist nur allgemeine Aussagen machen. «Dieser Mensch hat gute Schwingungen», sagen wir manchmal. Oder: «Ich spüre negative Energien.» Doch es gibt noch viel mehr, was wir aus dem Energiefeld einer Person ablesen können.

Wenn wir uns selber gestatten, die Helligkeit wahrzunehmen, die von einem Menschen ausgeht, oder die Dunkelheit von jemand anders, dann erkennen wir, daß die relative Lichtmenge, die jemand ausstrahlt, nichts mit dessen Aussehen, Hautfarbe, Haarfarbe oder Kleidung zu tun hat. Denken Sie z. B. an die Aura von Nelson Mandela oder Martin Luther King – beide von dunkler Hautfarbe – und an die strahlende Energie, die von ihnen ausgeht. Denken Sie an Michail Gorbatschow, den Dalai Lama, John F. Kennedy, Papst Johannes Paul, Mutter Teresa oder Margaret Thatcher – alle ganz unterschiedlich in ihrem Aussehen, ihrer Hautfarbe und Körperstatur – aber sie alle strahlen ein kraftvolles Licht aus, das weit über ihren Körper hinauszugehen scheint. All unsere Macht, unsere Fähigkeiten und unsere Gesundheit werden von unserem energetischen Feld bestimmt.

Manchmal können wir einen Hauch dieser Energie sehen, besonders wenn jemand bei normaler Raumbeleuchtung vor einer weißen Wand sitzt – als ob kleine Lichtflammen um den Kopf dieser Person herumtanzen würden. Wenn man den Blick etwas unscharf werden läßt, während man jemanden anschaut, wird der Energiekörper besser sichtbar. Das kommt zum Teil daher, daß beim unfokussierten Sehen die Stäbchen mehr betont werden, diejenigen Zellen der Netzhaut, mit denen wir Licht niedrigerer Intensität wahrnehmen. Das Gegenstück zu den Stäbchen sind die Zapfen, eine andere Zellgruppe innerhalb der Netzhaut, die für die Wahrnehmung von hellem Licht und Farben zuständig sind. Bei der Aura handelt es sich um Licht niedriger Intensität, und daher ist sie besser für die Stäbchen sichtbar. Beobachten Sie, wie die Energie sich flammenähnlich um Kopf und Schultern herum bewegt. Das sieht ganz ähnlich aus wie die Hitzeschwaden, die an einem heißen Sommertag von einer Straße abgestrahlt werden.

Eine andere Möglichkeit, die Aura zu sehen, besteht darin, auf die Licht- und Farbfragmente zu achten, die sich beim Gestikulieren um die Hand oder den Arm einer Person herum bewegen. Wenn jemand die Hand an den Kopf hebt oder sie auf den Tisch oder die Armlehne seines Sessels sinken läßt, können wir bei geeignetem Licht manchmal sehen, wie das Energiefeld hinter der Hand herjagt wie ein Kometenschweif. Die Aura scheint bei Bewegungen ein wenig zurückzubleiben, als ob die Hand sozusagen in ihrem Kielwasser eine Lichtspur hinter sich herziehen würde.

Ihr eigenes energetisches Feld hinterläßt auch einen Eindruck bei anderen Menschen. Wir beeinflussen diejenigen, mit denen wir in Kontakt treten, auch wenn wir nicht wissen, wie dieser Einfluß genau aussieht. Wie ich in Kapitel 10 zeigen werde, werden durch das energetische Feld persönliche Eigenschaften und Verhaltensmuster aufrechterhalten, die sowohl positiv als auch negativ sein können. Hierbei handelt es sich um energetische

Muster, Energieströme oder Blockaden, die unsere Wahlmöglichkeiten und unser Verhalten beeinflussen. Wir haben auch die Tendenz, in unserem Leben immer wieder die gleiche Sorte Menschen anzuziehen. Wenn Sie einmal über die Ähnlichkeiten der Menschen nachdenken, die Sie anziehen, und über die Beständigkeit bestimmter Erfahrungen, die Sie machen, fangen Sie an zu erkennen, daß diese Anziehungen kein Zufall sind, sondern die Antwort auf nonverbale energetische Muster darstellen, auf Botschaften, die wir übermitteln. Heilende Berührung kann solche Muster verstärken – wenn wir sie als positiv ansehen – oder uns helfen, Verhaltensweisen zu verändern, von denen wir uns befreien wollen.

Ein Modell zum besseren Verständnis des Energiefelds

Stellen Sie sich das energetische Feld von seiner Konsistenz her etwa wie einen großen Bausch Zuckerwatte vor. In gesundem Zustand ist das Feld weich, gut gepolstert und elastisch. Jedes Energiefädchen dieses Feldes ähnelt einem glänzenden Faden gesponnenen Zuckers. Im Gegensatz zur Zuckerwatte sind die Filamente des Energiefelds jedoch einheitlich und stehen in perfekter Beziehung zueinander.

Das energetische Ich ist eine eiförmige Energiekugel, die jede Zelle unseres physischen Körpers umgibt und ausfüllt. Sie reicht etwa 60 bis 120 cm über unseren materiellen Körper hinaus und schimmert in allen Farben des Regenbogens. Es ist diese Energie, die gemeint ist, wenn Menschen das Wort *Aura* benutzen oder von einem «aurischen Feld» sprechen. Das energetische Ich ist verantwortlich für unsere körperliche Gesundheit und dafür, unseren physischen Körper am Leben zu erhalten, so lange wir hier auf der Erde sind. Sowohl östliche als auch westliche Heiler und Mystiker sagen, daß der Energiekörper beim Tod des physischen Körpers nicht stirbt. Im Gegenteil: Wenn der energetische Körper die Entscheidung trifft, daß seine Aufgabe auf der Erde abgeschlossen ist, verläßt er den physischen Körper, um in die energetische oder spirituelle Welt zurückzukehren. In diesem Moment hört der physische Körper auf zu funktionieren und kehrt in Form der einzelnen Elemente, aus denen er sich zusammensetzt, zur Erde zurück. Das Bewußtsein, das Sie als Ihr wirkliches Selbst kennen, das «Ich» in Ihrem Inneren, hat seinen Sitz innerhalb des Energiekörpers, der für immer weiterlebt.

Die Chakras oder Energieräder

Eingebettet in unser Energiefeld befinden sich sieben Energieräder oder -wirbel, die traditionell *Chakras* genannt werden. Sie sind vertikal in der Mitte unseres Körpers angeordnet, ausgehend vom Beckenboden bis hinauf zum Scheitel des Kopfes. Jedes Chakra versorgt eine bestimmte Gruppe von Organen und Geweben sowie eine Hormondrüse mit Lebenskraft. Zusätzlich stellt jedes Chakra ein Bewußtseinszentrum dar, das bestimmte emotionale, psychische und spirituelle Fähigkeiten an Körper, Geist und Seele vermittelt.
Die Chakras sind perfekt geformte Energiewirbel, die sich gleichmäßig drehen wie Strudel im Wasser. Sie haben ihren größten Durchmesser an der Außenseite des energetischen Felds und setzen sich dann trichterförmig in den Körper hinein fort bis zu einer Hormondrüse. Da, wo das Chakra auf den physischen Körper trifft, ist es etwa handtellergroß. An der Stelle der endokrinen Drüse kehrt sich der Trichter um und wird wieder größer und weiter, während er sich aus dem Inneren des Körpers durch den Rücken hinaus und wieder zur Peripherie des Energiefeldes bewegt. Die Gleichmäßigkeit und der Fluß der Energiefäden oder

ABBILDUNG 5: **Die sieben Chakras**

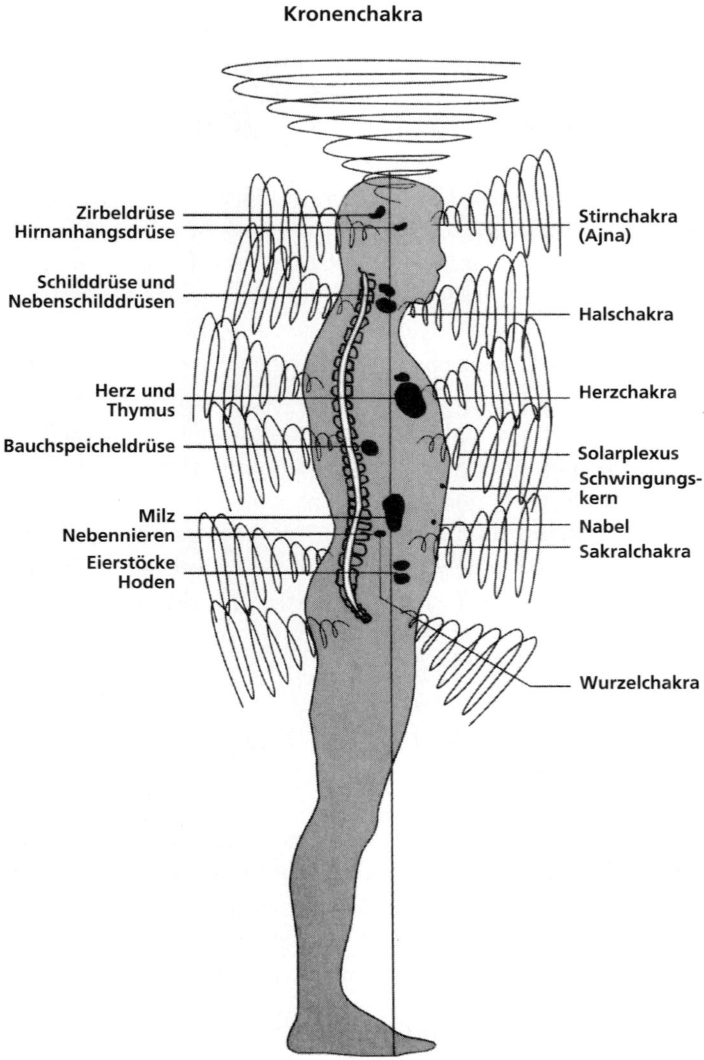

-filamente des energetischen Felds wird durch den Chakrawirbel nicht gestört; sie werden durch ihn mit neuer Energie gefüttert und bei ihrer Aufgabe unterstützt, für Ordnung und Gleichgewicht innerhalb des Felds zu sorgen.

Die sieben Haupt- oder Primärchakras befinden sich an folgenden Stellen (s. Abbildung 5): Das erste Chakra ist am Bekkenboden gelegen und ist unter dem Namen Wurzelchakra bekannt; das zweite hat seinen Sitz in der Mitte des Unterbauchs, etwa drei oder vier Finger unterhalb des Nabels, und wird Sakralchakra (*von lat. Os sacrum = Kreuzbein, A. d. Ü.*) genannt; das dritte Chakra liegt in Höhe des Solarplexus; das vierte ist in der Mitte des Brustkorbs gelegen und ist als Herzchakra bekannt; das sechste Chakra finden wir zwischen den Augen, etwa zwei bis drei Zentimeter oberhalb der Augenbrauen – es wird Stirnchakra oder Ajna genannt; und das siebte hat seinen Sitz oben auf dem Scheitel und ist als Kronenchakra bekannt. (Mehr über die Chakras finden Sie in Kapitel 5.)

Zusätzlich zu diesen sieben primären Chakras gibt es sekundäre Chakras, die in den Handflächen, den Kniekehlen und den Fußsohlen liegen, sowie zwanzig tertiäre an den Finger- und Zehenspitzen.

Die sieben Schichten des Energiekörpers

Der Energiekörper setzt sich aus sieben Schichten zusammen. Jede Schicht entspricht einem speziellen Bewußtseinsaspekt. Die Schichten haben eine gewisse Dichte. Sie wird diffuser, je weiter wir uns vom physischen Körper wegbewegen, und um so fester und besser tastbar, je näher wir an den physischen Körper herankommen.

Bei einem gesunden Menschen besteht eine gute Kommunikation zwischen den einzelnen Schichten des Feldes, so daß jede

ABBILDUNG 6: **Die sieben Schichten des Energiefelds**

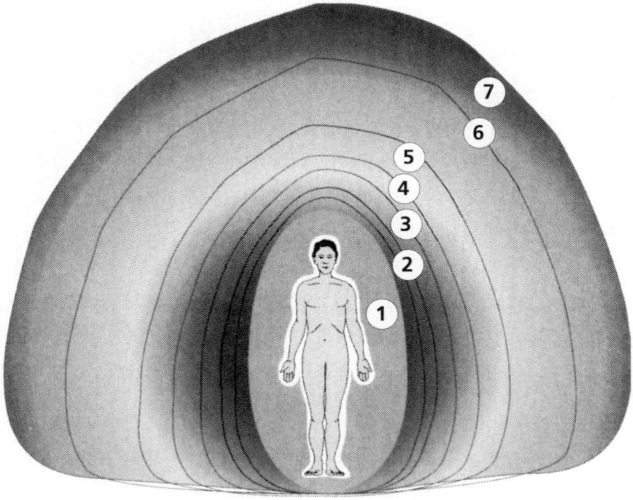

1 Ätherkörper
2 Emotionalkörper
3 Mentalkörper
4 Parabewußtsein
5 Kausalkörper
6 Kosmisches/spirituelles Bewußtsein
7 Kosmisches/spirituelles Bewußtsein

von ihnen einen Einfluß auf die sechs anderen hat. Alle sieben Ebenen des Energiefelds sind eng miteinander verbunden und voneinander abhängig (s. Abbildung 6). Zum Beispiel rufen Gedanken Emotionen hervor (und Emotionen erschaffen Gedanken). Tatsächlich kann man keinen einzigen Gedanken haben, ohne daß die Hormonproduktion dadurch beeinflußt wird, was wiederum emotionale Veränderungen auslösen kann. Die Qualität des Gedankens bestimmt den Charakter der Emotion und der physischen Reaktion, die wir erleben. Erinnerungen können z. B. Mitgefühl, Angst oder emotionalen Schmerz hervorrufen – Emotionen, die alle einen unterschiedlichen Effekt sowohl auf den physischen Körper als auch auf die verschiedenen Schichten des Energiefeldes haben. Aufgrund der in unserem Feld ablaufenden Interaktionen sind Sie und ich in der Lage, eine große Bandbreite an Informationen gleichzeitig aufzunehmen und zu verarbeiten. Wir können zum Beispiel eine intuitive Einsicht haben, während wir gleichzeitig diese Information intellektuell verarbeiten und die Freude spüren, die uns solch eine Enthüllung bringt. Auf diese Weise bekommen wir einen Sinn für die wahre Richtung in unserem Leben.

Die sieben Schichten des energetischen Körpers sind wie folgt aufgebaut:

Die erste Schicht: Der Ätherkörper

Diese Energieschicht wird oft als Aura oder Corona bezeichnet; sie liegt dem physischen Körper direkt an. Jede Zelle, jedes Gewebe und jedes Organ wird vom Ätherkörper oder Ovum (*lat.=Ei, A. d. Ü.*) durchdrungen und erhält seine Lebenskraft aus diesem am engsten anliegenden Teil des Feldes. Das Ovum oder der Ätherkörper wird häufig in spirituellen Kunstwerken dargestellt. Ein anderes Bild, das ich häufig benutze, um den Ätherkörper zu beschreiben, sind die Hitzewellen, die an einem heißen Sommertag von einer Straße abgegeben werden. Das Ovum ist auf ganz ähnliche Weise mit dem physischen Körper verhaftet und bewegt sich um ihn herum; es ist derjenige Teil des Energiefeldes, den man am leichtesten über den Tastsinn wahrnehmen kann. Sie brauchen Ihre Hand nur in einigen Zentimetern Entfernung zum Körper eines Menschen zu halten, um seine kraftvolle strahlende Energie wahrzunehmen. Wenn Sie ein Baby küssen, können Ihre Lippen diese Schicht des Energiefeldes wahrnehmen; oft ist der Ätherkörper eines Babys so deutlich tastbar, daß er sich von seiner Konsistenz her fast wie eine Flüssigkeit anfühlt.

Der Ätherkörper, der etwa fünf bis fünfzehn Zentimeter über den Körper hinausreicht, wird häufig auch «ätherisches Doppel» genannt, weil in ihm ein Duplikat aller Organe in ätherischer Form vorhanden ist. Tatsächlich ist unser gesamter Körper eine physische Manifestation des Ätherkörpers. Rudolf Steiner, der hellsichtige deutsche Philosoph, Schriftsteller und Begründer der Waldorfschulen sowie der anthroposophischen Medizin, sagt, daß alle physischen Organe exakte Nachbildungen ihrer Gegenstücke im Ätherkörper sind. Das physische Herz zum Beispiel wird aus dem ätherischen Herzen geformt. Ihr physisches Herz ist ein exaktes Doppel, ja sogar ein Produkt des ätherischen Herzens in Ihrer Aura, das zu Lebzeiten des physischen Herzens ständig Lebenskraft an dieses Organ schickt. Alle anderen Organe des Körpers werden gleichermaßen über den Ätherkörper ernährt.

Menschen, die eine Amputation erlitten haben, haben häufig «Phantomschmerzen», ein Phänomen, wobei die verlorene Hand bzw. der verlorene Arm oder das Bein als noch vorhanden wahrgenommen und gefühlt werden. Tatsächlich ist das verlorene Glied im ätherischen Körper auch noch vorhanden und gibt durch seine Schwingung ein Feedback an den Rest des Energiefeldes, welches den schwachen physischen Eindruck entstehen läßt, das verlorene Glied würde noch existieren. (Dieses aurische Feld ist es auch, das den in Kapitel 1 erwähnten Salamandern die Instruktion übermittelt, amputierte Gliedmaßen nachwachsen zu lassen.)

Menschen sind nicht die einzigen Lebewesen mit einem Ätherkörper. Alle Pflanzen und Tiere besitzen dieselbe Corona oder denselben «goldenen Schein», der jede ihrer Fasern und Zellen umgibt und durchdringt. Die goldene Aura, die sich auf Kirlian-Fotografien darstellt, ist der Ätherkörper, der den physischen Körper umgibt. Er ist derjenige Teil des Energiefelds, der bei Menschen, Salamandern und allen anderen Lebewesen die biologischen Funktionen steuert.

Die zweite Schicht: Der Emotionalkörper

Diese Schicht unseres Energiefeldes bringt all unsere Emotionen, Wünsche, Freuden, Schmerzen, Leiden und Leidenschaften hervor. Emotionen sind eine Art strahlender Energie ohne physische Form. Der Astralkörper und seine emotionale Natur sind allen Tieren gemeinsam. In der Tat sind wir durch die niedrigeren oder primitiven Aspekte unseres Emotional- oder Astralkörpers mit dem Tierreich verbunden. Steiner und andere haben jedoch darauf hingewiesen, daß nur Menschen ein Ego haben, das «Ich», das dazu dient, all unsere menschlichen Eigenschaften – einschließlich unserer Emotionen – zu organisieren und sie höheren Bewußtseinsebenen zu unterwerfen. Dieses höhere Organisationszentrum, das «Ich», fordert von uns, unsere Emotionen, unsere Wünsche und Leidenschaften in Übereinstimmung mit den höheren Ebenen unseres energetischen Feldes und mit unserem physischen Körper zu bringen. Wie wir alle wissen, stellt dieser Aspekt eine der größten Herausforderungen unseres Lebens dar.

Emotionen beeinflussen den Körper über das Nervensystem, das Hormonsystem, die Muskulatur und das Immunsystem. Wie jeder Teenager schnell lernt, kann man tatsächlich keine Emotion ohne eine sofortige Reaktion der Hormondrüsen erleben. In unserem energetischen Feld erscheint jede Emotion als aufgeladene Energiekonstellation. Je nach ihrer Natur oder Qualität kann eine Emotion in unserem Feld wie eine Blume erscheinen, die sich der Sonne öffnet, oder wie eine Explosion, die das Feld mit ekstatischer oder destabilisierender Energie überschwemmt. Durch ein Gefühl der Freude öffnet sich das Feld, vergrößert sich und läßt Energie durch den gesamten elektromagnetischen und physischen Körper strömen. Der Körper spürt augenblicklich eine Flut von Lebenskraft; jede Pore scheint sich der Sonne zu öffnen. Unser inneres Licht weitet sich aus, wird heller und öffnet sich für die unendliche Energie, die uns umgibt und die durch unser energetisches Feld weitergeleitet wird. In diesem Moment sind wir lebendiger denn je, weil wir Liebe erfahren – die Liebe des Universums für uns!

Diese Energie, diese Liebe, ist immer vorhanden, doch Veränderungen in unserem Energiefeld – bedingt durch bestimmte Überzeugungen, Wahrnehmungen, Einstellungen und vor allem Ängste – bewirken, daß das Feld sich schließt oder verletzt wird. Wenn jedoch ein Moment der Freude kommt, öffnen wir uns und erleben das Licht, das überall um uns herum existiert. Der Bereich, der sich dabei insbesondere öffnet, ist Ihr Herz oder Herzchakra, eine wirbelnde Blüte aus Energie über Ihrem Herzen. Sie spüren diese Öffnung und das Licht der Liebe, welches Ihr Energiefeld und Ihren physischen Körper überflutet.

Die Heilungsmöglichkeiten eines solchen Moments können an ein Wunder grenzen. In Abhängigkeit von der Menge an Lebenskraft, die unser Energiefeld und unseren physischen Körper durchdringt, kann diese Liebe Blockaden oder energetische Staus überwinden, die bisher körperliche Symptome oder Krankheiten verursacht haben. Liebe, Hoffnung, Freude und Wohlgefühl – sie alle wirken in uns als Energiegeneratoren, die eine Ausweitung und Öffnung unseres energetischen Feldes bewirken und eine ähnliche Öffnung unseres physischen Körpers zur Folge haben.

Sie haben diese elektromagnetische Qualität von Emotionen schon Hunderte, ja sogar Tausende von Malen erlebt. Denken Sie an Ihre erste Verabredung zurück, an das erste Mal, als Sie die Hand eines Jungen oder eines Mädchens berührt haben, den oder das sie gern hatten. Etwas beinahe Greifbares, Elektrisierendes und ganz und gar Wunderbares wurde dabei zwischen Ihnen ausgetauscht. Erinnern Sie sich an Ihren ersten Kuß. Muß ich noch mehr sagen?

Wenn andererseits negative Emotionen vorherrschen, sind die Auswirkungen genau umgekehrt. Leichter bis mittelgradiger Ärger oder Konflikte verursachen Irritationen der Energie in unserem Feld. Diese sprunghaften Energien haben ähnliche nervöse, muskuläre und hormonelle Irritationen im Körper zur Folge. Starker Ärger, Furcht oder Haß verwunden das Energiefeld und verursachen Risse, Löcher und Barrieren zwischen den Schichten sowie große Energiestürme innerhalb des Feldes, die uns noch weiter verletzen. Wenn ein ärgerlicher Patient zu mir kommt, fühlt sich sein energetisches Feld für mich hart und nach außen drückend an, so, als wolle es andere Menschen wegschubsen. Durch Ärger bekommt das Feld auch gezackte Umrisse, als enthielte es Messer, die nach außen geschleudert werden. Dagegen fühlt sich hektische unkonzentrierte Energie an wie ein elektrisch aufgeladenes Feld oder wie kleine Energienadeln.

Veränderungen innerhalb des energetischen Felds haben sofortige Veränderungen im Körper zur Folge. Zum Beispiel wird die bekannte Kampf-oder-Flucht-Reaktion ausgelöst, wenn Angst die Nebennieren stimuliert, Adrenalin und Noradrenalin auszuschütten. Diese Substanzen lösen chemisch eine unglaubliche Bandbreite an Gedanken und körperlichen Reaktionen aus, unter anderem eine Erhöhung der Herzfrequenz, der Atemfrequenz, des Blutzuckers und der Muskelaktivität.

Außerdem wirkt Furcht unterdrückend auf das Immunsystem. Wenn die Furcht chronisch wird, führt das zu signifikant erhöhten Cholesterinspiegeln und einer vermehrten und unkontrollierten Ausschüttung von Hormonen – besonders von Adrenalin und Noradrenalin; die Atmung wird flach und angespannt, und es kommt zu Muskelverspannungen und manchmal zu Muskelkrämpfen.

Positive Emotionen dagegen – wie Liebe, Hoffnung, Freude, Wohlbefinden und Gefühle von Sicherheit – stärken das Immunsystem und versetzen den physischen Körper in die Lage, Krankheiten besser abwehren zu können. In diesem Fall sind die Emotionen sanft und fließend. Was die meisten Menschen nicht erkennen, ist, daß diese Veränderungen – sowohl die positiven als auch die negativen – ihren Ursprung in dem elektromagnetischen Feld haben, das den Körper umgibt und durchdringt, und daß viele davon aus der astralen Schicht dieses Feldes stammen.

Emotionen sind natürlich auch direkt mit unseren Gedanken verbunden, die auf der nächsthöheren Ebene unseres energetischen Feldes existieren. Selbst unbewußte Emotionen – solche, deren Quelle noch im Unterbewußtsein verborgen liegt – erschaffen Gedanken, die unserem Bewußtsein zugänglich sind. Wir sind z. B. ärgerlich auf jemanden und führen lange innere Monologe mit uns selbst, erkennen jedoch nie die tieferen Gründe für unseren Ärger; vielleicht sind wir in Wirklichkeit ärgerlich auf uns selbst oder auf jemanden, an den uns die betreffende Person erinnert. Tatsächlich können wir unsere Gefühlswelt erst dann verstehen, wenn Emotionen und Denken in Harmonie miteinander arbeiten, das heißt, wenn unsere Emotionen ungehindert emportauchen können und unsere Gedanken frei dafür sind, die Quelle dieser Gefühle zu erforschen.

Jeder von uns hat schon Erfahrungen mit der «energetischen» Natur von Emotionen gemacht, obwohl es uns schwerfällt, diese Erfahrungen mit Worten zu beschreiben. Erinnern Sie sich zum Beispiel an das letzte Mal, als Sie verlegen waren. Obwohl wir normalerweise versuchen, dieses Gefühl zu verbergen, verursacht es dennoch eine Reihe körperlicher Reaktionen: Die Ohren und das Gesicht röten sich und werden heiß, die Kopfhaut zwickt vielleicht ein wenig, und unsere Hände fangen an zu schwitzen. Unsere Atmung und unsere Herzfrequenz verändern sich spürbar, und wir schrumpfen insgesamt ein bißchen zusammen. Scham, eine andere starke negative Emotion, läßt das Gesicht häufig blaß werden und bewirkt, daß der ganze Körper quasi in sich zusammenfällt. Wieder fühlt es sich an, als ob wir energetisch schrumpfen, als ob uns Energie abgesaugt wird. Eine weitere negative Emotion ist das Schuldgefühl, welches wir als eine Art Wunde in unserem Herzen spüren; es geht ebenfalls mit einem unerklärlichen Energieverlust einher.

Der Energieverlust, der im Zusammenhang mit Schuldgefühlen, Scham oder ungelöstem Ärger auftritt, wird auch als *Leck* im energetischen Feld bezeichnet. Die Begrenzung, die die Integrität des Feldes aufrechterhält, bekommt einen Riß. Durch diesen Riß sickert Energie und geht verloren. Wir erfahren Schuldgefühle als einen Verlust unserer Integrität und unseres persönlichen Schutzes, und unsere Grenzen werden unscharf. Wir sind nicht mehr in der Lage, uns vor dem Urteil einer anderen Person über uns zu schützen. Es ist, als ob wir die Beurteilung einer anderen Person absorbiert und sie zu unserer eigenen gemacht hätten. Die Grenze, die uns ein Gefühl für uns selbst gibt, ist verletzt, so daß Energie verlorengehen kann. Dadurch erleben wir eine spürbare Verminderung unserer Lebenskraft, mit all den bekannten und vertrauten Begleiterscheinungen wie Müdigkeit, Selbstverdammung, Orientierungslosigkeit und geschwächtem Identitätsgefühl. Jeder, der irgendwann miterlebt hat, wie ein Kind von seinen Eltern oder einem anderen Erwachsenen angeschrien wurde, hat schon die Erfahrung gemacht, daß das Kind darauf reagiert hat, als würde es geschlagen. In seinem Versuch, den verbalen und energetischen Schlägen zu entgehen, kann das Kind sichtbar zurückzucken.

Für den Heiler ist die emotionale Schicht des Energiefelds ein wichtiger Ansatzpunkt für seine Heilungsarbeit, denn sehr häufig haben Krankheiten hier ihre Wurzel. Alte Traumata und lang anhaltende emotionale Verletzungen erscheinen hier als Bereiche dumpfer, verdichteter Energie, wie Steine, Felsbrocken oder Narbengewebe. Häufig empfinde ich Energieblockaden auf der Astralebene als beinahe so zäh wie Teer. Bei frischeren Wunden nehmen wir vielleicht Stellen vermehrter Hitze oder wirbelnde, aktive oder sogar pulsierende Energien wahr. (Darüber, wie spezielle Blockaden sich anfühlen, werde ich an einer anderen Stelle dieses Kapitels und später im Buch noch mehr erzählen.) Wenn ein Therapeut für heilende Berührung anfängt, mit solchen gestauten Energien zu arbeiten, kommen als erstes all die alten Emotionen wieder zum Vorschein, wenn auch nicht ganz so intensiv wie damals. Menschen, die mit heilender Berührung behandelt werden, durchleben manchmal längst vergangene Ereignisse wieder, oder es tauchen Gedanken an Menschen und Situationen auf, die sie vergessen oder verdrängt hatten. Unerwartete Bilder können auftauchen – auch beim Therapeuten, der die Heilungssitzung durchführt. Werden die Behandlungen mit heilender Berührung fortgesetzt, kann die betreffende Person schließlich von diesen Erinnerungen und emotionalen Blockaden befreit werden. Die Energie kann wieder frei fließen, und es kann eine Heilung stattfinden.

Nach Beendigung der Heilungssitzung kann eine Meditation oder eine geführte Visualisation dem Patienten helfen, die Emotionalebene neu zu strukturieren. Dies ist hilfreich, um Wunden zu schließen und neue, gesündere Verhaltensweisen aufzubauen.

Die Größe des astralen Feldes wird von den Emotionen, Gedanken und Intentionen der betreffenden Person bestimmt. Es gibt viele verschiedene Arten, wie Menschen mit Emotionen umgehen, aber eine der häufigsten ist, sie zu unterdrücken, wodurch das energetische Feld zusammenschrumpft. Auch Menschen, die von selbstsüchtigen oder egoistischen Motiven bestimmt werden, haben eine Tendenz zu zusammengezogenen und dunkleren Energien auf der Emotionalebene. Das Energiefeld einer solchen Person fühlt sich dünn an, liegt eng am Körper an und ist unfähig, die Gefühle, Hoffnungen oder Wünsche eines anderen Menschen aufzunehmen.

Rudolf Steiner vermittelt uns einen Einblick in die Macht der Liebe, auf das energetische Feld einer anderen Person einzuwirken. Er behauptet, daß, wann immer wir liebevolle Gedanken für jemanden hegen – wie beispielsweise während einer Behandlungssitzung mit Therapeutic Touch –, diese Gedanken unser Energiefeld als eine «Form von Licht» in Gestalt einer Blüte verlassen, die dann in das astrale und ätherische Feld der Person eintritt, auf die unsere Gedanken gerichtet sind. Dadurch wird das energetische Feld des Empfängers gestärkt, was eine Erhöhung seiner Vitalität, eine verbesserte Gesundheit und Glücksgefühle bei ihm bewirkt. Nach Steiner hat schon die Aussendung eines liebevollen Gedankens diesen Effekt, egal, wie weit die Entfernung ist, die zwischen uns und dem Menschen liegt, dem wir helfen wollen. Auf diese Weise kann Energiearbeit auch ohne den Einsatz unserer Hände stattfinden. Oft hat schon unsere Absicht allein die Kraft, die Lage einer anderen Person zu verändern.

Daß heilende Gedanken etwas bei anderen bewirken, selbst über große Entfernungen hinweg, ist in vielen wissenschaftlichen Studien bewiesen worden. Dr. Randolph Byrd, ein Kardiologe, benutzte einen Computer, um eine Gruppe von 393 Patienten des San Francisco General Hospital, die an koronarer Herzerkrankung litten, nach dem Zufallsprinzip in zwei Gruppen aufzuteilen. Für Gruppe 1, bestehend aus 192 Patienten, wurde jeden Tag von einer anderen Gruppe von Menschen, die unterschiedlichen religiösen Glaubensrichtungen angehörten, gebetet. Für die 201 Patienten der Gruppe 2 wurde nicht gebetet. Niemand, der an dieser Studie beteiligt war – einschließlich der Patienten, Ärzte und Krankenschwestern –, wußte, für wen gebetet wurde und für wen nicht (das nennt man eine Doppelblindstudie). Die Leute, die für Gruppe 1 beten sollten, bekamen jeweils den Vornamen mehrerer Patienten mitgeteilt sowie eine Beschreibung von deren Gesundheitszustand. Das bedeutete, daß jedem Patienten aus Gruppe 1 fünf bis sechs Menschen zugeordnet waren, die während der zehnmonatigen Studie jeden Tag für ihn beteten.

Die Ergebnisse, die im Juli 1988 im «Southern Medical Journal» veröffentlicht wurden, waren so aufsehenerregend, daß sie selbst viele hartgesottene Skeptiker überzeugten. Während der zehnmonatigen Überwachungszeit beider Gruppen stellten Dr. Byrd und seine Kollegen fest, daß die Patienten, für die gebetet wurde, fünfmal seltener Antibiotika benötigten (ein Hinweis auf die verbesserte Funktion ihres Immunsystems) und dreimal seltener ein Lungenödem entwickelten (ein Zustand, bei dem sich die Lunge als Folge einer ungenügenden Pumpfunktion des Herzens mit Flüssigkeit füllt). Keins der Mitglieder der Gruppe, für die gebetet wurde, mußte intubiert und künstlich beatmet werden, im Gegensatz zu zwölf Mitgliedern der Gruppe 2; und Gruppe 1 (die Gruppe mit Gebet) hatte auch eine geringere Anzahl von Todesfällen aufzuweisen.

Andere Studien, die die Wirksamkeit des Gebets untersucht haben, zeigten ähnliche Ergebnisse. Es wurde nachgewiesen, daß Gebete – ähnlich wie heilende Berührung – die Gesundheit von Pflanzen und das Wachstum von Pilzen und Bakterien beeinflussen können. So wurde z. B. bewiesen, daß Menschen durch Gebete das Wachstum von Pilzkulturen verhindern können, selbst über eine Entfernung von etwa 25 Kilometern hinweg.

Die Kraft des Gebets zeigt wieder einmal, wie wichtig Ihre Intention bei der Anwendung heilender Berührung ist. Kurz gesagt, senden Sie denjenigen, mit denen Sie arbeiten, Ihre Liebe und machen Sie Ihre Heilungssitzungen zu einem Akt des Gebets.

Die dritte Schicht: Der Mentalkörper

Die dritte Schicht des energetischen Feldes ist verantwortlich für die intellektuellen Funktionen, für den bewußten und unbewußten Verstand und für viele unserer Erinnerungen. Der Begriff bewußter Verstand bezieht sich natürlich auf diejenigen Aspekte unserer selbst und unserer Umgebung, die wir bewußt wahrnehmen. Mit unbewußt meine ich das persönliche Unterbewußtsein – diejenigen Gedanken, Erinnerungen und Träume, die wir unterdrückt oder vergessen haben, die aber knapp unterhalb der Oberfläche unseres Bewußtseins existieren. Höhere Ebenen dieses Feldes haben einen Bezug zur Welt der Archetypen, wie sie von Plato, dem Schweizer Psychologen C. G. Jung und anderen beschrieben wurde.

Der Mentalkörper koordiniert unsere physiologischen Aktivitäten einschließlich der bewußten und autonomen Funktionen. Er ermöglicht uns zum Beispiel, kilometerweit zu fahren, während wir an alles andere als ans Fahren denken, und trotzdem sicher anzukommen. Biofeedback und Entspannungstechniken erlauben uns, Zugang zu unserem Mentalkörper zu erhalten und unbewußte und autonome Funktionen der mentalen Kontrolle zugänglich zu machen. Dr. Krieger, Krankenschwester und Forscherin an der New York University, und andere haben gezeigt, daß während einer Sitzung mit Therapeutic Touch sowohl Behandler als auch Patient vermehrt Alphawellen produzieren, ein elektrisches Gehirnstrommuster, das in tiefen Meditationszuständen auftritt. Solche Alphazustände gehen mit einer tiefen Entspannung, einer Verlangsamung von Herzfrequenz und Atmung und einer erweiterten Wahrnehmung einher und können auch außersinnliche Wahrnehmungen einschließen.

Zu den wichtigsten Inhalten des Mentalkörpers, besonders aus der Perspektive des Heilens, gehören die unbewußten Gedanken, Glaubenssätze, Urteile und Konzepte, die die Grundlage unseres Verhaltens bilden und unser Wachstum behindern können. Überzeugungen, Urteile und Einstellungen, die nicht länger unserem jetzigen Reife- und Entwicklungsstadium entsprechen, wirken als Blockaden unserer Energiezirkulation. Sie stehen neuen Informationen, neuartigen Einsichten und umfassenderen Glaubenssystemen rigoros im Wege. Wie Steine in einem Fluß oder Verknotungen in angespannten Muskeln blockieren sie die Energiezirkulation innerhalb des Feldes und verhindern so Erneuerungen und die Entwicklung eines neuen Lebensverständnisses. Darüber hinaus füttern diese unbewußten Urteile und Überzeugungen den bewußten Verstand und verursachen Verhaltensweisen, die unserer momentanen Situation unangemessen sind. Sie hindern uns daran, Situationen in einem neuen, frischen Licht zu sehen. Rassismus, Sexismus und diverse Ansichten von Über- oder Unterlegenheit sind alles Beispiele für Blockaden auf der mentalen Ebene. Überzeugungen, daß wir schwach sind, keine Talente haben oder «immer unrecht» (bzw. «immer recht») haben, sind ebenfalls unbewußte Urteile, die unsere Gesundheit und Entwicklung beeinträchtigen. Wenn wir uns ständig sagen: «Ich kann das nicht» und nichts tun, um diesen Glaubenssatz in Frage zu stellen, wird er zu einem energetischen Muster in unserem Feld. Diese Muster verhindern, daß die Energie innerhalb unseres energetischen Feldes frei zirkulieren kann, wodurch unsere Freiheit und Kreativität eingeschränkt und unsere Gesundheit angegriffen wird.

Viele psychologische Projektionen haben ihren Sitz auf der Mentalebene. Ein Beispiel dafür wäre jemand, der die Vorstellung hat, alle machtvollen Menschen seien selbstsüchtig und würden ihn daran hindern wollen, zu höheren Ebenen von Verantwortung und Erfolg vorzudringen. Menschen, die darauf bestehen, in jeder schwierigen Situation als armes Opfer dazustehen, oder solche, die andere zu manipulieren versuchen, weil sie Angst davor haben, in ihren Beziehungen ehrlich und direkt zu sein, sind im allgemeinen auf der Mentalebene blockiert.

Als Therapeut für heilende Berührung werden Sie solche Blockaden im Energiefeld Ihrer Lieben oder Ihrer Klienten auflösen. Wenn das geschieht, werden Sie häufig hören, wie diese Menschen anfangen, aus einer ganz anderen Perspektive über ihre Frustrationen, ihre Projektionen oder ihre unerkannten Glaubenssätze zu sprechen. Manchen wird die Erkenntnis, wie sie sich bisher selber eingeschränkt haben, wie eine Offenbarung erscheinen. Andere werden einfach ungeheure Erleichterung oder ein neues Gefühl von persönlicher Macht und Identität spüren.

Wenn man erst einmal einige veraltete Glaubenssätze losgeworden ist, kann viel mehr Kreativität durchbrechen. Es kommt zu einem Gefühl großer Erleichterung und Flexibilität. Die betreffende Person fühlt sich wieder wesentlich machtvoller, aus dem einfachen Grund, daß sie von den Fesseln alter Überzeugungen befreit worden ist, welche sie bisher daran gehindert haben, die riesige Bandbreite an Möglichkeiten – und Gelegenheiten – zu sehen, die in jeder Situation verborgen liegen.

Die vierte Schicht: Das Parabewußtsein

Jack Schwarz, der Autor von «Human Energy Systems» (Menschliche Energiesysteme) (E.P. Dutton, 1980), nennt die vierte Ebene die Schicht des Parabewußtseins. Sie enthält all unsere außergewöhnlichen Fähigkeiten wie Intuition, außersinnliche Wahrnehmung, Imagination, spirituelle Einsichten und Hellsichtigkeit. Hinzu kommt unsere Fähigkeit, Mitgefühl zu empfinden. Rudolf Steiner behauptet, daß eine Form der Intuition die Fähigkeit ist, sich mit einer anderen Person zu verbinden – ihre Lebensumstände, ihren Schmerz und ihr Leiden zu empfinden. Aus einer solchen intuitiven Wahrnehmung heraus entsteht Mitgefühl für ein anderes menschliches Wesen.

Steiner vermittelt uns hier einen Eindruck davon, auf welche Weise unsere Intuition funktioniert. Intuition ist die Fähigkeit, die Verbindung zu erfahren, welche in Wahrheit zwischen allen Menschen – und natürlich auch zum Großen Geist, dem Tao oder Gott – existiert. Wenn wir diese Einheit erfahren, öffnen wir uns für die Informationen, die sich in Form von Energie ständig durch den Kosmos bewegen. Wir können diese Verbundenheit spüren, indem wir uns einfach auf einen anderen Menschen einstimmen und seine Lebensenergie spüren. Verschiedene Diagnoseformen aus dem Orient lehren uns Methoden, unsere Intuition zu entwickeln, indem wir dem Energiefeld des Patienten erlauben, mit unserem eigenen Feld in Kontakt zu treten, so daß wir den Energiekörper des Patienten mit unserem eigenen Feld berühren können. Auf diese Weise kann man einen Menschen auf eine sehr tiefe und intime Weise verstehen. (In Kapitel 7 werde ich einige Methoden und Übungen zu diesem Thema beschreiben sowie Möglichkeiten, sich von fremden Energien zu befreien, die Sie vielleicht während der Sitzung von Ihrem Klienten aufgenommen haben.)

Wann immer wir mit heilender Berührung arbeiten, konzentrieren wir uns auf diese Verbundenheit. Während der Sitzung dient der Therapeut als Kanal für die universale Energie, die durch ihn zum Klienten fließt. Die Methode basiert auf der grundlegenden Einheit von Kosmos, Therapeut und einem anderen menschlichen Wesen. Indem Sie sie anwenden, leben Sie im Bewußtsein dieser Verbundenheit, was die Entwicklung Ihrer Intuition und der vierten Ebene Ihres energetischen Feldes beschleunigt. Ohne eine tiefe Verbindung mit dieser Einheit – entweder mit einer anderen Person oder mit dem Kosmos selbst – sind weder außersinnliche Wahrnehmungen, Hellsichtigkeit oder spirituelle Einsichten möglich.

Ihre Fähigkeit, der Intuition oder vierten Schicht Ihres Energiefelds die Führung zu überlassen, hängt davon ab, wie klar und unbehindert die niedrigeren Schichten im Moment sind. Wenn wir Hindernisse in diesen Schichten unseres Seins beseitigen, können die vierte und noch höhere Schichten unseren Mental-, Emotional- und Ätherkörper beeinflussen. Dadurch bekommen wir automatisch ein besseres Gefühl für unsere Verbundenheit und Intuition.

Die fünfte Schicht: Der Kausalkörper

Traditionelle Lehren über das energetische Feld besagen, daß es in jedem von uns einen Ort gibt, der unser Wissen darüber enthält, warum wir hier auf der Erde sind. Diese Schicht Ihres Energiefeldes enthält Wissen über Ihr Lebensziel, Ihre zahlreichen Talente und die Lektionen, die Sie während Ihres Aufenthalts auf dieser Erde lernen wollen. Der Kausalkörper enthält auch die Art von Wissen, das – wenn auch nur vage – in Ihnen wachgerufen wird, wann immer Sie Menschen treffen, mit denen Sie sich vor Ihrer Inkarnation auf der Erde verabredet haben, um an bestimmten Aufgaben zu arbeiten, spezielle Ziele zu erreichen oder Hindernisse zu überwinden. In dieser Schicht Ihres energetischen Feldes befindet sich der Plan Ihrer Seele für Ihr jetziges Leben.

So gut wie alle Religionen lehren, daß Reinkarnation oder Seelenwanderung die Grundlage des Lebens ist. Das trifft für den Buddhismus genauso zu wie für den Taoismus, das frühe Christentum und die Lehren der Kabbala im Judentum. Wir erleben zahlreiche Inkarnationen auf diesem Planeten, so daß wir lernen und uns zu höheren Ebenen des Seins hin entwickeln können. Im Verlauf dieses Prozesses sammeln wir Wissen an, das wir in den folgenden Leben benutzen, um uns selbst und anderen zu helfen. Außerdem machen wir Fehler und ziehen karmische Lektionen oder Schulden auf uns, die einen Ausgleich erfordern. All das ist so geregelt, daß wir immer mehr Liebe, Verständnis und Wissen über den Sinn des Lebens entwickeln können. Das Leben selbst ist eine unversiegbare Quelle; es kann nicht zerstört werden und manifestiert sich immer weiter in den Formen, die das Bewußtsein der entsprechenden Lebensform am besten widerspiegeln. Der physische Körper ist ein perfekter Spiegel für das Bewußtsein des Wesens, das ihn bewohnt, und dient dazu, all die Fähigkeiten und Lektionen in physischer Form zu manifestieren, welche die individuelle Seele zu erfahren, auszudrücken und zu lernen wünscht. All diese Informationen über unser jetziges Leben und auch über alle vorangegangenen Leben sind im Kausalkörper gespeichert, der fünften Schicht unseres energetischen Feldes.

Traditionelle spirituelle und religiöse Glaubenssysteme lehren uns, daß das Ausdrücken der uns innewohnenden Fähigkeiten, die Zusammenarbeit mit Menschen, mit denen wir spirituelle und karmische Abmachungen getroffen haben, und das Lernen der Lektionen, die wir uns für dieses Leben vorgenommen haben, die Quelle unserer größten Freude sind. All diese Dinge in Kombination bringen die Seele ihrem letztendlichen Ziel näher: der vollkommenen Einheit und Harmonie mit Gott, dem Tao, dem Großen Geist, oder wie immer Sie die Quelle allen Lebens nennen wollen.

Es ist wichtig zu erkennen, daß Sie nicht an Reinkarnation glauben müssen, um als Therapeut für heilende Berührung zu arbeiten. Im Gegenteil, alles, was Sie brauchen, ist tiefes Mitgefühl für die Person, der Sie helfen wollen, und die Absicht, als Instrument für die universale Liebe und Energie zu dienen, die durch Sie zu der betreffenden Person fließen wird. Darüber hinaus sind keine weiterführenden Kenntnisse oder Konzepte notwendig.

Die sechste und siebte Schicht: Kosmisches und spirituelles Bewußtsein

Die sechste und siebte Schicht unseres Seins repräsentieren unsere innigste Verbindung mit dem, was wir als Gott, den Großen Geist oder die universelle Schöpferkraft erkennen. Ganz offensichtlich sind zwar alle Aspekte unseres energetischen Feldes und unseres physischen Körpers direkt mit dem göttlichen Universum verbunden, aber die sechste und siebte Schicht *wissen* davon und stehen in bewußtem Kontakt damit. Daher ermöglichen uns diese Schichten eine direkte Erfahrung unserer Einheit mit Gott. Manchmal können sie durch tiefes Gebet oder Meditation innerhalb unseres Bewußtseins in Resonanz versetzt werden. Es ist diese Ebene unseres Seins, die von jemandem erfahren wird, der einen sogenannten Moment der Erleuchtung hat.

Wir wissen nicht viel über diese Schichten unseres energetischen Feldes, einfach deshalb, weil unsere Kontakte mit ihnen so selten und erhaben sind, daß nur sehr wenige Menschen sie bewußt erleben und ihre Erfahrungen aufschreiben. Was wir wissen, ist, daß die sechste und siebte Schicht eine enorme energetische Kraft haben, die, wenn sie in den Körper gelangt, eine Menge psychischer Störungen zur Folge haben kann, falls die betreffende Person nicht auf eine solche Erfahrung vorbereitet oder der Körper selbst nicht bei ausreichender Gesundheit ist.

Die am Toten Meer gefundenen Schriftrollen bestätigen diese Theorie und deuten darauf hin, daß die frühen Hebräer sich der Macht dieser oberen Ebenen des Energiefeldes sehr wohl bewußt waren. Diese Schriftrollen wurden von einer jüdischen Sekte, den Essenern, angefertigt, die sich in die Wüste hinausgewagt hatten, zu einem Ort namens Qumran, wo sie sich auf das Kommen des Messias vorbereiteten. Ein Teil ihrer Vorbereitung bestand in der Einhaltung einer strikten Diät gemäß den Regeln ihrer Traditionen. Einige Gelehrte behaupten, daß die Essener sich zugleich in der Absicht reinigten, einen Familienstamm zu gründen, der eine besonders starke Konstitution hätte; aus einer solchen Familie sollte letztendlich ein Sohn hervorgehen, dessen physische Kräfte stark genug wären, um die Energien der sechsten und siebten Schicht des Feldes aushalten zu können.

Es ist bekannt, daß die Essener der physischen Konstitution jedes Mitglieds ihrer Sekte eine große Wichtigkeit beimaßen. Sie glaubten, daß man aus der Physiognomie oder den körperlichen Merkmalen einer Person etwas über deren spirituelle Entwicklung ablesen könne. Der Messias sollte eine besonders reine Physiognomie besitzen, sowohl als Spiegel seiner konstitutionellen Stärke als auch seines spirituellen Erbes. Rudolf Steiner vertritt diese Ansicht ebenfalls; er schreibt, daß die Hebräer aufgrund ihrer strengen Regeln bezüglich ihrer Ernährung und ihres Lebensstils in der Lage waren, einen Körper hervorzubringen, der fähig war, die sechste und siebte Schicht des Energiefeldes oder das Christusbewußtsein in sich zu tragen.

Die Beziehung der Schichten untereinander

Um die Topographie des energetischen Feldes besser verständlich zu machen, habe ich seine Schichten individuell beschrieben, aber diese getrennte Sichtweise sagt nichts darüber aus, wie die Schichten interagieren, sich gegenseitig beeinflussen und als Einheit funktionieren. Obwohl jede Schicht ihre eigene einzigartige Funktion, ihre eigenen Stärken, Schwächen und Fähigkeiten besitzt, muß sie in Koordination mit dem gesamten Energiefeld arbeiten, damit wir unsere Talente und Fähigkeiten ausdrücken und etwas über das Leben lernen können. Jemand, der eine Begabung für Musik hat, benutzt sein gesamtes Feld, während er ein Instrument spielt, angefangen natürlich beim physischen Körper einschließlich der ersten Schicht (dem Ätherkörper, der die Stimme oder die Muskeln koordiniert, welche zum Spielen des Instruments gebraucht werden), der zweiten (die der Musik Tiefe und Gefühl verleiht), der dritten Schicht (die uns die notwendigen intellektuellen Fähigkeiten zum Erlernen der Musik und für ihren nuancierten und präzisen Ausdruck zur Verfügung stellt), der vierten (die uns die Kraft der Musik erfahren läßt, Menschen in Harmonie und Klang zu vereinen) und der fünften Schicht (die den Lebensplan der betreffenden Person enthält, zu dem das Musizieren gehört – und diesen Plan auszudrücken, bringt große Freude). Wenn der Musiker sich zu großen Höhen aufschwingt, hat er das Potential, dem göttlichen Klang – oder, wie Pythagoras sagt, der «Sphärenmusik» – Ausdruck zu verleihen. Damit ein Mensch seine Begabungen wirklich ausdrücken kann, müssen alle Schichten des Energiefelds in Harmonie zusammenarbeiten.

Der Zentralkanal: Ein Kanal spiritueller Energie

Nach mehrjähriger Erfahrung als Therapeutin für heilende Berührung habe ich erkannt, daß es zusätzlich zu den Schichten noch eine weitere Erscheinung im energetischen Feld gibt, die ich den Zentralkanal nenne (s. Abbildung 7). Diese energetische Röhre oder dieser Energiekanal verläuft in der Mittelachse des physischen Körpers. Er entspringt oben auf dem Kopf, wo die spirituelle Lebenskraft in den Körper eintritt, und verläuft in der Mitte des Körpers durch den Hals und das Zentrum des Verdauungssystems nach unten bis hinunter zum Beckenboden, wo die Energie aus dem Körper hinausfließen bzw. Energie aus der Erde aufgenommen werden kann. Entlang dieser Röhre sind die sieben Energieräder oder Chakras angeordnet, die sich fächerartig von dort ausbreiten, um die Organe in den entsprechenden Körperteilen mit Energie zu versorgen. Es handelt sich hier also um eine Art spirituellen Kanal, der von oben nach unten verläuft.

Durch ihn strömt die Energie wie ein mächtiger Fluß. Blockaden innerhalb der Röhre verursachen oft Strudel oder Wirbel, so daß die Energie nicht mehr sauber fließen kann. Das häufigste Problem, das ich bei Menschen mit solchen Blockaden im Zentralkanal gefunden habe, sind emotionale Konflikte, besonders Probleme, die Konzepte des Kopfes mit den Emotionen und Instinkten des Herzens und der tieferliegenden Organe in Einklang zu bringen. Wie wir in Kapitel 5 sehen werden, gibt es spezielle Bewußtseinsaspekte, die innerhalb der entlang des Zentralkanals gelegenen sieben Chakras beheimatet sind. Die Chakras repräsentieren unter anderem spezifische Aspekte unserer menschlichen Psyche. Menschen, die Schwierigkeiten haben, Kopf, Herz und ihre sexuellen bzw. Überlebensinstinkte zu integrieren, haben häufig Blockaden in diesem Kanal. Die Lebenskraft, die normalerweise glatt und ungehindert zwischen diesen

ABBILDUNG 7: **Der Zentralkanal**

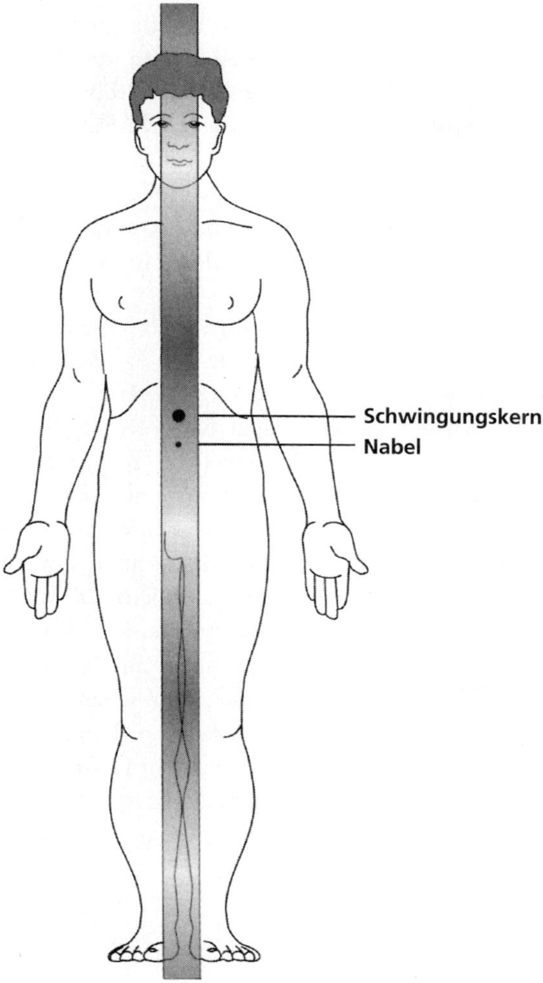

drei Zentren fließen kann, ist blockiert, was zur Folge hat, daß sich der Verstand benimmt, als sei er von den Zentren, die für die Emotionen, die Sexualität und das Überleben verantwortlich sind, abgeschnitten. Ein solcher Mensch befindet sich in ständigem Konflikt zwischen dem, was er denkt, und dem, was er fühlt oder insgeheim möchte, oder wovon er sich instinktiv angezogen fühlt.

Indem wir diese Blockaden entfernen, können wir einer Person helfen, die höheren und niedrigeren Zentren ihrer Psyche zu integrieren und die Klarheit und Brillanz ihres Verstandes wiederherzustellen.

In unserer Körpermitte, knapp unterhalb des Solarplexus und knapp oberhalb des Nabels, befindet sich das Zentrum unseres Seins, das *Schwingungskern* genannt wird. Hier verbinden sich Geist und Materie zu einer Einheit. Von hier aus fließt die heilende Lebensenergie vom Therapeuten zum Patienten. Sie strömt vom Schöpfer des Universums oder der universellen Quelle zum Schwingungskern des Therapeuten, weiter zu dessen Händen und von dort zum Schwingungskern des Patienten. Twylah Nitsch sagt, daß der Schwingungskern die Stelle sei, wo Vater Geist (Energie) und Mutter Erde (Materie) sich vereinigen, um die Grundlage unseres Menschseins zu erschaffen. Wenn Heiler und Klient zusammenarbeiten, vermischen sich ihre energetischen Körper und werden eins. Ihre Schwingungskerne werden in Einklang gebracht. Dadurch entsteht Harmonie zwischen zwei Menschen und Führung für beide während des Heilungsprozesses.

Unser Körper ist das Produkt unseres Energiefeldes

Die meisten von uns glauben, daß Gesundheit und Krankheit ganz im physischen Körper beheimatet sind. Tatsächlich ist die gesamte westliche Medizin auf dieser Überzeugung aufgebaut. Daher besteht unsere moderne medizinische Ausrüstung hauptsächlich aus Medikamenten, Chirurgie und Bestrahlung – sie alle sind direkt auf den physischen Körper ausgerichtet. Durch traditionelle Heiler wird dieser Glaube auf den Kopf gestellt. Die Lehren unserer Vorfahren besagen, daß der physische Körper von unserem energetischen Feld, das seinerseits wieder Teil der größeren spirituellen Welt ist, *erschaffen* wird. Daher haben Gesundheit und die meisten Formen von Krankheit ihren Ursprung im Energiefeld und manifestierten sich nur letztendlich im physischen Körper. Es gibt Ausnahmen zu dieser Regel, zum Beispiel wenn wir toxischen Chemiekalien oder Krankheitserregern in unserer Umgebung ausgesetzt sind. Aber selbst hier ist der Ablauf nicht so eindeutig, wie Sie vielleicht glauben. Ihre Fähigkeit, eine Chemikalie oder einen Krankheitserreger abzuwehren, hängt zu einem Großteil von der Vitalität des Energiekörpers ab, der Ihr Immunsystem und die Ausscheidungsorgane unterstützt. Wenn diese Organsysteme optimal funktionieren – zum Teil dank einer kraftvollen Lebensenergie –, sind wir in der Lage, viele toxische Nebenwirkungen unseres modernen Lebens zu bewältigen. Das zeigt sich ganz offensichtlich jeden Tag aufs neue – manche Menschen können die toxischen Einflüsse ihrer Umwelt erfolgreich abwehren, andere schaffen das nicht.

In der überwiegenden Mehrzahl der Fälle ist die physische Manifestation von Krankheit das letzte Stadium eines Prozesses, der im energetischen Feld begonnen hat. Wann immer sich dort eine Blockade manifestiert, wird die Lebensenergie in ihrem optimalen Fluß durch den Körper oder zu einer bestimmten Körperstelle behindert. Wenn zahlreiche Blockaden da sind, wird der Fluß der Lebenskraft insgesamt vermindert. Wie ich schon sagte, kann der Körper ohne diese Energie nicht überleben; ohne eine optimale Lebenskraft kann er seine Gesundheit nicht aufrechterhalten.

Es gibt viele Gründe, warum sich Blockaden oder andere Arten von Verletzungen im energetischen Feld manifestieren können. Meist sind es psychische und / oder physische Traumata, die unser Energiefeld verletzen. Viele solcher energetischen Wunden können jedoch geheilt werden, es sei denn, die Heilung wird durch Überzeugungen behindert, die die weitere Existenz der Wunde unterstützen. Am schädlichsten wirkt sich natürlich Angst aus. Jeder von uns hat Überzeugungen, die unsere Ängste nähren. Wir glauben zum Beispiel, daß bestimmte Arten von Menschen oder Situationen bedrohlich für uns seien. Oder wir glauben, daß wir ungeeignet sind, bestimmte Lebenssituationen zu meistern. Solche Glaubenssätze führen zu Veränderungen in unserem Verhalten und im energetischen Feld, das uns am Leben erhält. Sie bewirken, daß wir bestimmte energetische Muster in unserem Feld entwickeln. Diese Muster manifestieren sich letztendlich als Blockaden, Risse oder sogar Lecks – Wunden, die uns daran hindern, unsere eigenen Grenzen zu spüren, und die einen Verlust unserer Lebensenergie zur Folge haben (ich werde in Kapitel 6 noch näher auf energetische Muster, Blockaden und Lecks eingehen). Auf jeden Fall sind starke negative Überzeugungen – insbesondere Ängste – im allgemeinen die Grundlage jeglicher Krankheit. Nehmen wir zum Beispiel an, jemand arbeitet zu hart, weil er denkt, wenn er nicht sieben Tage die Woche arbeite, seien seine Vorgesetzten nicht zufrieden mit ihm; vielleicht glaubt er, er würde sonst entlassen oder im finanziellen Ruin enden. Schließlich manifestieren sich seine Ängste und sein exzessives Arbeiten als energetisches Ungleichgewicht, welches das Einströmen von Lebensenergie in seinen Körper behindert, was wiederum zur Entstehung von Krankheiten beiträgt. Ein anderer Mensch hat vielleicht Angst, in seinem Leben etwas auszuprobieren, und befürchtet, daß jede Abweichung vom «Altbewährten und einzig Wahren» zu Fehlern führt, «Sünde» ist oder irgendwelche Vergeltungsschläge nach sich zieht. Auf diese Weise lernt er niemals seine wahre Natur, seine wahren Wünsche und Fähigkeiten kennen. Letztendlich führt eine so rigide Lebenseinstellung zu Frustration, Ärger und Krankheit.

Jedoch sollte Krankheit niemals als Strafe für Fehler oder eine unausgeglichene Lebensweise betrachtet werden. Jeder von uns wird krank, jeder von uns wird irgendwann sterben, und keine der Krankheiten, die unseren Weg kreuzen, wird von traditionellen Heilern als «Bestrafung» für irgend etwas angesehen, was Sie oder ich vielleicht getan haben. Wir können zwar darüber spekulieren, warum jemand krank geworden ist, oder warum jemand anders auf diese oder jene Weise gestorben ist, aber es bleibt Spekulation: eine Vermutung oder Ahnung, die auf einer Teilinformation basiert und so unausweichlich zu ungenauen Schlüssen führt. Wie Paulus so beredsam in seinem 1. Brief an die Korinther (13,12) schreibt: «Jetzt schauen wir in einen trüben Spiegel und sehen nur rätselhafte Umrisse, dann aber schauen wir von Angesicht zu Angesicht. Jetzt erkenne ich unvollkommen, dann aber werde ich ganz erkennen, so wie auch ich ganz erkannt bin.» Die Erinnerung daran, daß wir nur einen Teil der Wahrheit erkennen, ist eine gute Übung in Bescheidenheit, besonders für einen Heiler. Für Therapeuten, die mit heilender Berührung arbeiten, ist es weniger wichtig zu wissen, warum Menschen krank werden, als sich um die Auflösung von Blockaden im Energiefeld zu kümmern.

Letztendlich ist Krankheit ein Geheimnis, mit dem sich jeder von uns auseinandersetzen und woraus jeder seine eigenen Schlüsse und «Erleuchtungen» ziehen muß. Krankheit und Gesundheit enthalten beide einzigartige Geschenke, die wir für uns selbst entdecken müssen. Auf den höheren spirituellen

Ebenen ist Krankheit ein Weg, um größeres Verständnis für das Leben sowie Mitgefühl für uns selbst und andere zu entwickeln.

Das wahre Ich

Susan, eine fünfzigjährige verheiratete Frau mit zwei Kindern, kam 1986 zu mir. Sie war übergewichtig und litt unter Ödemen, Hefepilzinfektionen, Allergien, geschwollenen Händen und Füßen und einem aufgedunsenen, geblähten Bauch. Sie hatte Hautausschläge, war ständig erschöpft und oft reizbar und depressiv. Außerdem litt sie unter chronischer Schlaflosigkeit. Susan hatte schon zahlreiche Diätprogramme hinter sich, ohne bleibenden Erfolg. Sie nahm ständig dieselben zwanzig Pfund ab und wieder zu. Die Salben, mit denen sie ihre Hautausschläge behandelte, verschafften ihr zwar zeitweise Erleichterung, aber keine dauerhafte Heilung.

Als Susan das erste Mal zu mir kam, verordnete ich ihr eine Diät, die viele der Nahrungsmittel ausschloß, auf die sie allergisch oder überempfindlich reagierte. Doch aufgrund ihrer früheren Erfahrungen mit Diäten hatte sie Widerstände, schon wieder eine einhalten zu müssen. Normalerweise warte ich, bis die Ernährungsumstellung zu einer Stärkung der entsprechenden Organe geführt hat, bevor ich anfange, mit heilender Berührung zu arbeiten, aber in Susans Fall entschied ich mich, zu einem früheren Zeitpunkt damit zu beginnen.

«Nach den ersten energetischen Behandlungen begann ich mich besser zu fühlen», berichtet Susan. «Das erste, was ich merkte, war, daß ich besser schlafen konnte und allgemein entspannter war. Ich war überrascht, daß ich auch anfing, zufriedener mit mir selbst zu sein. Ich bekam ein besseres Gefühl für meine eigene Kraft. Ich wußte nicht, warum das passierte – ich wußte nur, daß es mir besserging. Und ich war sicher, daß die Verbesserung meines Zustands mit den Therapeutic-Touch-Behandlungen zu tun hatte.»

Kurz nachdem Susan ihre Behandlung bei mir begonnen hatte, bekam ihr Mann einen Herzinfarkt. Das passierte kurz vor Weihnachten, und der Streß dieses Ereignisses schlug über der Familie zusammen wie eine Flutwelle. «Nachdem mein Mann den Herzinfarkt hatte, mußte er eine dreifache Bypass-Operation über sich ergehen lassen. Natürlich waren wir alle sehr aufgeregt. Ich ging damals oft zu Deby, um mich ein bißchen zu entspannen und diese Krise besser durchstehen zu können. Es war erstaunlich, wie sehr mir die Behandlungen dabei halfen. Ich konnte deutlich fühlen, daß jedesmal, wenn ich eine Sitzung hatte, etwas Gutes mit mir passierte. Ich fühlte mich leichter, stärker und entspannter und war in der Lage, während einiger ziemlich rauher Zeiten eine positive Einstellung zu behalten.» Es war nicht nur ihre Einstellung, die sich verbesserte. Alle körperlichen Symptome, einschließlich der Ödeme, der Hefepilzinfektion und der Hautausschläge, begannen abzuklingen.

Weil Susan die Energiearbeit so extrem guttat, ließ sie ihre gesamte Familie von mir mit heilender Berührung behandeln, einschließlich ihres Mannes Don. «Deby behandelte ihn bis kurz vor seiner Operation mit Therapeutic Touch», erinnert sich Susan. «Das baute ihn auf und gab ihm mehr Zuversicht, so daß er deutlich gestärkt ins Krankenhaus gehen konnte, um sich operieren zu lassen. Nach der Operation behandelte Deby das Bein meines Mannes, aus dem die Chirurgen die Vene für die Bypass-Implantate entnommen hatten, mit Therapeutic Touch. Normalerweise schwillt das Bein nach einer solchen Operation an und ist sehr schmerzhaft, aber bei ihm heilte es sehr schnell, und er hatte keine Schmerzen oder Schwellungen.»

Nachdem ich sie mehrere Wochen lang mit heilender Berührung behandelt hatte, hatte Susan keine Probleme mehr damit, eine gesunde Ernährung einzuhalten, wodurch ihre Nahrungsmittelunverträglichkeiten sich besserten und sie an Gewicht abnahm. Ihr Gewicht reduzierte sich auf 57 kg, was bei ihrer Körpergröße von 1,65 m ihrem Idealgewicht entspricht. Ihre Aufgedunsenheit und ihre Blähungen verschwanden ebenso wie die Hefepilzinfektionen, die Depressionen und die Phasen vermehrter Reizbarkeit. Heute hat Susan ihre Erfahrungen zu einer neuen Berufung verwandelt. Zwei Tage die Woche praktiziert sie Therapeutic Touch in einer chiropraktischen Praxis am Ort, und sie ist dabei, ihre Ausbildung in dieser Heilmethode noch zu vertiefen. «Etwas, wobei mir Therapeutic Touch ganz besonders geholfen hat, ist meine Selbstachtung. Je länger ich diese Methode anwende, um so stärker fühle ich mich. Ich fühle mich einfach zufriedener mit mir selbst. Früher war ich Hausfrau und Mutter, und als dann meine Kinder größer wurden, bekam ich das Gefühl, daß es nichts mehr für mich zu tun gab. Die Arbeit mit heilender Berührung hat mir größere Perspektiven eröffnet, und ich habe erkannt, daß ich Menschen damit helfen kann.»

Wie viele Menschen, die beginnen, Therapeutic Touch zu praktizieren, entdeckte Susan sehr bald, daß sie die Fähigkeit hatte, das Energiefeld zu spüren, das uns alle umgibt. «Wenn ich mit jemandem arbeite, sagen wir mal, an seinem Fuß, kann ich die Energie spüren, die von diesem Fuß ausgeht. Manchmal fühlt es sich so an, als würde ich dort Energie abziehen.

Zuerst ist es ein ziemlicher Sprung ins kalte Wasser, sich auf diese Methode einzulassen, aber sobald man erst einmal damit arbeitet, wächst das Vertrauen, weil man sehr greifbare Resultate sehen und fühlen kann.»

ÜBUNGEN

Dies ist eine Übung, die Sie am frühen Abend machen können – am besten in der Dämmerung –, sie wird Ihnen helfen, das aurische Feld um Ihre Hände herum sehen zu lernen. Schalten Sie alle künstlichen Lichtquellen aus und legen Sie sich mit dem Rücken auf den Boden. Falten Sie Ihre Hände locker zusammen und halten Sie sie ungefähr 30 Zentimeter über Ihren Kopf. Nun ziehen Sie ganz allmählich die Hände auseinander, so daß die Finger sich sanft voneinander trennen. Während sich Ihre Hände langsam voneinander entfernen, entspannen Sie Ihren Blick und lassen ihn zwischen Ihren Händen ruhen, so daß Sie auf den Raum zwischen Ihren Händen und an die Zimmerdecke schauen. Dabei lassen Sie Ihren Blick leicht verschwimmen (so, wie ich es schon in einem früheren Abschnitt erklärt habe). Sie werden nun wahrscheinlich Ströme aus weichem Licht zwischen Ihren Händen und Fingern sehen können. Dieses Licht sieht so ähnlich aus wie Schwaden von Wasserdampf, die Ihre Hände umgeben und zwischen Ihren Fingern herumtanzen.

Bitten Sie einen Freund oder Partner, sich in einem gut ausgeleuchteten Raum vor eine helle oder weiße Wand zu setzen, so wie ich es schon an früherer Stelle in diesem Kapitel beschrieben habe. Doch anstatt sich nur auf das energetische Feld Ihres Partners zu konzentrieren, führen Sie diesmal ein Gespräch mit ihm. Während Sie Ihren Partner anschauen, lassen Sie Ihren Blick etwas unscharf werden, und konzentrieren Sie sich auf das Licht um seinen Kopf und seine Schultern herum. Achten Sie auf die Qualität dieses Lichts. Es scheint sich in flammenähnlichen Motiven um den Kopf der Person herum zu bewegen. Achten Sie auch darauf, ob sich die Qualität dieser Lichtbündel verändert, während Sie sich mit Ihrem Partner unterhalten.

Häufig haben wir Probleme damit, Energien wahrzunehmen, weil wir uns ausschließlich mit dem Körper identifizieren. Hier ist eine Meditation, die Ihnen helfen kann, sich selbst als etwas Umfassenderes wahrzunehmen, mehr als Ihr Körper, mehr als Ihre Emotionen und mehr als Ihr Intellekt.

EINSTIMMUNGSMEDITATION

1. Sitzen Sie bequem auf einem Stuhl oder auf einem Kissen am Boden – mit geradem Rücken und entspanntem Körper. Atmen Sie tief und regelmäßig (setzen Sie diesen regelmäßigen Atemrhythmus etwa ein bis drei Minuten lang fort). Ziehen Sie Ihre Aufmerksamkeit langsam von Ihrer Umgebung ab und konzentrieren Sie sich auf das Ein und Aus Ihres Atems. Lassen Sie all Ihre Gedanken los.
2. Nun richten Sie Ihre Aufmerksamkeit auf Ihren physischen Körper. Nehmen Sie sich etwas Zeit, um zu spüren, wo Sie Verspannungen haben. Atmen Sie tief und gleichmäßig in diese Verspannungen hinein und visualisieren Sie, wie die angespannte Region sich ausdehnt und entspannt. Sehen Sie, wie der verspannte Bereich weich und nachgiebig wird. Dann sagen Sie zu sich selbst: Ich habe einen physischen Körper, und ich bin mehr als mein physischer Körper.
3. Nun richten Sie Ihre Aufmerksamkeit auf Ihren Emotionalkörper. Nehmen Sie sich etwas Zeit, um Ihre Gefühle wahrzunehmen. Machen Sie eine persönliche Inventur davon, was in Ihnen vorgeht. Beobachten Sie Ihre Gefühle nur; beurteilen Sie sie nicht und versuchen Sie nicht, sie zu ändern. Dann atmen Sie in diese Gefühle hinein und visualisieren Sie, wie Sie sie loslassen; sehen Sie sie langsam aus Ihrem Bewußtsein entschwinden und sagen Sie zu sich selbst: Ich habe einen Emotionalkörper, und ich bin mehr als mein Emotionalkörper.
4. Bewegen Sie nun Ihre Aufmerksamkeit in Ihren Mentalkörper. Machen Sie eine Inventur Ihrer Gedanken. Nehmen Sie all die Aktivität in Ihrem Verstand wahr. Atmen Sie tief und langsam und lassen Sie den Verstand still werden. Lassen Sie alle Gedanken los und kommen Sie an einem Ort der Stille an. Nehmen Sie sich einen Moment Zeit, um diese Stille zu erfahren – dann sagen Sie zu sich selbst: Ich habe einen Mentalkörper, und ich bin mehr als mein Mentalkörper.

5. Richten Sie Ihre Aufmerksamkeit auf den Scheitelpunkt Ihres Kopfes und sagen Sie zu sich selbst: Ich bin ein Zentrum reinen kreativen Bewußtseins und höheren spirituellen Willens. Erlauben Sie sich, diese Feststellung in ihrer ganzen Fülle zu erfahren. Fühlen Sie die Kraft und die Gnade, die Ihnen aus dieser Erkenntnis zufließen.
6. Sehen Sie sich selbst als ein energetisches Feld, eine lebende Energie, die Bewußtsein und Liebe in sich trägt. Diese Liebe fließt aus einer unendlichen Quelle zu Ihnen, die niemals ausgelöscht werden kann. Sie können diese Energie an andere weitergeben, ihnen auf unzählige Weisen helfen und ihre Heilung unterstützen. Sagen Sie zu sich selbst: Ich bin im Fluß der Kraft. Ich bin ein Kanal für die Kraft, und diese Kraft ist Liebe.

ÜBUNG

Das energetische Feld fühlen

1. Stehen Sie Ihrem Partner gegenüber, etwas mehr als Armlänge voneinander entfernt.
2. Führen Sie Ihren Arm mit leicht gebeugten Ellbogen seitlich an Ihrem Körper hoch, so daß Ihre Hand sich auf die Schulter Ihres Partners zubewegt, aber noch ein gutes Stück von ihr entfernt bleibt.
3. Halten Sie die Finger leicht gebeugt und nähern Sie Ihre Hand der Schulter Ihres Partners.
4. Bewegen Sie die Hand nun langsam durch das energetische Feld Ihres Partners, indem Sie sie ganz allmählich einige Zentimeter heben und senken, so daß Sie die verschiedenen Schichten und Dichten des Feldes unterscheiden können. Registrieren Sie die Unterschiede in Temperatur und Dicke und die Muster, die Ihre Hand wahrnimmt, während sie sich durch das Energiefeld bewegt.

FÜNF

Die Chakras: Sphärische Gebilde aus Energie, Bewußtsein und Leben

Wenn Sie Ihre Hand sanft auf Ihr Herz legen, so daß die Fingerspitzen gerade eben Ihre Kleidung berühren, und sie dann langsam im Uhrzeigersinn bewegen, als ob das Zifferblatt mit den Zahlen nach außen auf Ihrem Brustkorb säße, wird Ihnen das ein Gefühl von Trost und Geborgenheit vermitteln. Wenn Sie Ihre Hand weiter auf diese sanfte Art kreisen lassen, werden Sie spüren, wie Ihr Körper sich entspannt und erwärmt. Allmählich werden Sie ein seltsames Gefühl der Verbundenheit mit diesem Teil Ihres Körpers spüren, als ob Ihre Herzgegend Ihnen dankbar zulächeln würde. Atmen Sie tief und lassen Sie zu, daß dieses Lächeln Ihr gesamtes inneres Sein erwärmt. Viele Menschen fangen an zu weinen, wenn sie diese Übung machen. Sie weinen, weil sie sich getröstet und von Dankbarkeit überwältigt fühlen, als würden sie an einem Ort willkommen geheißen, wo sie all ihre Bürden ablegen können, einem Ort, an dem sie sich von bedingungsloser Liebe umarmt fühlen. (Versuchen Sie einmal, diese Übung zu machen, indem Sie die Hand über Ihrem Herzen in entgegengesetzter Richtung kreisen lassen und spüren Sie den Unterschied.)

Wenn Sie diese Übung machen, behandeln Sie Ihr Herzchakra, das Energiezentrum, welches Ihr Herz, Ihre Thymusdrüse und einen speziellen Teil Ihres Bewußtseins regiert, mit Therapeutic Touch. Die Übung gibt Ihnen einen kleinen Einblick in die Einheit Ihres Körpers, Ihres Geistes und Ihrer Seele.

Sie erkennen auch, daß Sie die Macht haben, Zugang zu Ihrer Seele zu gewinnen und einen heilenden Einfluß auf sie auszuüben. Während Sie dieses Buch durcharbeiten, werden Sie noch viele andere einfache, aber kraftvolle Techniken lernen, um Körper, Geist und Seele zu heilen.

Für Therapeuten, die mit heilender Berührung arbeiten, ist die Kenntnis der Chakras ein unerläßliches diagnostisches Werkzeug. Die Chakras sind auch diejenigen Stellen, an denen besonders viel Heilung stattfinden kann. Wir können Menschen richtig einschätzen, wenn wir ihre Chakras überprüfen, aber noch wichtiger ist, daß wir sehr viel für sie tun können, wenn wir mit Hilfe von Therapeutic Touch an ihren Chakras arbeiten. Letztendlich zeigen die Chakras uns auch, wie wichtig unsere Intention ist. Unsere Absicht läßt Rückschlüsse auf das Chakra zu, über das wir uns ausdrücken. Wie wir bereits gesehen haben, wirken sich unsere Handlungen ganz unterschiedlich auf den Empfänger aus, abhängig von dem Chakra, das unsere Motivation bestimmt. Wenn Sie als Heiler aus dem Herzchakra heraus handeln, schließen die Energien, die Sie übermitteln, all Ihre anderen Fähigkeiten bestmöglich mit ein – Ihren Verstand und Ihr tiefstes inneres Wissen vom Überleben. Die Chakras beweisen letztendlich, was die Dichter immer gelehrt haben: Die größte vereinende Kraft liegt in der Liebe.

Die Informationen, die ich Ihnen hier über die Chakras vermittle, stammen aus meinen eigenen Erfahrungen und von zahlreichen anderen Forschern auf diesem Gebiet, besonders von dem Schweizer Psychologen C. G. Jung, dem spirituellen Lehrer Ram Dass und zahlreichen Experten in Sanskrit, Ayurveda und den Traditionen indischer Spiritualität.

Die Chakras: Wo Körper, Geist und Seele eins sind

Nichts illustriert die Einheit von Körper, Geist und Seele besser als die Chakras. *Chakra* ist ein Sanskritwort und bedeutet «Rad» oder «Kreis in Bewegung». Die Chakras sind Spiralen konzentrierter Lebenskraft – von manchen werden sie auch als Energiewirbel bezeichnet. Sie sind in einer geraden Linie entlang der Vorderseite unseres Körpers angeordnet, angefangen am unteren Ende der Wirbelsäule (am Damm oder Beckenboden), bis hinauf auf den Scheitelpunkt unseres Kopfes. Die Lage der sieben Haupt- oder Primärchakras ist wie folgt: Das erste Chakra befindet sich am unteren Ende der Wirbelsäule; das zweite ein paar Zentimeter unterhalb des Nabels; das dritte in Höhe des Solarplexus; das vierte über dem Herzen; das fünfte über dem Hals, am Kehlkopf; das sechste zwischen den Augenbrauen und das siebte knapp oberhalb des Scheitels. Jedes der sieben Primärchakras durchdringt sowohl unseren physischen Körper als auch die sieben Schichten unseres energetischen Feldes. Jedes Chakra ist wie ein Kegel oder eine Spirale geformt, die sich zur Körpermitte hin verjüngt und deren Durchmesser sich nach außen in unser Energiefeld hinein vergrößert.

Zusätzlich zu diesen primären Chakras besitzen wir auch kleinere sekundäre Chakras in den Handflächen, den Kniekehlen und den Fußsohlen in der Nähe des Fußgewölbes. Es gibt sogar noch kleinere tertiäre Chakras, die an den Finger- und Zehenspitzen liegen. Bei der Arbeit mit Therapeutic Touch benutzen Sie die sekundären und tertiären Chakras in Ihren Händen, um die Energien zu steuern, und die sekundären und tertiären Chakras in den Füßen, um sich zu erden.

Sie werden bald feststellen, daß die Funktionen der sieben Primärchakras in etwa mit denen der sieben Schichten des energetischen Feldes korrespondieren, d.h., die Aktivitäten der

ABBILDUNG 8: **Die Lage der Chakras**

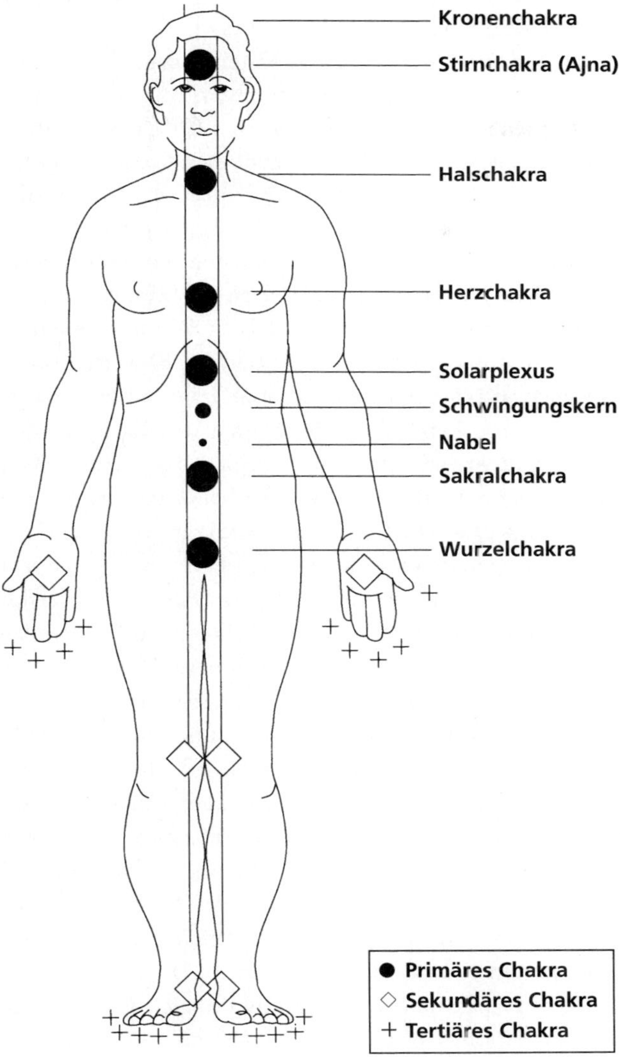

ersten Schicht (des Ätherkörpers) entsprechen dem ersten Chakra, die der zweiten Schicht dem zweiten Chakra, die der dritten Schicht dem dritten Chakra und so weiter.

Eine der Funktionen der Chakras besteht darin, Lebensenergie weiterzuleiten. Wir alle werden von einem unbegrenzten Fluß elektromagnetischer Energie oder Lebenskraft umgeben, die uns am Leben erhält. Wir atmen diese Lebenskraft ein, erfahren sie über unsere fünf Sinne, ziehen sie durch die sieben Chakras in uns hinein und lassen sie durch unser Energiefeld fließen.

Die Chakras können auf mehreren Ebenen verstanden werden. Auf der groben physischen Ebene leiten sie Lebenskraft zu bestimmten Organen und endokrinen Drüsen. Wenn Sie einen Blick auf die Illustration der Chakras (s. Abbildung 8) werfen, werden Sie feststellen, daß sie mit den aktivsten Teilen unseres Körpers korrespondieren – dem Gehirn, den Augen, dem Sprachzentrum, dem Herzen, dem Verdauungssystem, den endokrinen Drüsen und den Sexualorganen. Diese Bereiche benötigen offensichtlich eine Menge Energie. Doch genausogut könnten wir das Gegenteil sagen: daß gerade diese Körperregionen mit ihrer enormen Aktivität besonders viel Energie erzeugen. Diese Organe erfüllen wichtige Funktionen: sie bringen Gedanken und Ideen hervor, die unsere Welt formen; sie enthalten Erinnerungen und Assoziationen; sie nehmen Licht und Farbe auf; sie zerlegen und verdauen unsere Nahrung; sie transportieren und reinigen das Blut; und sie erzeugen Leben. Kurz gesagt, sie bilden die Grundlage unserer Lebenserfahrungen. Daher ist es kein Wunder, daß diese Körperteile von den Weisen alter Kulturen mit speziellen Energiewirbeln in Verbindung gebracht wurden, welche diese wichtigen Funktionen erhalten.

Doch die Chakras haben noch andere Aufgaben als lediglich die Aufrechterhaltung physischer Funktionen. Diese sieben Energiezentren sind mit tiefgreifenden emotionalen und psychologischen Assoziationen verbunden, die den meisten von uns auch bewußt sind. Zum Beispiel wissen wir alle instinktiv, «aus dem

Bauch heraus», daß das Herz als Zentrum unserer Emotionen anzusehen ist. Wir sagen beispielsweise von bestimmten Menschen: «Er hat ein großes Herz» oder «Sie hat das Herz eines Löwen» oder «Er ist ein herzloses Wesen». Um unsere tiefste Liebe für jemanden auszudrücken, sagen wir: «Ich schenke dir mein Herz». Auch jedes der anderen Chakras besitzt seine eigenen einzigartigen Charakteristika und Assoziationen: das Gehirn zum Beispiel wird hauptsächlich als Sitz der Intelligenz, des objektiven Denkens und der Vernunft betrachtet, obwohl es im Grunde eine direkte Verbindung zu praktisch jedem physischen, psychischen und emotionalen Aspekt unseres Menschseins besitzt. Versuchen wir den Charakter eines Menschen einzuschätzen, schauen wir ihm in die Augen, um Einblick in seine Seele zu bekommen. Wenn wir z. B. jemanden sehen, der einen dicken, aufgedunsenen Bauch hat, fragen wir uns intuitiv, ob derjenige nicht vielleicht ein Sklave seiner Begierden ist. Sigmund Freud erregte großes Aufsehen, indem er einige der Assoziationen artikulierte, die wir mit unserer Sexualität und den Geschlechtsorganen verbinden. (Selbst Freud hat nicht alles beleuchtet, was wir über Sex wissen und glauben.) Wie wir alle wissen, gehen unsere Assoziationen zu den einzelnen Chakras weit über den physischen, energetischen und psychologischen Bereich hinaus; hier werden auch spirituelle Dimensionen berührt.

Jedes Chakra ist mit einem speziellen Teil unseres Bewußtseins verbunden, der seine eigenen Wertmaßstäbe hat. Bei keinem von uns sind alle sieben Ebenen des Bewußtseins voll in sein Wesen integriert. Wir werden vielleicht von zwei, drei oder sogar mehr Chakras motiviert, aber Menschen, die auf allen sieben Bewußtseinsebenen wach und funktionsfähig sind, findet man extrem selten.

Das bringt mich zu einem wichtigen Punkt. Die ein, zwei oder drei Chakras, die am meisten Einfluß auf Ihr Leben haben, bestimmen Ihre physischen und emotionalen Bedürfnisse, Ihre Werte und Ihr spirituelles Bewußtsein. Unsere heutige Welt wird von den ersten drei Chakras regiert. Als Spezies kämpfen wir im Moment darum, kollektiv den Durchbruch zum vierten Chakra zu schaffen und zuzulassen, daß seine Werte und sein Bewußtsein unser Leben dirigieren und unsere Welt durchdringen.

Daher stellen diese Energiezentren eine Art Stufenleiter für unsere persönliche, psychische und spirituelle Entwicklung dar. Wir alle versuchen ständig, von den Chakras aus, die unsere jetzige Weltsicht bestimmen, zum nächsthöheren Chakra vorzudringen. Die Werte und Bewußtseinsinhalte dieses Chakras bestimmen unseren nächsten Wachstums- und Entwicklungsschritt. In aufsteigender Reihenfolge betrachtet beschreiben die Chakras die Evolution unseres Bewußtseins, von einer sehr rudimentären Form bis hin zu einer immer umfassenderen Sicht des Lebens.

Wie wir noch sehen werden, ist der Aufstieg auf die Stufenleiter der Chakras unausweichlich mit den größten Herausforderungen verbunden, die das Leben an uns heranträgt. Sehr häufig sind ein oder mehrere Chakras blockiert oder teilweise geschlossen. Das bedeutet, daß das Bewußtsein, das Verständnis und die Werte, die in diesem Chakra ihren Sitz haben, unser Leben nicht genügend beeinflussen. Es bedeutet auch, daß die Lebenskraft in dem entsprechenden Teil unseres Körpers vermindert ist. Doch selbst wenn das eine oder andere Chakra geschlossen ist, arbeitet es zumindest noch mit eingeschränkter Kapazität. Es versorgt auch dann noch den korrespondierenden Bereich unseres Körpers mit nährender Lebenskraft. Würde das Chakra nicht zumindest auf einer Ebene funktionieren, hätte das unseren baldigen Tod zur Folge. Trotzdem wird natürlich auch der entsprechende Teil des Körpers geschwächt, wenn ein Chakra in einem geschwächten Zustand arbeitet. Allmählich atrophieren die betreffenden Organe oder Drüsen, und schließlich manifestieren sich bestimmte Symptome oder Krankheiten. Außerdem hat unser Mangel an Verständnis für den Lebensbereich, der von dem Chakra repräsentiert wird, unausweichlich Konflikte und Krisen zur Folge.

Indem wir als Therapeuten für heilende Berührung die Probleme eines Patienten in ihrem Zusammenhang mit den sieben Chakras betrachten, können wir verstehen, warum bestimmte physische und psychische Probleme sich manifestieren. Dadurch bekommen wir auch einen Anhaltspunkt dafür, welches der sieben Chakras der Patient in sein Bewußtsein zu integrieren versucht und auf welchen Bereich wir folglich unsere Arbeit konzentrieren müssen.

Wenn Sie jemanden mit Therapeutic Touch behandeln, ist Ihre Arbeit auf mehr als die physische Gesundheit ausgerichtet. Sie arbeiten mit Körper, Geist und Seele und behandeln so auch die Ursachen, die die Grundlage der Krankheit bilden.

Lassen Sie uns nun die Chakras individuell und im Zusammenhang betrachten, um die Rolle, die sie in unserem Leben und bei der Arbeit mit heilender Berührung spielen, besser verstehen zu können.

Das erste Chakra: Die Wurzel unseres Seins

Das erste Energierad, im Sanskrit *Muladhara* oder Wurzelchakra genannt, liegt am unteren Ende der Wirbelsäule und umfaßt die Dammgegend oder den Beckenboden. Es schickt unter anderem Lebenskraft zu den Nebennieren, welche als instinktive Sofortreaktion auf erregende oder als bedrohlich empfundene Situationen Adrenalin produzieren. Dieses Chakra versorgt auch den Dickdarm, das Rektum, die Knochen, Beine und Füße mit Lebensenergie und ist dafür verantwortlich, die Funktion des Nerven- und Kreislaufsystems dort aufrechtzuerhalten. Zu den körperlichen Symptomen, die bei einem Stau, einer Blockierung oder einem Verschluß dieses Chakras auftreten können, gehören Verstopfung, Hämorrhoiden, Übergewicht, Ischias, Arthritis,

Kniebeschwerden, Anorexia nervosa und die Neigung zum Suizid.

Das erste Chakra hat die Aufgabe, Ihr Leben innerhalb der physischen Existenz zu verwurzeln. Es ist das Zentrum Ihrer Instinkte, Ihre energetische und spirituelle Wurzel auf der Erde und die Quelle Ihrer Überlebensinstinkte. Es hält uns im gegenwärtigen Moment verwurzelt und macht uns wachsam gegenüber eventuellen Bedrohungen unserer Existenz. Alle Reaktionen, die mit unserem Überleben zu tun haben, einschließlich des Flucht- oder Kampf-Instinkts, haben ihren Ursprung in diesem Bewußtseinszentrum. Umgekehrt läßt jede selbstinduzierte Existenzbedrohung wie Anorexie oder der Versuch, sich umzubringen, auf ein Defizit in den Werten und Bewußtseinsinhalten dieses Chakras schließen.

Im Kundalini-Yoga und in der ayurvedischen Medizin wird gelehrt, daß das erste Chakra für das Funktionieren unseres Geruchssinns verantwortlich ist. Der menschliche Geruchssinn ist ziemlich gut entwickelt, obwohl wir uns normalerweise nicht für eine besonders «geruchsorientierte» Spezies halten. Tatsächlich können wir aber Substanzen identifizieren, nachdem wir nur neun ihrer Moleküle gerochen haben; das heißt, wir können oft Dinge wahrnehmen, die einen beträchtlichen Abstand zu unserer Nase haben.

Unser Geruchssinn hat sich ursprünglich als Mittel zum Selbstschutz entwickelt. Über den Geruch können wir zum Beispiel feststellen, ob etwas giftig oder sonstwie gefährlich für uns ist, ohne daß wir es essen und ohne daß wir uns dem betreffenden Objekt zu weit nähern müssen. (Vorsichtige Kinder und Erwachsene halten sich Nahrungsmittel, die sie nicht kennen, unweigerlich erst unter die Nase, bevor sie sich trauen, etwas zu kosten, das sie vielleicht widerlich oder gefährlich finden könnten.) Damit hat der Geruchssinn einen direkten Bezug zu der Hauptaufgabe des ersten Chakras, unser Überleben zu sichern.

Es gibt eine enorme Menge an Literatur und unzählige Mythologien, die sich um die sieben Chakras ranken, und dem ersten Chakra ist darin viel Aufmerksamkeit gewidmet worden. Aus diesen Mythologien stammt unser Verständnis für das Bewußtsein und die Werte, die mit diesem Energierad verbunden sind.

Das erste Chakra wird mit der Erde und der Farbe Rot in Verbindung gebracht. Es zeichnet sich durch seine Tendenz zur Kohäsion, seine Trägheit und eine gewisse Stagnation aus. Das erste Chakra macht uns vorsichtig – was auch eine Form von Trägheit ist. Es veranlaßt uns, auf unsere erste Priorität, das Überleben, konzentriert zu bleiben und hindert uns daran, allzu viele widersprüchliche Gedanken und Informationen in unser Bewußtsein eintreten zu lassen, die die Kräfte unseres Verstandes zersplittern lassen würden. Dies ist ein Teil seines kohäsiven oder zusammenhaltenden Charakters.

Das Erdchakra wird von einem riesigen schwarzen Elefanten symbolisiert, der die Welt trägt. In seinen Schriften über das erste Chakra sagt C. G. Jung, daß der Elefant, der sich an der Wurzel unserer Existenz befindet, die enorme Kraft und Stärke symbolisiert, durch die das menschliche Bewußtsein getragen wird. Ohne ein solches Fundament hätten wir nicht die Zuversicht und spirituelle Kraft, ein Bewußtsein von uns selbst und der Welt um uns herum zu entwickeln. Doch weil das Fundament so stark ist, hat die Menschheit nach Aussage Jungs genügend Sicherheit und sogar Sehnsucht danach, ihr Bewußtsein zu erweitern und zu wachsen.

Gleichzeitig verringert das erste Chakra jedoch unsere Neugier und unser Wachstum, indem es uns ständig an die Notwendigkeit zum Überleben erinnert. Das erste Chakra ist von seiner Natur her darwinistisch. Sein Gesetz ist das Überleben des Stärkeren, das heißt, es gibt uns den Impuls, Situationen und Menschen unter Wettkampfbedingungen zu betrachten. Daher hat die Energie dieses Zentrums mit Trennung und Individualität zu tun. Menschen, die vom ersten Chakra dominiert werden, sind in ständiger Angst um ihr Leben. Obwohl sie in ihrem Verhalten sicher wirken können, bewerten sie alle Informationen und alle Menschen danach, ob sie eine Bedrohung für ihr Leben, ihren Lebensunterhalt und ihre Besitztümer darstellen oder nicht.

Daher ist das erste Chakra der Bereich unseres Getrenntseins von anderen lebenden Wesen und vom Universum selbst. Es vermittelt uns die Erfahrung unserer Einsamkeit.

Das zweite Chakra: Sexualität, Leidenschaft und das Wasserelement

Das zweite Chakra, im Sanskrit *Svadhisthana* oder die Mitte genannt, liegt einige Zentimeter unterhalb des Nabels in Höhe des ersten Lendenwirbels. Es versorgt die Eierstöcke bzw. die Hoden mit Lebenskraft und steuert die dazugehörigen Hormone. Das Chakra schickt auch Lebensenergie zu den äußeren männlichen und weiblichen Genitalien, den Nieren und der Blase und zum Kreislaufsystem. Außerdem stellt es gegebenenfalls Lebensenergie für die Entwicklung eines Fetus bereit.

Dieses Energiezentrum ist auch verantwortlich für den Geschmackssinn und die Steuerung der tiefen, vitalen Atmung. Die chinesische Medizin lehrt uns, daß es die Nieren sind, die uns das tiefe Atmen ermöglichen. Sind die Nieren stark und vital, ziehen sie den Atem bis weit nach unten in die Lunge. Wenn die Nieren schwach sind, ist der Atem abgeflacht, und die betreffende Person ist schüchtern, nervös und ängstlich.

Blockaden, Verschlüsse oder andere Beeinträchtigungen des zweiten Chakras können Krankheiten der Nieren, der Blase, der Sexualorgane und des unteren Rückens zur Folge haben. Alle emotionalen und psychischen Themen, die mit der Sexualität zu tun haben, entstammen dem zweiten Chakra, einschließlich des Selbstausdrucks als Mann oder Frau.

Die biologischen Hauptfunktionen dieses Chakras sind die Erhaltung der Geschlechtsorgane, der Geschlechtstrieb, das Verlangen nach körperlichem Vergnügen und alle sozialen Themen, die mit dem Eingehen einer sexuellen Beziehung in Verbindung stehen. Da man Sexualität allein nicht wirklich ausleben kann, führt uns das zweite Chakra aus dem individualisierten Zustand heraus, der durch das erste Chakra repräsentiert wird. Es führt uns auf die Suche nach einem Partner und in den Bereich sozialer Interaktion.

Das zweite Chakra wird als das Zentrum der Persönlichkeit angesehen. In Japan wird es *Hara* genannt oder Zentrum der Schwerkraft. Das Hara bildet das Fundament für die Aufrechterhaltung unseres physischen, emotionalen, psychischen und spirituellen Gleichgewichts. Die Japaner sagen, es sei das Zentrum von Macht und Vitalität. Handelt man aus dem Hara heraus, bewahrt man seine Balance – egal, unter welchen Umständen – und kann so sich selbst und seine Umgebung kontrollieren, ohne einen Finger zu krümmen. Bei allen fernöstlichen Kampftechniken – ob sie nun aus Japan, China oder Korea stammen – spielt der Einsatz und die Stärkung dieses Schwerkraftzentrums oder des zweiten Chakras eine wichtige Rolle.

Das zweite Chakra wird mit der Farbe Orange und dem Wasserelement assoziiert. Es symbolisiert den Leviathan oder die Seeschlange. Was der Elefant für die Erde ist, ist die Seeschlange für die Ozeane. Sie ist die Verkörperung der enormen Kraft und der Geheimnisse, die unter der Oberfläche der Meere verborgen liegen. Wasser steht natürlich auch für Fruchtbarkeit, die Gebärmutter und die Körperflüssigkeiten, die das Sperma und die Eizellen transportieren. Es symbolisiert das Unterbewußtsein und die unendlichen Geheimnisse, die unter seinen Wellen zu finden sind. Dieses Bild stimmt mit der Tatsache überein, daß das Wasser und die Schlange ein primitives Evolutionsstadium unseres Planeten repräsentieren, in dem alle lebenden Kreaturen ausschließlich die Ozeane bevölkerten. In seinem Buch «Psychologie und Alchemie» schreibt C. G. Jung über dieses Chakra: «Wir fühlen uns an die ‹Tage der Schöpfung› erinnert, an die Zeiten, als das Bewußtsein seinen Anfang nahm; als die ursprüngliche Einheit des Seins noch kaum durch das Zwielicht des Denkens gestört wurde und der Mensch wie ein Fisch im Ozean des Unbewußten schwamm.»

Das Meer ist die Mutter des Lebens auf diesem Planeten, die Gebärmutter, aus der alles Leben entstanden ist. Tatsächlich hat jeder von uns während seiner Entwicklung im Mutterleib ein Reptilienstadium durchgemacht, das unsere frühere Reise aus dem Wasser der Ozeane aufs Land widerspiegelt.

Mythologisch gesehen symbolisiert die Schlange Bewußtsein und Wahlmöglichkeiten. Es war die Schlange, die Eva zum «Baum der Erkenntnis von Gut und Böse» führte und sie ermutigte, seine Früchte zu essen. Nachdem sie und Adam den berüchtigten Apfel gegessen hatten, wurden ihre Augen geöffnet, und sie wurden sich ihrer Umgebung und ihrer Nacktheit bewußt. Mit anderen Worten, sie nahmen plötzlich mehr von sich selbst und ihrer Umgebung wahr als vorher. Sie entwickelten ein Verständnis von Gut und Böse, obwohl sie vielleicht damals zu unreif waren, um mit diesem Wissen viel anfangen zu können. Wie dem auch sei – die Schlange ist in der Mythologie beständig als Symbol für Weisheit und Bewußtsein betrachtet worden. Jung schreibt im Zusammenhang mit dem zweiten Chakra, daß die Schlange «die Kraft ist, die uns ins Bewußtsein zwingt und uns in der Welt des Bewußtseins erhält».

Natürlich ist die Schlange auch ein sexuelles Symbol und steht damit für die Hauptfunktionen des zweiten Chakras: Sexualität, sexuelle Befriedigung und Fortpflanzung. Doch wie wir alle wissen, ist Sex niemals so unkompliziert, daß man ihn lediglich auf diesen simplen Akt reduzieren könnte. Wie Jung sagt, führt uns die Sexualität unausweichlich zu einem größeren Bewußtsein unserer selbst; sie führt uns in die komplexe und häufig widersprüchliche Welt der Beziehungen zwischen den Geschlechtern.

Diese Erlebnisse zwingen uns, unser Verständnis zu erweitern und ein größeres Bewußtsein von uns selbst und anderen zu entwickeln.

In den Mythologien der Indianer und der alten Griechen ist die Schlange auch ein Symbol für Transformation, Heilung und Wiedergeburt. Die Indianer sahen die Fähigkeit der Schlange, sich zu häuten, als einen transformativen Prozeß an, durch den etwas Lebendiges wiedergeboren wird. Die griechische Mythologie stellt Hermes als Träger des Caduceus dar, eines geflügelten Stabes, um den sich zwei Schlangen winden. Das Symbol des Caduceus, das schon lange als Symbol der Weisheit und der Heilung galt, wurde später von den Ärzten übernommen.

Das zweite Chakra stellt einen Schritt nach oben auf der Evolutionsleiter dar, weil es zeigt, daß der Mensch die Sorge für sein Überleben gut im Griff hat und nun sexuelle Beziehungen und sogar die Miterschaffung neuen Lebens erwägen kann. Solche Beziehungen können erst zustande kommen, wenn wir uns in unserer Umgebung sicher genug fühlen, um aus uns herauszugehen und Freundschaften zu schließen. Oder, wie Ram Dass in «Alles Leben ist Tanz» schreibt: «Wenn ihr seht, daß ihr eure Sicherheit unter Kontrolle habt, beginnt ihr euch mit sinnlichem Vergnügen, sexuellem Verlangen und Fortpflanzung zu beschäftigen. Solange ihr euer Leben schützen müßt, könnt ihr euch nicht fortpflanzen, aber sobald ihr euch nur ein bißchen geschützt fühlt, könnt ihr euch mit dem nächsten Thema befassen, das heißt, der Reproduktion der Spezies.» Ram Dass weist darauf hin, daß besonders Sigmund Freud sich mit den Themen des zweiten Chakras befaßt hat.

So hat also das zweite Chakra hauptsächlich mit Sexualität und den Verhaltensweisen zu tun, die mit dem Sexualakt oder dem Eingehen einer sexuellen Beziehung verbunden sind.

Die Beziehung zwischen dem ersten und dem zweiten Chakra

Lassen Sie uns einen Moment innehalten und über die ersten beiden Chakras und die verschiedenen Arten nachdenken, auf die ihr Wertesystem unser Leben beeinflußt. Durch seinen Bezug zur Erhaltung unseres Lebens und unserer Getrenntheit lenkt das erste Chakra unsere Aufmerksamkeit auf lebensbedrohliche Gefahren und unsere Einsamkeit. Diese Einsamkeit macht uns unsere Unvollständigkeit und unser Bedürfnis nach Gesellschaft, Liebe und Sex bewußt, wodurch wir in Richtung des zweiten Chakras gedrängt werden. Auch die Sehnsucht nach dem anderen Geschlecht basiert in ihrer reinsten Form auf Liebe.

Sexuelle Liebe ist die Vereinigung von Gegensätzen, von Mann und Frau, Yin und Yang, Himmel und Erde. In allen spirituellen und religiösen Traditionen – besonders in denen des Ostens – wird die menschliche Sexualität als eine Vereinigung göttlicher Gegensätze angesehen. Sie wird als Möglichkeit für den Menschen betrachtet, einen kleinen Einblick in die Harmonie und Ordnung zu bekommen, die auftritt, wenn zwei Hälften des kosmischen Puzzles in Liebe zusammenkommen. In den alten hebräischen und den frühen christlichen Traditionen wurde die Tatsache, daß Sex so erfreulich und angenehm ist, als Beweis dafür angesehen, daß Gott gut ist. In den Traditionen des Yoga und des Tantra wird die Sexualität zweier Menschen als eine Neuinszenierung des Zusammenkommens von Archetypen oder kosmischen Gottheiten betrachtet. Sie ermöglicht dem Menschen die Teilnahme am göttlichen Drama, das im wesentlichen in der Erschaffung von Leben besteht.

Auf der simpelsten und fundamentalsten Ebene betrachtet, kann Sex Getrenntheit überwinden. Liebevoll praktiziert ist er ein Mittel zur Überwindung von Einsamkeit und Isolation und läßt uns unsere Einbindung in die gegenseitigen Abhängigkeiten des Lebens erkennen. Wenn wir daher sexuelle Liebe genießen wollen, muß das Bewußtsein des zweiten Chakras das Gefühl der Getrenntheit – das heißt, das Bewußtsein des ersten Chakras – überwinden.

Das dritte Chakra: Macht, Selbstbeherrschung und das Ego

Das Sanskritwort für das dritte Chakra ist *Manipura* oder «Juwelzentrum». Es hat seinen Sitz im Bereich des Solarplexus in Höhe des achten Brustwirbels. Das dritte Chakra versorgt die Bauchspeicheldrüse mit Lebenskraft und leitet auch elektromagnetische Energie zu Leber, Gallenblase, Milz und Magen.

Die Bauchspeicheldrüse ist bekanntermaßen verantwortlich für die Produktion von Insulin, welches unseren Zellen die Aufnahme von Blutzucker als Brennstoff ermöglicht. Daher wird das dritte Chakra mit dem Stoffwechsel und den Grundfunktionen der Zellen unseres Körpers in Verbindung gebracht. Unser Stoffwechsel kann mit winzigen Feuern innerhalb der Zellen verglichen werden. Wie kleine Fabriken verbrennen die Zellen Glukose oder Blutzucker, damit sie ihre Arbeit verrichten können. Daher wird das dritte Chakra traditionell mit Feuer assoziiert – oder in der ayurvedischen Medizin mit dem Feuerelement.

Blockaden oder Verschlüsse des dritten Chakras haben Verdauungsprobleme, Magengeschwüre, Diabetes, Hypoglykämie und Störungen des Fettstoffwechsels zur Folge.

Psychologisch und spirituell gesehen geht es beim dritten Chakra um persönliche Macht und Selbstbeherrschung. Diese Eigenschaften entwickeln sich aus dem Bedürfnis heraus, uns zu vervollkommnen und zu reifen. Dafür ist eine Integration des dritten Chakras notwendig. Ram Dass sagt, daß die Themen des dritten Chakras besonders in den Theorien des österreichischen Psychologen Alfred Adler zu finden sind.

Zusätzlich zu seiner Assoziation mit dem Feuer wird das dritte Chakra mit dem Verstand und der Farbe Gelb in Verbindung gebracht. Es wird durch den Widder repräsentiert – das Symbol des Sternzeichens Widder –, der für seinen starken Willen, seinen Mut, seine Extrovertiertheit, seine Führernatur und seine Dickköpfigkeit bekannt ist. Das Sternzeichen Widder steht in Verbindung mit Mars, dem Planeten, welcher feurige Leidenschaften, Krieg, Ungestüm, Emotionen, Selbstbehauptung, Gewalt, Mut und Aktivität symbolisiert. Dieses Chakra gibt uns die Fähigkeit, uns selbst und unsere Wünsche durchzusetzen und die Macht, unsere Ziele zu erreichen.

Daher wird die Energie des dritten Chakras durch Leidenschaftlichkeit, rohe Macht und einen ungezähmten Verstand charakterisiert.

Der Widder, das Symbol dieses Chakras, hat jedoch noch einen anderen Aspekt. C.G. Jung weist darauf hin, daß der Widder auch als Opfertier benutzt wird. Dieses Symbol zeigt uns, wie wirkliche persönliche Macht und Selbstbeherrschung erreicht werden: indem wir die wilden Leidenschaften, die zu diesem Bewußtseinszustand gehören, opfern, so daß Disziplin, Ordnung und Konzentration die Vorherrschaft erlangen können. Die rohe Kraft des dritten Chakras kann bewirken, daß man sich wie eine Wildziege aufführt: ungestüm, undiszipliniert, egoistisch und selbstsüchtig. Das Leben fordert von uns, daß wir diese Eigenschaften unter Kontrolle bringen. Da unsere Wünsche unausweichlich häufig durchkreuzt werden, müssen wir unseren Selbstausdruck und unsere Fähigkeiten verfeinern, um auf unserem Weg voranzukommen.

Wenn wir sehr frustriert sind, fühlen wir oft einen körperlichen Druck oder Unbehagen im Solarplexus. Das dritte Chakra versetzt uns in Alarmbereitschaft, wenn unsere Leidenschaften allzu ungestüm sind und unsere persönliche Macht blockiert oder frustriert wird, sei es durch unsere eigenen Überzeugungen, durch äußere Umstände oder beides. An diesem Punkt können wir uns zwischen zwei Wegen entscheiden: Entweder denken wir über uns selbst nach, sind kreativ und probieren eine neue Herangehensweise an die Situation aus, oder wir üben noch stärkeren Druck aus und versuchen, unseren Willen zu erzwingen. Letzteres kann natürlich zu noch mehr Frustration, Ärger und Groll führen, weshalb das dritte Chakra oft mit Gewalt assoziiert wird.

Die Beziehung zwischen dem ersten, zweiten und dritten Chakra

Vom ersten über das zweite zum dritten Chakra hin ist deutlich eine Weiterentwicklung des Bewußtseins zu erkennen. Nachdem wir uns mit unserer Getrenntheit und unserer Einsamkeit auseinandergesetzt haben, werden wir von sexuellen Beziehungen angezogen, die uns mit mindestens einem anderen menschlichen Wesen verbinden und uns so über uns selbst und unsere eigenen Prioritäten hinausführen. Das dritte Chakra bringt uns zurück zu uns selbst, wobei es diesmal darum geht, persönliche Macht und Selbstbeherrschung zu erlangen.

In gewissem Sinne stellt das dritte Chakra eine Weiterentwicklung des ersten Chakras dar: Sowohl das erste als auch das dritte Chakra richten ihr Hauptinteresse auf das Individuum. Das erste Chakra beschäftigt sich hauptsächlich mit dem Überleben, während das dritte sich mehr mit der Macht befaßt, die notwendig ist, um unsere Wünsche zu verwirklichen. Doch zwischen dem ersten und dem dritten Chakra liegt ein anderer Evolutionsschritt, ein Schritt, der durch das zweite Chakra repräsentiert wird.

Das zweite Chakra bringt einen Mann und eine Frau dazu, eine sexuelle Beziehung einzugehen, die typischerweise Kinder zum Ergebnis hat. Wie alle Eltern wissen, wird Erwachsenen durch ihre Kinder viel abverlangt. Sie wollen geliebt und bei der Entwicklung ihrer Talente und Fähigkeiten unterstützt werden. Eltern müssen sich selbst disziplinieren, um für die Bedürfnisse und das Überleben ihrer Kinder sorgen zu können und sie in geordneten Verhältnissen, in Liebe und Verständnis aufzuziehen. Für diejenigen, die sich in ihrer Obhut befinden, müssen sie ihre eigenen Wünsche zurückstellen – sie müssen ihre eigenen Bedürfnisse opfern und manchmal sogar ihr Leben. Obwohl Frauen manchmal ihr Leben bei der Geburt ihrer Kinder verlieren, heißen sie eine Schwangerschaft willkommen. Auch die Väter müssen ihre eigenen Bedürfnisse zurückstellen – sie opfern einen Teil der Aufmerksamkeit und Liebe ihrer Frauen, die bisher ihnen zuteil wurde, für ihre Kinder, und auch sie geben manchmal ihr Leben für ihre Kinder hin. Diese Zuwendung verlangt also Opfer und Selbstbeherrschung, das heißt, das zweite Chakra führt uns unausweichlich zum dritten.

Auf eine ganz grundlegende Weise bedeutet die Erweckung des zweiten und dritten Chakras – genauer gesagt, die Hingabe an sie – eine Öffnung für die Welten oberhalb des dritten Chakras, weil Sex und Selbstentwicklung uns in komplizierte Beziehungen führen, die letztendlich Liebe erfordern.

Die Konfrontation mit der Krise des dritten Chakras

Das dritte Chakra lehrt uns, unsere Macht einzusetzen und die Verantwortung für unser eigenes Schicksal zu übernehmen. Es drängt uns dazu, unsere Talente und unsere Individualität zu erkennen und zu entwickeln und Selbstkontrolle zu erlangen. Das führt uns jedoch unausweichlich in eine von zwei möglichen Krisen.

Die erste besteht darin, einen Größenwahn zu entwickeln. Das Paradox – oder eine der Fallen – bei der Erlangung von Selbstkontrolle ist, daß dies eine Aufblähung des Ego nach sich ziehen kann. Wenn jemand immer fähiger und erfolgreicher wird, kann das zu Arroganz führen. Man gibt sich dem falschen Glauben hin, der Meister seines eigenen Schicksals zu sein, was letztendlich zu Isolation und einer Zerstörung unserer Lebensgrundlagen führt. Allerdings ist das nur einer der Abgründe, in die das dritte Chakra uns führen kann.

Die zweite Krise, zu der die meisten von uns eher neigen – stürzt uns in Kummer, Traurigkeit und Selbstanklagen, weil wir nicht alles erreicht haben, was wir uns erhofft hatten. Im dritten Chakra sind viele unserer Frustrationen über uns selbst zu finden. Wenn wir die Mitte unseres Lebens erreichen, stellen wir uns oft sehr harte und kritische Fragen wie: Warum habe ich nicht dies gemacht, sondern bin jenes geworden? Warum habe ich auf meinem Wege keine besseren Entscheidungen getroffen? Diese Fragen stürzen uns in eine Lebenskrise, häufig in Form einer «Midlife Crisis», in der die Forderung des dritten Chakras – der überwältigende Wunsch, Meister unseres eigenen Schicksals zu werden – uns zu dem Schluß zwingt, im Leben versagt zu haben. Wir haben das Gefühl, es nicht besonders weit gebracht zu haben – wir sind nicht die großartige Person geworden, die wir uns vorgestellt hatten. So verspüren wir häufig Bitterkeit und Trauer, die sich im dritten Chakra festsetzen.

Die Heilung des dritten Chakras hängt davon ab, ob wir den Schritt nach oben zum vierten Chakra vollziehen können, welches uns auffordert, einen höheren Standpunkt einzunehmen und das Leben in größeren Zusammenhängen zu betrachten. Dieser Wachstumsschritt ist jedoch besonders schwierig, weil wir von unserer modernen Kultur dazu gedrängt werden, unabhängig, selbstgenügsam und Herr unseres eigenen Schicksals zu sein. Unsere Kultur führt zu einem Leben, in dem die Betonung auf dem ersten, zweiten und dritten Chakra liegt. Wenn wir jedoch geheilt werden wollen, müssen wir uns für das vierte Chakra öffnen.

Es ist die Liebe, die uns dorthin führt.

Das vierte Chakra: Das Erwachen zur Einheit

Das vierte Chakra, traditionell unter dem Sanskritnamen *Anahata* bekannt, was «ohne Anschlag» bedeutet, versorgt unser Herz mit Lebenskraft. Der Name des Herzchakras, Anahata, bedeutet das Ertönen eines kosmischen Klangs, den wir nur außerhalb des Bereichs unserer fünf Sinne wahrnehmen können. Es ist ein Klang, der vorhanden ist, ohne daß er von jemandem «angeschlagen» wird, das heißt, er hat keinen Ursprung und existiert doch. Das vierte Chakra befindet sich in der Gegend des Herzens in Höhe des ersten Brustwirbels. Es schickt auch Chi zur Thymusdrüse, zur Lunge, zu den Armen und den Händen. Probleme im Zusammenhang mit dem Herzchakra manifestieren sich als Symptome in den oberen Extremitäten und den genannten Organen; sie können unter anderem Herzerkrankungen, hohen Blutdruck, Asthma und andere Lungenerkrankungen zur Folge haben.

Das zentrale Thema des Herzens ist Liebe in all ihren Ausdrucksformen, besonders Mitgefühl. Mitgefühl bedeutet, sich um andere zu kümmern und dadurch Heilung zu erfahren. Das Herzchakra hat also mit Altruismus zu tun und damit, das Leben unserer Mitmenschen zu verbessern. Heilung beginnt im Herzen, und Heiler, die anderen wirklich helfen wollen, arbeiten in erster Linie von diesem Chakra aus.

Das Herzchakra ist das Zentrum, durch das alle anderen Chakras sich ausdrücken sollten. In diesem Sinne ist das Herzchakra einzigartig; es zeigt das universelle Bedürfnis nach Liebe. Daher müssen alle Formen von Heilung, alle Gedanken und Informationen mit Liebe und Mitgefühl übermittelt werden, wenn sie einer anderen Person auf längere Sicht guttun sollen. Auch die Arbeit mit Therapeutic Touch erfolgt über dieses Chakra.

Wenn das Bewußtsein eines Menschen sich vom dritten zum

vierten Chakra hin entwickelt, hat derjenige sich häufig mit einer Lebenskrise auseinanderzusetzen. Der Grund dafür ist, daß die Öffnung des Herzchakras mit dramatischen Bewußtseinsveränderungen einhergeht.

Der Klang des Herzchakras, Anahata, der «unangeschlagene» Klang des Kosmos, ist derselbe Klang, den der griechische Philosoph und Mathematiker Pythagoras als «Sphärenmusik» bezeichnet hat. Es ist eine himmlische Musik, die inspiriert und das Herz erhebt.

In den tantrischen Lehren wird das vierte Chakra *Purusha* genannt, «die Essenz des Menschen», oder der vollkommene Mensch. Wenn man die Ideen und Gefühle versteht, die mit dem Herzchakra verbunden sind, bekommt man einen Eindruck von diesem idealen menschlichen Wesen oder Purusha.

In der ayurvedischen Medizin wird das Herzchakra mit dem Luftelement oder dem Prinzip der Berührung assoziiert. Sein Symbol ist die schwarze Antilope oder Gazelle, ein Tier, das für seine Schnelligkeit, seine Leichtigkeit des Seins und seine Sanftheit bekannt ist.

Das Herzchakra vermittelt uns einen Blick für die Einheit unter den Menschen, einen Blick für die Gemeinsamkeit unseres Lebens. Wie Ram Dass es ausdrückt, zeigt uns das vierte Chakra, daß das Leben, an dem wir alle teilhaben, in Wahrheit *ein* Leben ist. Aus dieser Wahrnehmung heraus entwickelt sich die Erkenntnis, daß alles, was dir passiert, auch mir passiert. Diese Erkenntnis führt zu Mitgefühl und dem Wunsch, für das Wohl aller Menschen zu arbeiten.

Alles, was kollektiv und in seiner Einheit verstanden wird, hat seinen Ursprung im Herzchakra. Daher ist C. G. Jung mit seiner Philosophie über das kollektive Unbewußte und die Welt der Archetypen derjenige unter den Psychologen, der sich besonders mit den Themen des vierten Chakras befaßt hat.

Auf dieser Ebene unseres Bewußtseins beginnt die Erfahrung unserer Getrenntheit und unseres Alleinseins sich aufzulösen.

Das ist einer der Gründe, warum das vierte Chakra mit Luft assoziiert wird – aufgrund der universellen Bedeutung, die sie für die menschliche Existenz hat; und nicht nur für den Menschen, sondern für alle Kreaturen, die auf der Erde leben. Wir alle versuchen, Leid zu vermeiden und Freude zu erfahren. Wir alle wollen gute Luft atmen und das empfangen, was wir brauchen. Ohne diese Erkenntnis sind wir auf eine Existenz beschränkt, die vom Gesetz des ersten Chakras regiert wird, dem Überleben des Stärkeren. In diesem Fall sind wir nicht viel mehr als Tiere.

Durch das Herzchakra werden Menschen im Mysterium der Liebe vereint. Ich sage Mysterium, weil die Liebe eine unbegrenzte Macht hat, einzelne Personen, eine Familie oder Gemeinschaft zu vereinen oder die Menschheit als Ganzes zu umarmen. Wenn unsere Liebe wächst, zieht sie immer weitere Kreise, so daß wir die Einheit allen Lebens immer tiefer erfahren können.

Die Beziehung zwischen dem dritten und vierten Chakra

Der Weg vom dritten zum vierten Chakra ist ein enormer und nicht gerade einfacher Entwicklungsschritt, schreibt C. G. Jung. Er ist mit Hindernissen und Opfern gepflastert. Dieser Schritt wird durch die Identität, die wir uns aufgebaut haben und die wir für unser wahres Selbst halten, erschwert. Der Wechsel vom dritten zum vierten Chakra ist der Übergang von einer sehr persönlichen und selbstbezogenen zu einer universellen Sichtweise. Bei diesem Übergang müssen wir einiges aufgeben, was wir für unsere Einzigartigkeit halten. Auf eine ganz grundlegende Weise hängt jeder von uns an seiner Getrenntheit, seiner Individualität und seinem Wunsch nach persönlicher Macht. Die Illusion, daß wir unser Leben kontrollieren und alles meistern können, was das Leben uns bringt, wirkt außerordentlich berauschend. Diese Illusion verstärkt unsere Individualität – wir reden uns ein, daß wir niemand anders brauchen und alles alleine machen können. Diese Cowboy-Mentalität ist besonders in der amerikanischen Kultur sehr ausgeprägt, und wie wir alle wissen, ist sie die Wurzel vieler unserer tiefgreifendsten sozialen, ökonomischen und ökologischen Probleme. All diese Themen haben ihren Ursprung im ersten, zweiten und dritten Chakra. Ich will damit nicht sagen, daß wir die Verantwortung für unsere Taten und unser eigenes Glück völlig abgeben sollten – das Problem ist nur, daß wir aus der Sicht der unteren drei Chakras unser Glück durch einen Kampf mit anderen Personen oder gegen bestimmte Situationen erlangen müssen. Wir können die größeren Kräfte des Lebens nicht wahrnehmen, die uns auf unserem Weg und in unseren Bemühungen um Erfüllung unterstützen. Ich beziehe mich hier natürlich auf die Gegenwart des Göttlichen in unserem Leben.

Innerhalb der Psyche gibt es eine größere göttliche Präsenz, die unter vielen Namen bekannt ist, unter anderem als höheres Selbst. Dieses höhere Selbst ist unser wahrer Führer im Leben. Jung weist darauf hin, daß das höhere Selbst oder das, was er die Psyche nennt, sich mit seiner eigenen Geschwindigkeit und nach einem eigenen Plan entwickelt und uns dazu zwingt, uns mit dem jeweils nächsthöheren Entwicklungsstadium auseinanderzusetzen, egal, ob der bewußte Verstand und dessen Organisationszentrum, das Ego, damit einverstanden sind oder nicht. Tatsächlich beschert uns das höhere Selbst oft genau dann eine Bewußtseinsveränderung, wenn wir es am wenigsten erwarten. Das hat dann unausweichlich eine Krise zur Folge. Wir werden gezwungen, die Begrenzungen unserer jetzigen Werte und unseres momentanen Weltbildes anzuerkennen, das heißt, wir müssen eine höhere Perspektive entwickeln, nicht, weil wir das unbedingt wollen, sondern weil es notwendig ist, um unser Gleichgewicht, unsere Gesundheit und unser Glück wiederherzustellen.

Wenn die Psyche oder das höhere Selbst uns zu der Einsicht zwingt, daß es notwendig ist, zu wachsen und uns ein neues Wertesystem zuzulegen, müssen wir auch erkennen, daß wir unser Leben nicht mehr völlig unter Kontrolle haben. Das ist ganz offensichtlich, denn hätten wir alles unter Kontrolle, wären wir nicht in die Krise geraten, die uns veranlaßt, unsere jetzigen Werte zu überprüfen. Sie zwingt uns zu der Erkenntnis, daß wir unserer Lage – wie immer sie aussehen mag – auf irgendeine Weise nicht gewachsen sind.

Das wäre ziemlich niederschmetternd – und häufig ist es das auch –, wenn eine solche Krise nicht im allgemeinen mit dem Erwachen für ein neues Wertesystem einhergehen würde, das uns aus einer anderen Ecke unseres Lebens zugeflüstert wird. Wir entdecken zum Beispiel ein Buch, das Sinn für uns macht, wir hören eine Vorlesung, die uns inspiriert, oder wir sprechen mit einem Freund oder Lehrer, der uns den Weg zeigt. Auf eine mysteriöse Weise öffnet das Leben uns eine Tür, und wir gehen hindurch. Oder, anders ausgedrückt, das Leben macht uns auf die Tatsache aufmerksam, daß die Werte des dritten Chakras nicht länger ausreichen, um uns zu führen, und nun müssen wir uns für das Bewußtsein des vierten Chakras öffnen. Wenn wir das tun, wenden wir uns hilfesuchend an den Großen Geist, und auf eine ganz subtile und oft bescheidene Weise führt uns diese Hilfe aus der Krise hinaus. Im Verlauf dieses Prozesses werden wir uns der Tatsache bewußt, daß die Lösung des Problems sich nicht aus unserer eigenen Kraft oder mit Hilfe unserer persönlichen Fähigkeiten ergeben hat, sondern statt dessen von einer mysteriösen Hilfsquelle außerhalb unserer selbst gekommen ist.

Für viele Menschen wird diese Krise, die sich so häufig in der Lebensmitte einstellt, zu einer Quelle der Wiedergeburt oder Erneuerung, weil der Schritt vom dritten zum vierten Chakra häufig darin besteht, die Illusion unserer eigenen Allmacht loszulassen und uns für größere spirituelle Kräfte zu öffnen, die unser Schicksal formen und um Hilfe angerufen werden können. Es ist dieses neue Vertrauen, das zu unserer Erneuerung führt.

Nach Jung bringt die Krise, die unsere Entwicklung vom dritten zum vierten Chakra stimuliert, die Erkenntnis mit sich, daß die «Psyche eine Eigendynamik hat, daß sie etwas Reales ist, was über uns selbst hinausgeht.» «Das», sagt Jung, «ist außerordentlich schwer zu erkennen und zuzugeben. Denn es bedeutet, daß das Bewußtsein, welches wir als unser Selbst bezeichnet haben, am Ende ist.» Oder, wie Ajit Mookerjee es in seinem Buch «Kundalini: The Arousal of the Inner Energy» ausdrückt: «Du bist nicht länger Herr in deinem eigenen Haus.» Wir müssen erkennen, daß es in uns etwas Größeres gibt, und daß die Identität, die wir unser Selbst nennen, diesem größeren Sein untergeordnet ist. Diese Erkenntnis ist transformativ, denn sie bedeutet das Erwachen für die Präsenz des Großen Geistes in unserem Leben.

Paulas Geschichte: Unausgeglichenheit der vier unteren Chakras

Die Schwierigkeiten, diesen Schritt zu vollziehen, sind in unserer Gesellschaft deutlich sichtbar, besonders bei denjenigen, die unter chronischen Depressionen leiden. Vor einigen Jahren suchte mich eine achtunddreißigjährige Frau auf, die ich Paula nennen werde und die unter chronischer Erschöpfung, Depressionen und Herzklopfen litt. Sie kam zu mir, weil sie das Antidepressivum nicht nehmen wollte, das ihr Therapeut ihr verschrieben hatte, und weil sie Schwierigkeiten hatte, die von ihm empfohlenen Verhaltensänderungen in die Praxis umzusetzen. Irgendwie hatte sie sich festgefahren, und ihre Depressionen schienen immer schlimmer zu werden.

Paula wies eine Menge körperlicher Merkmale auf, die zeigten, wo ihre Probleme saßen: ihr Gesicht war stumpf und ausdruckslos, ihre Schultern nach vorne gebeugt und ihr Brustkorb eingezogen. Kurz gesagt, ihr Herzchakra, das Energie vom Herzen nach oben zu Nacken und Schultern sendet und das Gesicht aufhellt, war außerordentlich schwach. Ein Erlebnis – oder eine

Reihe von Erlebnissen – hatte ihr Herzchakra verletzt. Paulas Gefühl für ihre eigene Identität und Integrität war sehr schwach, und daher konnte sie keine gesunden Grenzen setzen – ein Thema des ersten Chakras. Ihre Abgrenzungsthematik manifestierte sich auch in ihrem überaktiven Sexualleben. Paula hatte Schwierigkeiten zu entscheiden, wann und mit wem sie Sex haben und wen sie sexuell meiden sollte. Sie hatte Probleme, nein zu sagen; sie ließ sich zu leicht zu etwas überreden und wurde folglich ausgenutzt. Ihr zügelloses Sexualleben hatte zu einer Verletzung des für die Geschlechtsorgane zuständigen zweiten Chakras geführt, das sich bei der Untersuchung empfindlich und wund anfühlte.

Paula hatte auch einen Mangel an Willenskraft – ein Thema des dritten Chakras. Wenn sie ärgerlich wurde, passierte dies gewöhnlich erst hinterher; sie war nicht in der Lage, den Ärger direkt in der entsprechenden Situation oder gegenüber der betreffenden Person auszudrücken. Statt dessen richtete sie ihre Wut gegen sich und verletzte sich damit selbst. Diese Verletzung war besonders im vierten Chakra zu spüren, das ich als sehr zerrissen und wund wahrnahm.

Ich arbeitete insgesamt zwei Jahre lang an Paulas Energiefeld, zwei- bis viermal im Monat. Während jeder dieser Behandlungen tat ich mehrere Dinge. Ich begann damit, Paulas energetisches Feld durchzugehen und die dort vorhandenen Blockaden zu entfernen. Ich konzentrierte mich auch darauf, die sekundären Chakras in ihren Füßen zu öffnen, damit sie sich geerdeter, sicherer und kraftvoller fühlen und die unterstützende Energie, die aus der Erde strömt, besser aufnehmen konnte.

Dann versuchte ich, die Blockaden in ihrem ersten und dritten Chakra aufzulösen. Sie fühlten sich an wie Bündel stagnierender Energie – ich bezeichne solche Blockaden häufig als Steine oder Felsbrocken. Diese Steine hinderten die Lebenskraft daran, frei durch Paulas Chakras zu fließen, was eine Schwächung der Chakras selbst und der dazugehörigen Bewußtseinsinhalte zur Folge hatte. Das Resultat war ein sehr verschwommenes Selbstgefühl, und aufgrund der Schwächung des ersten Chakras war sogar Paulas Überleben in Frage gestellt, was bei depressiven Menschen häufig vorkommt.

Ich versuchte, die Blockaden im ersten und dritten Chakra zu entfernen, indem ich mit der rechten Hand behutsam in den Bereich des Chakras hineingriff. Dabei ließ ich meine Hand langsam entgegen dem Uhrzeigersinn kreisen, wie meine Lehrerin Twylah Nitsch es mir beigebracht hat. Twylah hat mir erklärt, daß diese Bewegung entgegen dem Uhrzeigersinn es der Heilenergie ermöglicht, das energetische Feld zu durchdringen. Außerdem hat sie mir beigebracht, daß ich die Bewegung meiner Hand umkehren und sie im Uhrzeigersinn kreisen lassen soll, sobald ich erst einmal innerhalb des Chakras bin. Sie sagt, dies würde mir erlauben, die Blockaden quasi «herauszuschaufeln» und aus dem Chakra zu ziehen. «Warum muß man die Hände in diese Richtung kreisen lassen?» fragte ich sie. Sie sagte nur, dies sei die Art, wie ihr Großvater es sie gelehrt habe. Meine eigenen Erfahrungen haben mir gezeigt, daß die Kreisbewegung entgegen dem Uhrzeigersinn dem Heiler die Kraft gibt, mit seiner Hand direkt in das Chakra einzudringen und die dort aufgestauten energetischen Massen beiseite zu schieben. An diesem Punkt kehrt der Heiler die Bewegung um, das heißt, er läßt die Hand im Uhrzeigersinn kreisen, um die natürliche Drehbewegung des Chakras zu stimulieren und es so bei der Eliminierung stagnierender Energien zu unterstützen. Nachdem ich meine Hand wieder aus dem Chakra gezogen hatte, visualisierte ich, wie die blockierenden Energien sich von meiner Hand weg ins Licht bewegten, damit sie transformiert werden konnten.

Im Anschluß daran schickte ich heilende Energie zu Paulas zweitem und viertem Chakra, dem Bereich ihrer Geschlechtsorgane beziehungsweise ihres Herzens. Ich beendete die Sitzungen damit, die Löcher und Wunden in ihrem energetischen Feld zu schließen.

Die Auswirkungen dieser Behandlung waren allmählich, aber deutlich. Ziemlich bald erzählte Paula mir, daß sie nun begonnen habe, an den Verhaltensänderungen zu arbeiten, die ihr Therapeut ihr empfohlen hatte. Da sie sich dazu vor unserer Energiearbeit nicht in der Lage gefühlt hatte, war dies ein Zeichen für ihr wachsendes Identitätsgefühl und die Zurückgewinnung ihrer persönlichen Macht. Nach einigen Monaten Behandlung mit Therapeutic Touch begannen sich ihre Depression deutlich zu lichten, und sie begann wieder Hoffnung zu schöpfen. «Ich hatte wieder Momente, in denen die Sonne durchkam», sagt Paula.

Diese Verbesserungen setzten sich über eine Zeitperiode von zwei Jahren hinweg stetig fort, bis Paula sich schließlich dem Leben wieder gewachsen fühlte und ihre Depressionen verschwanden.

Das fünfte Chakra: Die Welt des Klangs und des Hörens

Das fünfte Chakra, auch *Visuddha* oder «rein» genannt, hat seinen Sitz über dem Hals, in Höhe des dritten Halswirbels. Es versorgt die Schilddrüse und die Nebenschilddrüsen mit Lebenskraft und schickt Energie zu Kehlkopf, Nacken, Schultern, Armen, Händen und Ohren. Es steht mit dem Sprachzentrum und dem Hören in Verbindung. Probleme im Zusammenhang mit dem fünften Chakra können unter anderem zu Störungen der Schilddrüse und der Nebenschilddrüsen führen, zu steifem Hals, Schwerhörigkeit, Erkältungen, rauhem Hals, Mandelentzündungen und allen möglichen Stimmproblemen.

Das fünfte Chakra regiert den Bereich der Kommunikation; all unsere Ausdrucksformen stehen unter seinem Einfluß. Dazu gehört auch die Synthese und das Mitteilen von Ideen oder Gedanken.

Das fünfte Chakra ist unser Tor zur Welt der Ideen, der Symbole und der Kommunikation. Während die ersten drei Chakras unsere materielle Existenz und unsere Individualität tragen, stellt das vierte Chakra bereits einen Übergang zu den höheren Bereichen dar, ein Tor in die geistige Welt. Vom fünften bis zum siebten Chakra konzentrieren sich die Bewußtseinsebenen zunehmend auf die Belange des Geistes und der immateriellen Existenz. Daher wird das Bewußtsein in den oberen drei Chakras immer feiner, subtiler und spiritueller.

Analog dem ersten und dritten Chakra stellt auch das fünfte ein Sich-nach-innen-Wenden vom mehr nach außen gerichteten, altruistischen Herzzentrum aus dar. Das fünfte Chakra läßt den Menschen in die Welt von Energie, Klang und Licht eintreten – Licht deshalb, weil Worte und Gedanken die Dunkelheit der Unwissenheit erhellen und uns den Weg zur Lösung von Konflikten und zur Versöhnung zeigen.

Das fünfte Chakra wird mit dem Element Äther assoziiert – nach den Lehren der ayurvedischen Medizin das Medium, in welchem sich alle Elemente vermischen. Die Farbe, die mit dem fünften Chakra in Verbindung gebracht wird, ist Blau, und seine Hauptfunktionen sind der Klang, das Hören und die Kommunikation. Das Tier, welches dieses Chakra symbolisiert, ist der mondweiße Elefant. Er ist eine heilige mythologische Kreatur, Symbol für die machtvolle und mystische Basis, auf die der Verstand und die Welt der Ideen sich gründen.

Die Qualität unserer Kommunikation – das Temperament und die Bedeutung unserer Worte – ist ein direkter Spiegel unseres Bewußtseins. Bei den meisten von uns dient das fünfte Chakra als Instrument für den Ausdruck der ersten drei Chakras. Wenn wir an die drei unteren Chakras gebunden sind, kommunizieren wir aus unserer Getrenntheit und Einsamkeit heraus; unsere Kommunikation ist von unserem Bedürfnis nach Sex und Gesellschaft und unserem Wunsch nach Macht durchdrungen.

Das Bewußtsein der drei unteren Chakras ist grundsätzlich

dualistisch, das heißt, sie unterscheiden ganz klar zwischen ich und du, mein und dein. Sie zeigen auch die Tendenz, Menschen und Situationen als entweder gut oder schlecht zu definieren. Dieses Schwarzweißdenken läßt wenig Raum für die Grautöne in Situationen und die Belange von anderen Menschen. Daher ist wenig Verständnis für andere und wenig Einfühlungsvermögen in die Bedürfnisse anderer Personen vorhanden. Doch mit dem Eintritt in das vierte Chakra wird unsere Kommunikation über das fünfte Chakra zunehmend universell. Unsere Worte bekommen eine größere Dimension, weil sie Menschen in Verständnis und Liebe vereinen. Andere Menschen werden nicht mehr unbedingt als gut oder schlecht angesehen, sondern einfach als menschliche Wesen, die sich bemühen, Leid zu vermeiden und Glück zu finden.

Das fünfte Chakra verkörpert jedoch auch seine eigenen Bewußtseinsaspekte und Werte, die auf der Ebene der Energie und des Lichts beheimatet sind. Wort und Klang sind unsichtbar. Obwohl sie von immaterieller Natur sind, bewegen und verändern sie die materielle Welt. Wort und Klang sind ein Ausdruck des Geistes, und weil sie soviel Macht haben, vermitteln sie uns einen kleinen Eindruck von der tatsächlichen Macht unseres Geistes.

Das Wort *Visuddha* oder «rein» deutet an, daß die Ideen und Werte des fünften Chakras rein und vollkommen sind, und daß diejenigen, die das Bewußtsein des fünften Chakras erreichen, fähig sind, die Reinheit und Vollkommenheit spiritueller Ideale auszudrücken. In seinem Buch «Das innere Leben» schreibt der Theosoph Charles Leadbeater, daß diejenigen, die das fünfte Chakra erreicht und sein Bewußtsein integriert haben, in der Lage sind, den himmlischen Klang zu hören. Die Kommunikation solcher Menschen wird von himmlischen Geistwesen geleitet. Eine solche Person kann Liebe, Mitgefühl und seltene Einsichten in spirituelle Wahrheiten übermitteln.

Die Beziehung zwischen dem vierten und fünften Chakra

Das fünfte Chakra repräsentiert eine neue Ebene des Losgelöstseins, die dem vierten unbekannt ist. Da das Herzchakra sich so tief um andere Menschen und um das Leben sorgt, das wir alle teilen, ist es noch sehr mit der materiellen Ebene verbunden. Im fünften Chakra erkennt man die Unbeständigkeit allen materiellen Lebens und kann klar sehen, worin wirkliche Beständigkeit und ewige Wahrheiten liegen. Das fünfte Chakra repräsentiert jene Art von Losgelöstsein, von dem im Buddhismus die Rede ist, wenn wir die Welt als *Maya* oder «Illusion» erkennen. Daher erfordert der Übergang vom vierten zum fünften Chakra ein weiteres Loslassen dieser unbeständigen Welt zugunsten der ewigen Welt des Geistes.

Das sechste Chakra: Die Welt der Weisheit und der Formen

Das sechste Chakra, unter dem Sanskritnamen *Ajna* bekannt, was «Herrschaft» bedeutet, hat seinen Sitz an der Stirn zwischen den Augen, etwas oberhalb der Augenbrauen. Es versorgt die Augen, einen Großteil des Zentralnervensystems und das Gehirn mit Lebenskraft. Es schickt auch Chi zur Zirbeldrüse und zur Hirnanhangsdrüse, beides endokrine Organe, die in der Mitte des Gehirns liegen. Diese beiden Drüsen arbeiten zusammen, um die Funktionen des sechsten und siebten Chakras zu unterstützen.

Die meisten Autoritäten auf diesem Gebiet sagen, daß das sechste Chakra mit der Hirnanhangsdrüse in Verbindung steht, der Steuerzentrale für das endokrine System. Sie kontrolliert praktisch den gesamten Hormonhaushalt und beeinflußt dadurch den ganzen Körper, sowohl seine alltäglichen Funktionen als auch sein Wachstum und seine Entwicklung.

Vom sechsten Chakra wird gesagt, es kontrolliere verschiedene Konzentrations- und Bewußtseinszustände; es verkörpert den Bereich der Allwissenheit. Wenn jemand den Durchbruch auf diese Bewußtseinsebene schafft, führt das zu außersinnlichen Wahrnehmungen, Hellsichtigkeit, Visionen, Psychokinese und anderen paranormalen Erfahrungen.

Nach Christopher Hills, dem Autor des Buches «Supersonics», wird das sechste Chakra mit der Farbe Indigo in Verbindung gebracht. Die Studien und Schriften von Hill handeln ausschließlich von den Chakras. Das sechste Chakra wird durch den kosmischen Klang Om symbolisiert. Om steht für Alpha und Omega, den Anfang und das Ende aller Dinge. Es gibt keine Elemente, die mit dem sechsten Chakra in Verbindung stehen, da es sich außerhalb der materiellen Existenz befindet. Es repräsentiert die Welt der kosmischen Gesetze, der Harmonie, der vollkommenen Ordnung und der Schwingungen.

Um das sechste Chakra besser verstehen zu können, sollten wir uns klarmachen, daß das siebte Chakra den Bereich undifferenzierter Einheit darstellt. Damit aus dieser Einheit die Schöpfung entstehen konnte, mußte sie sich aufteilen oder in Gegensätze spalten, so daß Polarität und Energie entstanden, welche die Substanz für die spirituellen und materiellen Welten bildeten. Das sechste Chakra repräsentiert diesen Bereich der Zweiteilung und der Schöpfung, wo alle Dinge in ihrer ursprünglichen Perfektion vorhanden sind. Im sechsten Chakra werden alle Paradoxe, alle scheinbaren Widersprüche harmonisiert. Yin und Yang, Mann und Frau, Tag und Nacht – alle Gegensätze kommen hier als die zwei Pole einer Einheit zusammen.

Die sechste Ebene entspricht der Welt der Archetypen oder Platos «Welt der Formen». Hier finden wir die Urbilder aller existierenden Dinge. Es wird gesagt, daß auch die Gottheiten aller Religionen hier auf der sechsten Ebene, dem Reich der reinen Ideen, ihren Sitz haben. Wenn man das sechste Chakra anzapft, bekommt man Einblick in die Allwissenheit und damit in Vergangenheit, Gegenwart und Zukunft. Aus diesem Grund werden Intuition, außersinnliche Wahrnehmungen und andere parapsychologische Bewußtseinszustände mit diesem Chakra assoziiert.

Das sechste Chakra ist also die Welt vollkommenen Wissens, die Welt der Weisheit. «Das Weisheitszentrum (Ajna) erstrahlt im Licht des kosmischen Bewußtseins und enthüllt das Universum in seiner vereinigten Ganzheit des Seins», sagt Mookerjee.

Das siebte Chakra: Einheit

Das siebte oder Kronenchakra wird im Sanskrit *Sahasrara* genannt, was «tausend» oder tausendblättriger Lotus bedeutet. Es hat seinen Sitz oben auf dem Kopf, etwas hinter dem Scheitelpunkt. Manche sagen, daß es eigentlich etwas über dem Kopf schwebt.

Dieses Chakra ernährt die Großhirnrinde und einen Großteil des Zentralnervensystems. Seine Hauptfunktion ist die Integration aller Ideen und Bewußtseinszustände zu einem einheitlichen Verständnis. Das Kronenchakra ist dafür verantwortlich, alle menschlichen Sinne und Fähigkeiten zu synchronisieren, so daß wir ein zusammenhängendes Bild unserer Welt bekommen.

Eine gestörte Funktion des Kronenchakras manifestiert sich in Form von Depressionen, Entfremdung und der Unfähigkeit, zu lernen oder Ideen, Situationen und Menschen zu begreifen.

Das Kronenchakra repräsentiert jenen transzendentalen Zustand, der über das Bewußtsein hinausgeht. Die Buddhisten nennen ihn *Leere* und die Hindus *Brahmin.* Er verkörpert die letztendliche Einheit, die jenseits aller Beschreibung liegt.

Das siebte Chakra wird mit der Zirbeldrüse in Zusammenhang gebracht, einem endokrinen Organ, das unter anderem unsere Stimmung beeinflußt. Jahrhundertelang haben Mystiker und Philosophen die Zirbeldrüse als ein rein spirituelles Organ betrachtet. Sie assoziierten sie mit Licht, Intuition und Wahrheit. Viele glaubten, die Zirbeldrüse sei mit dem sogenannten dritten Auge, dem Auge der Intuition, gleichzusetzen. René Descartes, der bekannte Philosoph des siebzehnten Jahrhunderts, behauptete, sie sei der Sitz der Seele. Für die Wissenschaftler blieb dieses Organ jedoch lange ein Geheimnis; bis vor kurzem wurde angenommen, die Zirbeldrüse habe überhaupt keine Funktion. Neuere Forschungen haben diese Ansicht jedoch korrigiert. Es hat sich herausgestellt, daß die Zirbeldrüse eine wesentliche Rolle bei der Aufrechterhaltung unseres Tagesrhythmus oder Biorhythmus spielt und die chemischen Abläufe in unserem Gehirn sowie unsere Stimmung beeinflußt. Interessanterweise reagiert die Zirbeldrüse äußerst sensibel auf Licht. In Zeiten, in denen ein Lichtmangel herrscht wie im Winter, schüttet sie große Mengen des Hormons Melatonin aus, welches einen erhöhten Verbrauch des chemischen Neurotransmitters Serotonin zur Folge hat. Das Gehirn braucht Serotonin, damit sich Wohlbefinden und positive Gedanken einstellen können, und um die Konzentrationsfähigkeit zu erhöhen. Serotonin ist auch die chemische Grundlage für tiefen und erholsamen Schlaf.

Wenn die Zirbeldrüse nicht genügend Sonnenlicht bekommt, produziert sie mehr Melatonin, welches wiederum den Serotoninspiegel senkt. Dies hat eine weitverbreitete Störung zur Folge, die im amerikanischen Sprachgebrauch *Seasonal Affective Disorder* oder SAD genannt wird (deutsch etwa: Jahreszeitlich bedingte Depression). Die Abkürzung SAD *(engl. traurig, A. d. Ü.)* ist eine sehr treffende Beschreibung dieser Störung: man fühlt sich depressiv, erschöpft und neigt dazu, sich zurückzuziehen. Die meisten Menschen, die an SAD leiden, haben diese Störung im Winter oder wenn sie über längere Zeitperioden hinweg zu wenig Kontakt mit natürlichem Licht bekommen haben. Die Heilung besteht ganz einfach darin, sich vermehrt dem Sonnenlicht oder einer anderen Lichtquelle mit natürlichem Tageslichtspektrum auszusetzen. Das veranlaßt die Zirbeldrüse, weniger

Melatonin zu produzieren, was einen Anstieg des Serotoninspiegels, ein gesteigertes Wohlbefinden, positive Emotionen, besseren Schlaf und das Verschwinden der Depressionen zur Folge hat.

Der Ruf der Zirbeldrüse als drittes Auge des Menschen bleibt von Geheimnissen umgeben. Wie Samuel Smith und Edwin B. Steen in ihrem «Atlas of Human Anatomy» (Atlas der menschlichen Anatomie) erwähnen, gibt es «Hinweise, daß sie (die Zirbeldrüse) ein rudimentäres Organ ist, der Überrest eines dritten Auges». Vielleicht ist sie ein Organ, das in der frühen menschlichen Evolution vorhanden war und weiterreichende Funktionen hat, als wir im Moment wissen.

Die Farbe, die mit dem Kronenchakra verbunden ist, ist nach Aussage von Hills Violett; in vielen indischen Traditionen wird dagegen behauptet, das Kronenchakra habe keine Farbe. Dieses Energiezentrum repräsentiert den Ozean des Lebens, in den wir alle zurückkehren, den letztendlichen und unbeschreiblichen Zustand von Liebe und Glückseligkeit.

Die Energiespirale

Harmonie zwischen Oben und Unten, Himmel und Erde herstellen

Meine Erfahrung hat mich gelehrt, daß das chinesische Akupunktursystem absolut richtiggeht in der Annahme, die Lebensenergie oder das Chi fließe in Kanälen oder Meridianen, wie die Chinesen sie nennen. Das ist jedoch noch nicht alles. Die Energie fließt auch in Spiralen oder Wirbeln, besonders in den primären und sekundären Chakras. Außerdem verbindet sie die sieben Chakras miteinander und vereint sie zu einem voll integrierten Ganzen (s. Abb. 9).

ABBILDUNG 9: **Die Energiespirale**

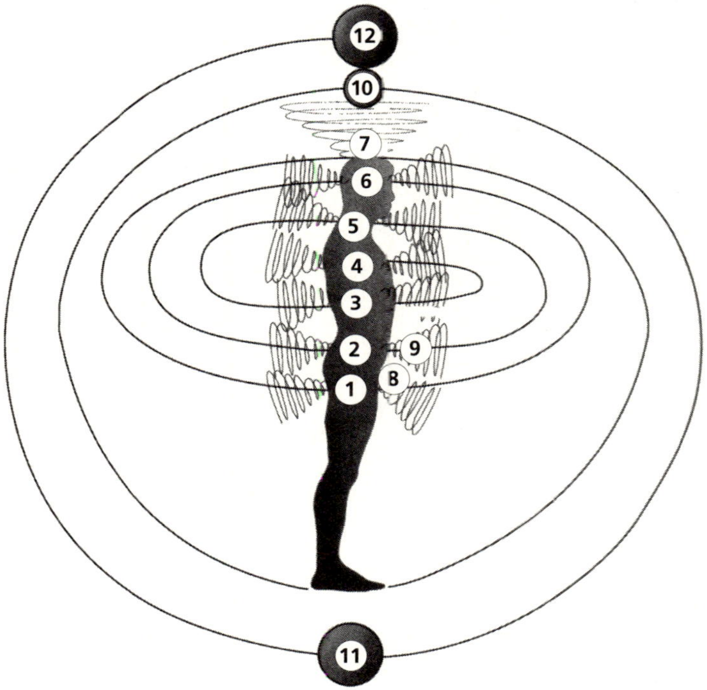

1 **Wurzelchakra**
2 **Sakralchakra**
3 **Solarplexus**
4 **Herzchakra**
5 **Halschakra**
6 **Stirnchakra**
7 **Stirnchakra**
8 **Schwingungskern**
9 **Nabel**
10 **Seele**
11 **Erde**
12 **Sonne oder Quelle aller lebenden Dinge**

Wie ich schon an anderer Stelle erwähnt habe, versorgt jedes Chakra einen bestimmten Teil des Körpers mit konzentrierter Lebensenergie. Es stellt auch eine bestimmte Bewußtseinsstufe dar, die wir in unser Sein integrieren müssen. Gäbe es die Energiespirale nicht, dann würde es sieben große Unterteilungen in unserem Bewußtsein geben, die teilweise gegeneinander arbeiten würden, ähnlich wie sieben Staatsoberhäupter, die dasselbe Land regieren. Das würde natürlich zu Chaos führen. Daher integriert die Energiespirale die physischen, psychischen und spirituellen Funktionen der sieben Chakras zu einer Einheit.

Die Energiespirale beginnt am Herzchakra, tritt aus dem Herzen aus und wendet sich nach unten zum Solarplexus oder dritten Chakra. Dort tritt sie wieder in den Körper ein und verläßt ihn am Rücken, wobei sie einen Bogen nach oben beschreibt und von hinten in den Hals oder das Halschakra eintritt. Sie verläßt das fünfte Chakra auf seiner Vorderseite und verläuft bogenförmig zum zweiten Chakra, das im Bereich des Dickdarms und der Sexualorgane liegt. Von dort tritt sie am Rücken aus, beschreibt einen Halbkreis nach oben und tritt an der Rückseite des Kopfes in das sechste Chakra oder das dritte Auge ein. Sie verläßt das dritte Auge an der Körpervorderseite und wendet sich wiederum in einem großen Halbkreis nach unten, wo sie am Wurzelchakra oder am Beckenboden wieder in den Körper eintritt. Vom Becken aus verläuft die Energielinie in einem Halbkreis aufwärts zum Kronenchakra, das seinen Sitz oben auf dem Kopf hat. Das Kronenchakra enthält unseren Lebensplan und alles Wissen unserer Seele. Die Reihenfolge, in der sich die Energie durch unser Chakrasystem bewegt, ist also 4, 3, 5, 2, 6, 1 und 7.

Angehörige traditioneller Kulturen glaubten, daß die Reise der Seele auf der Erde einem bereits festgelegten Plan folge und daß dieser Lebensplan in jedem von uns verborgen liege. Unsere Herausforderung besteht darin, uns selbst zu erkennen und zu verstehen, warum wir hier auf der Erde sind. Diese uralte Weisheit läßt sich durch den Verlauf der Energiespirale recht gut illustrieren. Wie Abb. 9 zeigt, bewegt sich die Energie von den erhabenen Höhen des Kronenchakras – dem Sitz unserer Selbsterkenntnis – nach unten zur Erde, wo sich die Seele vorübergehend aufhält. Von der Erde aus verläuft die Energiespirale wieder nach oben zum Himmel und symbolisiert so unsere letztendliche Rückkehr zur Quelle.

Die Nutzung der Energiespirale als therapeutisches Werkzeug

Die Energiespirale vereinigt alle sieben Chakras. Sie verbindet auch die einzelnen Zentren jeweils mit ihrem komplementären Gegenstück in der oberen und unteren Körperhälfte. Wenn wir das Herzchakra als Mittelpunkt nehmen, stellen wir fest, daß es drei Chakras unterhalb und drei oberhalb des Herzens gibt. Die Energiespirale beginnt am Herzen und sucht sich dann ihren Weg durch jedes der anderen Chakras, wobei es sie zu komplementären Paaren verbindet. Zum Beispiel ist das Wurzelchakra, das unterste der sieben Energiezentren, durch die Energiespirale mit dem Kronenchakra, dem höchsten Zentrum, verbunden, wodurch eine Verbindung zwischen den Überlebensinstinkten und den höchsten Ebenen der Ethik und der universellen Liebe entsteht. Die Energiespirale verläßt das am Hals gelegene fünfte Chakra, verläuft nach unten zum zweiten Chakra und vereinigt so die Stimme und die oberen Atemorgane mit den Eingeweiden, den Nieren und Geschlechtsorganen. Vom zweiten Chakra aus wendet sich die Energie nach oben zum sechsten, dem dritten Auge, und schafft eine Verbindung zwischen den Funktionen der unteren Eingeweide und denen des Kopfes und Gehirns.

Die Energiespirale kann als diagnostisches und therapeutisches Werkzeug genutzt werden. Wenn ein Klient z. B. unter chronischen Kopfschmerzen leidet, konzentriere ich mich nicht ausschließlich auf den Kopf und den Bereich des sechsten Chakras, sondern ziehe auch das zweite Chakra als mögliche Störungsquelle in Betracht. Sehr häufig haben Kopfschmerzen ihren Ursprung in einer gestörten Funktion der unteren Eingeweide, der Nieren oder der Sexualorgane.

Leidet eine Person unter chronischen Halsentzündungen, ziehe ich zwei mögliche Quellen für das Problem in Betracht, die beide außerhalb der Halsgegend liegen. Da das dritte Chakra das fünfte über die Energiespirale mit Lebensenergie versorgt, hat eine Blockade im Solarplexus einen Mangel an Chi im fünften Chakra und entsprechende Disharmonien zur Folge. Ein trockener Hals, Kehlkopfentzündungen, eine schwache oder gebrochene Stimme, Schleimansammlungen und Halsentzündungen sind häufige Symptome, die bei einer energetischen Unterversorgung des Halses auftreten. Im allgemeinen fühlt sich das energetische Feld an dieser Stelle leer an; die betreffende Person selbst empfindet das vielleicht als ein Gefühl von Schwäche im Hals oder als einen Mangel an persönlicher Macht. Wenn ich daher jemanden mit chronischen Halsentzündungen behandle, bearbeite ich immer auch den Bereich des dritten Chakras, besonders wenn dort ebenfalls chronische körperliche Probleme vorhanden sind.

Andererseits schickt das fünfte Chakra über die Energiespirale Lebenskraft zum zweiten Chakra, dem Bereich der Eingeweide, der Nieren und der Sexualorgane. Wenn das zweite Chakra blockiert ist, baut sich ein Energieüberschuß im Hals auf, der Irritationen, vermehrte Schleimbildung, Drüsenschwellungen und Überwärmung zur Folge hat.

Eine weitere mögliche Ursache für Halsentzündungen ist unterdrückter Ärger, der im Herzchakra (dem vierten Chakra) festgehalten wird. Man sollte nicht vergessen, daß körperliche Krankheiten oft medikamentös behandelt werden müssen, z. B. mit Antibiotika oder Kräutern. Um jedoch einen chronisch entzündeten Hals – oder irgendeine andere Disharmonie im Körper – wirklich zu heilen, muß das zugrundeliegende energetische

Ungleichgewicht behandelt werden. Im Falle einer Halsentzündung bedeutet das Energiearbeit am zweiten und dritten Chakra. Zusätzlich behandle ich die Chakras direkt ober- und unterhalb des erkrankten Bereichs, was in diesem Fall das sechste und vierte Chakra mit einschließen würde.

Am Beispiel einer Klientin, die ich bis vor kurzem behandelt habe und die ich Sally nennen werde, können wir sehen, wie man die Energiespirale als Mittel zur Diagnostik und als Leitlinie für die Behandlung nutzen kann.

Kopfschmerzen: Wenn die Ursache nicht nur im Kopf liegt

Sally, eine fünfundvierzigjährige verheiratete Frau und Mutter von zwei Kindern, litt unter regelmäßigen Kopfschmerzen, Migräne, Übergewicht und ausgeprägten prämenstruellen Beschwerden, die mit Übelkeit und Nachtschweiß einhergingen. Sallys Gynäkologe nahm an, sie käme in die Wechseljahre, und brachte ihre Nachtschweiße und die Übelkeit damit in Zusammenhang. Außerdem glaubte der Arzt, daß das Östrogen und Progesteron, das Sally einnahm, um ihre Wechseljahrsbeschwerden zu lindern, ihre Kopfschmerzen noch verschlimmerten. Sally saß in der Zwickmühle. Sie wußte nicht, ob sie die Hormone absetzen sollte, was ihre Wechseljahrsbeschwerden stärker durchkommen lassen würde, oder ob sie die Hormone weiternehmen sollte, die zwar diese Symptome unter Kontrolle hielten, dafür aber weiteren Brennstoff für ihre Migräne lieferten.

Unglücklicherweise wurden ihre Kopfschmerzen und ihre Migräneanfälle immer schlimmer. Sie mußte etwas unternehmen und kam schließlich zu mir.

Ich behandelte Sally ein Jahr lang einmal wöchentlich mit Therapeutic Touch, und in dieser Zeit machte sie bemerkenswerte Fortschritte. Die erste Wirkung, die sich bei Sally zeigte, war die

Entwicklung eines größeren Selbstbewußtseins und eines tieferen Gefühls von Stabilität. Sie begann über ihre eigenen Verhaltensweisen zu sprechen, die vielleicht zu ihren Problemen beitrugen, und etwa bei der dritten Sitzung hatte sie erkannt, daß die Kopfschmerzen immer dann auftraten, wenn sie bestimmte Sachen gegessen hatte; diese Nahrungsmittel ließ sie von da an weg.

Nach etwa zwei Behandlungsmonaten waren Sallys Kopfschmerzen weniger häufig geworden. Nach drei Monaten waren ihre Migräneanfälle so gut wie verschwunden – innerhalb der nächsten fünf Monate hatte sie nur noch einmal Migräne.

Eins der ersten Dinge, die ich bei der Arbeit an Sallys energetischem Feld bemerkte, war, daß die Energie um ihr zweites Chakra herum, welches über dem Unterbauch liegt und dafür verantwortlich ist, die Geschlechtsorgane, die Nieren, die Blase, den Dickdarm und die Nebennieren mit Lebenskraft zu versorgen, sich unregelmäßig anfühlte, als ob dieses Chakra keine einheitliche Konsistenz hätte. Ich konnte deutlich eine Schwellung in diesem Bereich fühlen, während andere Bereiche sich schwach oder sogar eingezogen anfühlten, als ob sich ein gähnendes Loch in ihrem Energiefeld befinde. Während ich weiter mit ihr arbeitete, hatte ich wiederholt das Bild einer offenen Wunde über dem Gebiet des zweiten Chakras. Das entsprach ihren körperlichen Problemen im Bereich der Geschlechtsorgane und der Nebennieren. Noch aussagekräftiger war die Tatsache, daß dieser Teil von Sallys energetischem Feld mir sogar noch unregelmäßiger und geschwollener vorkam, wenn sie gerade Kopfschmerzen hatte.

Vom energetischen Standpunkt aus machte das Sinn, da das zweite und sechste Chakra durch die Energiespirale miteinander verbunden sind. Die Quelle von Sallys Kopfschmerzen war ganz klar die Störung im Bereich ihres zweiten Chakras.

Immer wenn Sally zu mir kam, arbeitete ich zuerst an ihrem zweiten und sechsten Chakra. Ich schickte Energie in das zweite Chakra und schloß dann die Wunde, indem ich meine Hände ganz behutsam auf eine Weise bewegte, als würde ich auseinandergerissenes Gewebe wieder zusammenfügen. Dann richtete ich meine Aufmerksamkeit auf das sechste Chakra, das gestaut und blockiert war. Von diesem Chakra zog ich Energie ab, öffnete es und erhöhte die Energiezirkulation in diesem Teil des energetischen Feldes.

Nach ein paar Monaten Behandlung erschien die Wunde im Bauch weniger geschwollen und begann zu heilen. Gleichzeitig waren Sallys Kopfschmerzen und ihre Wechseljahrsbeschwerden deutlich abgeklungen.

Erst im zehnten Behandlungsmonat begann Sally abzunehmen – diesmal ohne sich dafür anstrengen zu müssen. Gleichzeitig erlebte sie eine dramatische Bewußtseinsveränderung. Sie berichtete, daß sie plötzlich ihre Bedürfnisse besser ausdrücken konnte. Bisher hatte sie immer große Schwierigkeiten gehabt, um emotionale oder seelische Unterstützung zu bitten. Sie dachte, wenn sie viel gäbe und liebevoll und unterstützend mit anderen umginge, würde dieselbe Liebe und Unterstützung zu ihr zurückkehren. Häufig war das nicht der Fall. Außerdem fiel es Sally schwer, anderen Grenzen zu setzen. So kam sie sich häufig ausgenutzt und als Fußabtreter vor. Ihr Überessen war eine Form der Kompensation und eine Möglichkeit für sie gewesen, ihre Spannungen loszuwerden. Jetzt, wo Sally sich in ihrem Selbstwertgefühl gestärkt fühlte, ertappte sie sich immer häufiger dabei, wie sie um Hilfe bat oder einfach sagte, sie könne bestimmte Aufgaben zu Hause oder bei der Arbeit nicht erledigen, weil sie schon zuviel zu tun habe. Manchmal, so erzählte sie mir, wundere sie sich selbst über ihre neugewonnene Stärke.

Als wir mit unseren regelmäßigen Behandlungen aufhörten, war Sally dabei, weiterhin stetig abzunehmen. Sie konnte viel besser mit Streßsituationen umgehen, und ihre Kopfschmerzen waren recht selten geworden. Außerdem hatte sie nur noch wenig Wechseljahrsbeschwerden, und ihre Migräneanfälle waren verschwunden.

Die Chakras

1. Wurzelchakra

LAGE	unteres Ende der Wirbelsäule, Dammgegend
DRÜSEN	Nebennieren
ORGANE	Beine, Füße, Knochen, Dickdarm
FUNKTIONEN	Überleben, Erdung, lebensfördernd, vitale physische Energie
STÖRUNGEN	Verstopfung, Hämorrhoiden, Übergewicht, Ischias, Arthritis, Kniebeschwerden, Anorexia nervosa

2. Sakralchakra

LAGE	zwei bis drei Finger unterhalb des Nabels, Unterbauch, erster Lendenwirbel
DRÜSEN	Eierstöcke, Hoden
ORGANE	Gebärmutter, äußere Genitalien, Nieren, Blase, Kreislaufsystem
FUNKTIONEN	lebensfördernd, Emotionen, Sexualität, Verlangen und Vergnügen
STÖRUNGEN	Nieren- und Blasenprobleme, organische und emotionale sexuelle Probleme (bei Mann und Frau), Rückenbeschwerden (unterer Rücken)

3. Solarplexus

LAGE	achter Brustwirbel, knapp unterhalb des Schwertfortsatzes des Brustbeins, wo die Rippen zusammentreffen

DRÜSEN	Bauspeicheldrüse
ORGANE	Leber, Milz, Magen
FUNKTIONEN	Willenskraft, persönliche Macht, Energieaufnahme von außen, Wachstum, Heilung
STÖRUNGEN	Verdauungsprobleme, Magengeschwüre, Diabetes, Hypoglykämie, Erkrankungen der Leber, Störungen des Fettstoffwechsels

4. Herzchakra

LAGE	erster Brustwirbel, Herz
DRÜSE	Thymus
ORGANE	Herz, Lunge, Arme, Hände
FUNKTIONEN	Selbstliebe, Liebe zu anderen, Aufnahme nährender Dinge im Leben, mentale Energie, Bewußtsein, Heilung
STÖRUNGEN	Herzerkrankungen (einschließlich hoher Blutdruck), Asthma und alle Lungenerkrankungen

5. Halschakra

LAGE	dritter Halswirbel
DRÜSEN	Schilddrüse, Nebenschilddrüsen
ORGANE	Hals, Schultern, Arme, Hände, Ohren
FUNKTIONEN	Kommunikation, Hören, Ausdruck, Wollen (Unterscheidungsfähigkeit und Kraft zu wählen), Aufbauen von Idealen aus Symbolen
STÖRUNGEN	Schilddrüsenprobleme, Hörstörungen, steifer Hals, Erkältungen, Halsentzündungen

6. Stirnchakra (Ajna)

LAGE	erster Halswirbel auf der Körperrückseite (auf der Stirn zwischen und etwas oberhalb der Augen)
DRÜSE	Hirnanhangsdrüse (in Zusammenarbeit mit der Zirbeldrüse)
ORGANE	Augen
FUNKTIONEN	Sehen, Intuition, Synthese
STÖRUNGEN	Kopfschmerzen, Sehstörungen, Alpträume

7. Kronenchakra

LAGE	oben auf dem Kopf, hinter dem Scheitelpunkt, wo bei Babys die Fontanelle liegt
DRÜSE	Zirbeldrüse (in Zusammenarbeit mit der Hirnanhangsdrüse)
ORGANE	Großhirnrinde, Zentralnervensystem
FUNKTIONEN	Integration und Verstehen
STÖRUNGEN	Depressionen, Entfremdung, Unfähigkeit zu lernen und zu verstehen

Kenntnisse über die Anatomie und Physiologie der Chakras und ihrer Beziehungen zum physischen Körper sind Grundlagen für die Ausübung von Therapeutic Touch. Die Chakras bilden die Tore, über die der Heiler einen Zugang zu Körper, Geist und Seele der Person bekommen kann. Diese Tore sind Bereiche konzentrierter Energie und konzentrierten Lebens. In den Chakras liegen die Wurzeln vieler alter Verletzungen, Blockaden und Muster verborgen, die aufgelöst werden müssen, wenn eine Heilung stattfinden soll. So bieten die Chakras dem Heiler nicht nur Einsichten in die Vergangenheit eines Menschen, sondern auch großartige Möglichkeiten, zu seiner Heilung beizutragen.

ÜBUNG – DIE ENERGIE- ODER CHAKRASPIRALE

(s. Abbildung 9)

1. Visualisieren Sie einen Strahl regenbogenfarbigen Lichts, der in einem Bogen aus Ihrem Herzen kommt und in den Solarplexus eintritt.
2. Sehen Sie, wie das Licht durch den Solarplexus hindurchströmt und ihn am Rücken wieder verläßt, wie es eine Kurve nach oben beschreibt und an der Rückseite des Halses wieder in Ihren Körper eintritt.
3. Lassen Sie das Licht durch den Hals hindurchfließen und bogenförmig in das zweite oder Sakralchakra eintreten.
4. Visualisieren Sie, wie das Licht am zweiten Chakra den Körper durchdringt, am Rücken wieder austritt und sich dann nach oben wendet, wo es an der Rückseite des Kopfes, an der Stelle des dritten Auges oder sechsten Chakras, wieder eintritt.
5. Von der Vorderseite des dritten Auges aus bewegt sich der Lichtstrahl in einem Halbkreis nach unten zum ersten oder Wurzelchakra.
6. Visualisieren Sie, wie das Licht durch das Wurzelchakra hindurchgeht, am Rücken wieder austritt und bogenförmig nach oben zum Kronenchakra verläuft.
7. Vom Kronenchakra aus bewegt sich der Lichtstrahl durch die Mitte Ihres Körpers zu den Fußsohlen.
8. Wenn der Strahl die Fußsohlen berührt, visualisieren Sie, wie das gesamte energetische Feld von regenbogenfarbigem Licht erleuchtet wird und in allen Farben erstrahlt.
9. Senden Sie einen Lichtstrahl von den Füßen aus in die Erde.
10. Visualisieren Sie, wie das Licht von der Erde aus durch die Füße wieder in Ihren Körper eintritt, nach oben zum Kronenchakra verläuft und in die Quelle von Licht und Leben zurückkehrt.
11. Fühlen Sie, wie das Regenbogenlicht jede Zelle, jedes Gewebe

und jedes Organ Ihres Körpers mit strahlendem Licht erfüllt. Jedes Organ absorbiert diejenigen Farben der Energie, die es für die Wiederherstellung seiner Gesundheit und Vitalität benötigt.

12. Wenn Sie sich ganz von Licht und Leben erfüllt fühlen, öffnen Sie die Augen und lassen Sie Ihr Licht nach außen scheinen. Immer wenn Sie sich während des Tages erschöpft oder aus dem Gleichgewicht fühlen, brauchen Sie nur dieses strahlende Licht einzuatmen, um sich zu regenerieren.

Um besonders tiefgreifende Heilungsergebnisse zu erzielen, sprechen Sie diesen Text auf Kassette und lassen sich von Ihrer eigenen Stimme durch die Meditation führen.

ZWEITER TEIL

Die Praxis des Handauflegens

Krankheit (hat) kein eigenständiges Wesen, sondern (ist) ein fluktuierender Zustand im Körper des Patienten, ein Kampf zwischen der krankmachenden Substanz und der natürlichen Selbstheilungstendenz des Körpers.

– *Hippokrates*

SECHS

Zentrierung

Sich zentrieren bedeutet im wesentlichen die Verlagerung Ihres Bewußtseins von der Instabilität Ihres alltäglichen Lebens hin zu der Ruhe und Stille Ihres spirituellen Kerns. Im Zentrum Ihres Seins liegen ein Frieden und eine Stabilität verborgen, die durch äußere Ereignisse nicht zu erschüttern sind. Während Ihr Bewußtsein sich immer mehr auf dieses spirituelle Fundament ausrichtet, werden Sie ruhiger, emotional stabiler und auf eine ganz selbstverständliche und ausgeglichene Weise kraftvoller.

Normalerweise ist unser Bewußtsein der flüchtigen Welt unserer alltäglichen Sorgen und Gedanken ausgeliefert. Unser körperlicher, emotionaler und seelischer Zustand hängen von Ereignissen ab, die außerhalb unserer selbst stattfinden – zum Beispiel davon, ob wir einen guten Arbeitstag hatten oder davon, wie andere Menschen uns behandeln. So wie die Menschen und Ereignisse wechseln, steigt und fällt unsere Lebensqualität. Je mehr wir uns von Ereignissen und vom Verhalten anderer abhängig machen, um so mehr reagieren wir, statt zu agieren, und um so instabiler werden wir.

Sich zentrieren bedeutet dagegen, Ihr Gewahrsein in den spirituellen Wurzeln Ihres Lebens zu verankern, das heißt, Ihr Bewußtsein vom alltäglichen Tumult auf das Zentrum Ihrer Seele zu richten, auf den Bereich in Ihnen, der ständig Lebensenergie aus der universalen Quelle schöpft. Hier, in Ihrem vitalen Zentrum, liegt der wahre Ursprung Ihres Lebens.

Leben ist Energie, und die Quelle dieser Energie ist das Eine, der große Geist, das Tao. Ihr Bewußtsein auf das Zentrum Ihres Seins auszurichten bedeutet, sich auf den Willen des Universums einzustimmen und sich durch seinen nie endenden Fluß von Lebensenergie nähren zu lassen. (Am Ende dieses Kapitels finden Sie einige Meditationen, mit deren Hilfe Sie diesen zentrierten Zustand erreichen können.)

Die Auswirkungen einer solchen Bewußtseinsverlagerung sind in jeder Hinsicht transformativ. Anstatt sich durch die äußeren Ereignisse der vergänglichen Welt herumschubsen zu lassen, sind Sie nun in der unerschütterlichen Welt der universellen Lebenskraft verwurzelt. Hier finden Sie Frieden, und alle Anspannung fällt von Ihnen ab. Wissenschaftliche Forschungen haben ergeben, daß bei Menschen in Meditation Aufmerksamkeit, Konzentration und die Synchronizität zwischen der linken und rechten Großhirnhemisphäre erhöht sind. Herzfrequenz und Atemrhythmus werden langsamer, der Blutdruck stabilisiert sich, und die Leitfähigkeit der Haut nimmt ab, ein Zeichen für eine verbesserte Zirkulation. Dolores Krieger stellte bei einer Pilotstudie an Therapeuten für heilende Berührung fest, daß diese bei ihrer Arbeit ebenfalls in einen meditativen Zustand kamen und viele derselben biologischen Veränderungen aufwiesen, die während einer Sitzmeditation auftreten.

Verschiedene Kulturen und religiöse Traditionen haben ein umfassendes Verständnis davon entwickelt, was Zentrierung wirklich bedeutet. Die gesamte japanische Kultur basiert auf dem Prinzip, alle Handlungen aus dem vitalen Mittelpunkt des Seins fließen zu lassen, den die Japaner *Hara* nennen. Alle japanischen Selbstverteidigungstechniken und Künste – vom Judo über das Malen bis hin zum Blumenstecken und zur Musik – sollen den Selbstausdruck über dieses vitale Zentrum fördern. Zentriert sein – so sagen japanische und chinesische Philosophen – bedeutet, einen Ausgleich zwischen Himmel und Erde zu schaffen.

Vielleicht ist das der Grund, warum die Zentrierung uns ein Bewußtsein unserer selbst als ganzheitliches menschliches Wesen vermittelt – das heißt, wir nehmen unseren physischen Körper, unsere Emotionen und unser spirituelles Bewußtsein als eine integrierte Gesamtheit wahr. Zentrierung ist ein meditativer Vorgang, ein Akt der Integration und der Harmonie.

So gut wie alle traditionellen Philosophien haben erkannt, daß wir Menschen ständig zwischen den beiden archetypischen Extremen innerhalb unseres Bewußtseins hin- und hergezogen werden – zwischen der instinktiven Welt der physischen Sinne und des körperlichen Verlangens und den intellektuellen und spirituellen Bereichen der Ethik und der Ideale. Diese beiden Archetypen können durch keinen intellektuellen oder mentalen Akt ins Gleichgewicht gebracht werden. Wie jeder Erwachsene weiß, bedeutete eine Beilegung dieses Konflikts durch verstandesmäßige Aktivität eine Entscheidung zugunsten des Verstandes und daher eine Leugnung der körperlichen Bedürfnisse. Menschen aus traditionellen Kulturen haben behauptet, daß der einzige Weg, wie diese beiden Extreme versöhnt und ausgeglichen werden können, die Verlagerung des Bewußtseins auf den Mittelpunkt unseres Seins sei, auf das vitale Zentrum, das über den Verstand, über alle Konzepte und unsere wechselnden Standards von richtig und falsch hinausgeht. Hier, in unserem spirituellen Zentrum, liegt die Lösung zur Versöhnung aller Gegensätze des Lebens verborgen.

Auch C. G. Jung vertritt diese Ansicht. In «Psychologie und Alchemie» weist er darauf hin, daß dieses «Zentrum mit dem Paradies und seinen vier Strömen verglichen wird». Diese vier Flüsse symbolisieren die vier Richtungen auf der Erde oder in der relativen Welt. Der Mittelpunkt, in dem die Ströme zusammentreffen und sich vereinigen, ist der Ort, wo die vier Hauptrichtungen in Einklang gebracht werden. «Nichts ist Gott ähnlicher als dieses Zentrum», schreibt Jung, «denn es nimmt keinen Raum ein und kann weder erfaßt noch gemessen werden. So ist auch die Natur Gottes und der Geistwesen.» Wie viele große Alchemisten vor ihm, besonders Paracelsus, sagt Jung, daß Meditation und die Verlagerung des Bewußtseins auf das Zentrum des Seins uns die Wahrnehmung der unsichtbaren oder spirituellen Welten ermöglicht.

Aus Gerard Dorns Buch über Alchemie, «Theatrum Chemicum», zitiert Jung: «Alle Dinge, die gleichermaßen keinen Raum einnehmen, weil sie keinen Körper besitzen – was bei allen Geistwesen der Fall ist –, können im Zentrum erfaßt werden, denn beide sind unbegreiflich. Denn da das Zentrum kein Ende hat, kann keine Feder die Macht und die unendlichen Abgründe seiner Mysterien angemessen beschreiben.»

Vielleicht weil dieses Zentrum der Ort solch «unendlicher Mysterien» ist, erkennen wir, daß es die Quelle alles Heiligen ist, das in die materielle Welt einfließt. Daher ist Zentrierung eine Annäherung an das Heilige oder Göttliche in uns, ein meditativer Akt, der uns körperlich, psychisch und spirituell transformiert. Ein Therapeut für heilende Berührung beginnt daher eine Sitzung, indem er sich zentriert. Dadurch setzt er sich in Beziehung zur universellen Energie und nimmt so die richtige Haltung ein, um am Fluß dieser Energie teilzuhaben.

Dies ist der geistige Rahmen, den der Behandler zu erreichen versucht. Wenn Sie zentriert sind, haben Sie weder Urteile über die Person, mit der Sie arbeiten, noch eine Anhaftung an das Ergebnis der Behandlung. Sie sind nicht die Quelle der Heilung; Sie haben keine Kontrolle über das, was stattfindet. Die Energie fließt aus der göttlichen Quelle durch Sie hindurch zum Patienten. Sie als Therapeut für heilende Berührung stellen sich lediglich als Instrument für diese göttliche Quelle zur Verfügung. Wie immer das Ergebnis für den Klienten ausfällt – es ist eine Sache zwischen ihm und dem Schöpfer des Universums. Sie als Behandler sind gewissermaßen Zeuge dieses Ergebnisses.

In ihrem Essay «The Four Pillars of Healing» (Die vier Säulen der Heilung) beschreibt Dr. Elisabeth Kübler-Ross den Heiler als Kanal oder «Vermittler für eine heilende Wesenheit oder Kraft». Heiler, Schamanen, Medizinmänner und -frauen haben diese heilende Energie Jahwe, Großer Geist, Gott, Christusenergie oder höheres Selbst genannt. Wie immer man sie nennen mag, es ist diese göttliche Energie, die die Heilung bewirkt, unabhängig von der Technik des Heilers. Twylah Nitsch, meine Seneca-Lehrerin, weist darauf hin, daß der Heiler sich nicht nur als Kanal für das Große Mysterium öffnen, sondern auch eine vertrauensvolle und dankbare Einstellung haben muß. Ohne Glauben und Dankbarkeit kann keine Heilung stattfinden.

Wie Dr. Kübler-Ross ausführt, ist es nicht der Heiler, der heilt. Der Titel «Heiler» ist eigentlich eine falsche Bezeichnung, denn in Wirklichkeit geht die Heilung vom Großen Heiler aus. Der Behandler selbst ist eher Vermittler, Teilnehmer und Zeuge. Er oder sie ist nicht die Quelle der Heilung.

Diese Tatsache ist oft schwer anzuerkennen, denn als mitfühlende menschliche Wesen möchten wir natürlich anderen helfen. Tatsächlich ist eine unserer Hauptmotivationen, wenn wir mit heilender Berührung arbeiten, der Wunsch zu dienen. Außerdem fühlen wir alle einen gewissen Druck zu beweisen, daß die Methode auch funktioniert, daß es sich hier nicht um Scharlatanerie oder eine Außenseitermethode handelt, sondern um eine höchst effektive Form der Behandlung. Die Grundlage der Methode ist jedoch das Loslassen aller Kontrolle über das Ergebnis, weil wir es dem Körper des Klienten überlassen müssen, die Lebensenergie, die wir übertragen helfen, genau in der Form zu nutzen, in der er sie benötigt.

In ihrem Essay «The Timeless Concept of Healing» (Das zeitlose Konzept des Heilens) erläutert Dolores Krieger, Pionier auf dem Gebiet von Therapeutic Touch, die geheimnisvolle Natur des Heilens, und warum ein Heiler sich letztendlich größeren Kräften hingeben muß, die den Heilungsprozeß kontrollieren. Als Heiler können wir nicht auf allen Ebenen wissen, was der Patient braucht, damit eine vollständige Heilung stattfinden kann. Dr. Krieger weist darauf hin, daß allein schon auf der physiologischen Ebene Myriaden biologischer Funktionen «außerordentlich fein verknüpft sind». Wenn wir die emotionalen Ebenen der Heilung hinzunehmen, wird es sogar noch komplizierter. Daher muß ein Teil unseres Gebets bei der Behandlung von Patienten lauten: «Dein Wille geschehe.» Wir drücken damit unseren Glauben aus, daß menschliche und göttliche Energien zusammen genau die Transformation herbeiführen werden, die zur Heilung benötigt wird.

Wahre Heiler haben schon immer ihre bescheidene, aber wesentliche Rolle im Heilungsprozeß verstanden. Selbst Hippokrates, der Vater der Medizin, betrachtete Heilung als ein Geheimnis, auf das die Ärzte nur einen begrenzten Einfluß haben. Trotz all seiner Weisheit und seiner Kenntnisse, die zur damaligen Zeit weit über die aller anderen hinausgingen, erkannte Hippokrates, daß es letztlich göttliche Kräfte sind, die über den Ausgang jeder Krankheit entscheiden. Er drückte dies vor etwa 2500 Jahren so aus: «In der Heilkunst findet eine Vernetzung der Weisheit der Götter mit dem Verstand des Arztes statt. Die ärztliche Kunst wird von den Göttern in Ehren gehalten, sowohl was die Behandlung körperlicher Verletzungen als auch den Gesundheitszustand des Körpers im allgemeinen angeht. Nicht durch individuelle Klugheit kann ein Arzt etwas bewirken. Obwohl er auf viele Aspekte der Krankheit einwirken kann, ist es dennoch häufig, daß die Heilung an sich spontan stattfindet. Natürlich sollte die Heilkunst jeden Beitrag leisten, der ihr möglich ist, aber der Pfad der Weisheit in dieser Kunst liegt letztlich in der Anerkennung jener Höchsten.»

Daher sind die wichtigsten Eigenschaften des Behandlers in seiner Haltung gegenüber dem Patienten und gegenüber sich selbst Mitgefühl, Liebe, Ehrlichkeit (besonders mit sich selbst) und Bescheidenheit. Dies ist die beste Herangehensweise an das heilige Drama, dessen Zeuge und Teilhaber man als Therapeut für heilende Berührung ist.

Aus diesem Grund ist es auch so wichtig, sich vor jeder Behandlungssitzung zu zentrieren. Wenn Sie sich auf Ihre eigenen spirituellen Wurzeln besinnen, können Sie nicht mehr so leicht durch die Emotionen und Wünsche anderer oder durch die offensichtlichen Bedürfnisse des Klienten abgelenkt werden. Statt dessen respektieren Sie den Patienten und seine Beziehung zum Schöpfer. Wenn Sie zentriert sind, kommen Sie in Kontakt mit der Quelle der Heilungsenergie. Was immer diese Energie bewirken möchte, kann dann ohne Anstrengung geschehen.

Präsenz und Erdung, um ein klarer Kanal zu sein

Nachdem Sie sich zentriert haben, müssen Sie natürlich während der gesamten Heilungssitzung in Ihrer Mitte bleiben. Um das zu erreichen, ist es notwendig, Ihre Konzentration und Ihre volle Präsenz gegenüber dem Patienten aufrechtzuerhalten. Sie können nicht plötzlich mit den Gedanken abschweifen und an die vielen Anforderungen Ihres eigenen Lebens denken. Ein solches Abschweifen würde den Fluß der Energie durch Sie hindurch zum Patienten beeinträchtigen und die Effektivität der Sitzung vermindern. Außerdem wird das Gefühl für die Heiligkeit dieser Handlung abgeschwächt, je mehr Ihre Gedanken wandern. Das Gewahrsein des Patienten, daß es sich hier um einen heiligen Akt handelt, ist eine Voraussetzung dafür, daß er die zur Verfügung gestellte Lebensenergie auch annehmen kann. Der beste Weg, um dieses Heilige aufrichtig anzurufen, ist Ihre eigene Zentriertheit und Konzentration. Von irgendwelchen Zeremonien sollten Sie lieber absehen, da sie selten echt wirken und Sie in einem falschen Licht erscheinen lassen. Sie sind ein professioneller Behandler, der seine professionelle Haltung zu wahren hat. Dennoch haben wir es hier mit Kräften zu tun, die weit über Ihr oder mein Verständnis hinausgehen, und daher müssen wir eine respektvolle Haltung gegenüber der wahren Quelle der Heilungsenergie einnehmen, die wir übermitteln. Wie ich bereits sagte, ist der beste und vielleicht einzige Weg, um die richtige Balance zwischen unserer irdischen Rolle und unseren himmlischen Idealen zu finden, zentriert und fokussiert zu bleiben. In unserem Zentrum werden alle Gegensätze vereint; dort entsteht unser Sinn für das Heilige, ohne daß wir etwas dafür tun müssen.

Ich persönlich mache vor jeder Heilungssitzung eine Visualisation und spreche während der Sitzung ein Gebet, um mich zu zentrieren und meinen Fokus zu halten. Bevor Sie daher eine Behandlung mit Therapeutic Touch durchführen, machen Sie folgendes:

Stellen Sie Ihre Füße fest auf den Boden, etwa schulterbreit auseinander. Fühlen und visualisieren Sie, wie die Energie Ihrer Beine und Füße sich tief im Boden verankert, und wie die Erde Sie in ihrer Umarmung hält. Fühlen Sie sich getragen von der Erde und genährt von der Energie der Großen Mutter, die von unten in Sie hineinströmt. Gleichzeitig spüren Sie, wie die oberen Ebenen Ihres Energiefelds bis in den Himmel hinaufreichen, so wie die Zweige eines Baumes, die sich zum Himmel strecken. Fühlen Sie, wie die Liebe des Himmels auf Ihr energetisches Feld hinabregnet, Sie umgibt und umhüllt. Sehen Sie die Liebe und Energie der Erde aufsteigen und sich mit der des Himmels vermischen. Visualisieren Sie, wie diese Energien Ihren gesamten Körper ausfüllen, nach unten in Ihre Arme und Hände strömen und aus Ihren Händen hinausfließen. Sie können jetzt heilende Energie an Ihren Patienten übermitteln.

Bevor ich mich nun meinem Klienten zuwende, spreche ich ein Gebet. Während der gesamten Heilungssitzung wiederhole ich dieses Gebet immer und immer wieder, um auf meine Arbeit konzentriert zu bleiben. Ich möchte dieses Gebet mit Ihnen teilen, so daß Sie es als Grundlage für die Entwicklung Ihres eigenen Gebets benutzen oder es selbst übernehmen können. Es geht folgendermaßen:

«Vater Mutter Gott, ich gebe mich selbst und diesen Patienten in Dein heiliges Licht, zum höchsten Wohl aller Beteiligten. Ich bitte darum, daß Du durch mich wirkst, um diesem Patienten Heilung zu bringen. Von Dir, durch mich, zu diesem Patienten. Ich bitte darum, daß Dein Wille geschehe, und ich danke für diese Heilung.»

Wenn Sie Ihr eigenes Gebet entwickeln möchten, rate ich Ihnen, die Sätze «Zum höchsten Wohl aller Beteiligten» und «Dein Wille geschehe» sowie einen Ausdruck der Dankbarkeit für die stattfindende Heilung mit einzuschließen. Diese Sätze unterstützen Sie in Ihren Bemühungen, das Ergebnis der höheren Macht des Tao zu überlassen. Erinnern Sie sich daran, daß Hingabe nicht bedeutet, aufzugeben, sondern die Kontrolle und das Ergebnis dem Großen Geheimnis zu überlassen, welches der wahre Heiler ist. Das Sprechen dieses Gebets ist ein Ausdruck Ihres Vertrauens in den Schöpfer und seine Macht zu heilen. Sie stellen damit Ihren Dienst und Ihre Teilnahme an diesem Prozeß zur Verfügung.

Während Sie Ihren Patienten behandeln, visualisieren Sie, wie die Dunkelheit, die energetischen Steine und Blockaden, die aus seinem Energiefeld gelöst werden, in das Licht und die Liebe des Himmels oder Äthers hinein absorbiert werden. Auch die Erde nimmt diese Energieblockaden, Steine und alten Muster auf und wandelt sie zu Elementen des Bodens um, die neues Wachstum und Leben hervorbringen.

Bevor Sie mit der Arbeit an Ihrem Patienten beginnen, machen Sie bitte auf jeden Fall die «Ei-Meditation», die weiter unten beschrieben wird. Dadurch werden Sie selbst vor energetischen Störungen und Krankheiten geschützt, an denen Ihr Klient möglicherweise leidet.

Bevor Sie beginnen, machen Sie sich klar, wie Sie sich fühlen

Ihre Zentrierungs- und Erdungsmeditation hat die Aufgabe, Sie in Kontakt mit Ihrem physischen Körper und Ihren Emotionen zu bringen. Sie werden merken, wie Sie sich fühlen, und wenn Sie Ihren Emotionen erlauben, vollständig an die Oberfläche zu kommen, wird Ihnen auch klarwerden, warum Sie sie haben. Leisten Sie solchen Emotionen keinen Widerstand und versuchen Sie nicht, sie oder die ihnen zugrundeliegenden Ereignisse zu unterdrücken, sondern nehmen Sie diese Gefühle an und respektieren Sie sie. Egal, was da an die Oberfläche kommt, sei es Ärger, Scham, Demütigung oder Konflikte, untersuchen Sie diese Gefühle und haben Sie Mitgefühl mit sich selbst. Solche Emotionen – und die Ereignisse, die sie ausgelöst haben – sind ein Teil dessen, was Menschsein bedeutet. Je mehr Sie darüber meditieren, um so besser werden Sie in der Lage sein, diese und andere Gefühle zu integrieren. Sie werden sehen können, welchen Mut es erfordert hat, durch diese Dinge hindurchzugehen. Mit der Zeit werden Sie dazu in der Lage sein, sich dafür auf eine Weise anzuerkennen, die Ihnen jetzt vielleicht noch nicht möglich ist. Sie werden auch immer geübter darin, Ihr Herz zu öffnen und in ein Bewußtsein des Nichtverurteilens und der Akzeptanz einzutreten.

Falls Sie sich jedoch im Moment nicht mit Ihren Emotionen aussöhnen oder Ihren inneren Frieden wiederherstellen können, ist es besser, an diesem Tag keine Therapeutic-Touch-Sitzungen durchzuführen.

Heftige Emotionen, besonders Ärger oder Haß, sind während einer Behandlung mit heilender Berührung nicht angebracht. Es besteht eine gute Chance, daß Sie solche Schwingungen auf Ihren Klienten übertragen. Oder Sie sind vielleicht nicht in der Lage, genügend Konzentration und Erdung aufzubringen, um sich selbst vor den Energien oder der Krankheit Ihres Klienten zu schützen. In diesem Fall ist es besser, wenn Sie die ganze Sache absagen und sie auf einen anderen Tag verschieben. In der Zwischenzeit arbeiten Sie an sich selbst. Erinnern Sie sich daran, was ich im ersten Kapitel gesagt habe: Die größten Anforderungen an einen Therapeuten für heilende Berührung sind diejenigen, die er an sich selber stellt. Sein Herz muß sich öffnen, und er muß liebevoller, mitfühlender, klarer und weniger fixiert auf das Ergebnis der Behandlung werden. Der Therapeut muß sich immer mehr auf die spirituellen Wurzeln seines Wesens zentrieren; dadurch bekommt er größere Klarheit darüber, wer er selbst ist, wer der Patient ist, und wer der Heiler ist.

Zentriert sein bedeutet, Ihre Grenzen zu respektieren

Als Therapeut für heilende Berührung leisten Sie einen unschätzbaren Dienst an Ihrem Klienten und einen Beitrag zu den Heilkünsten und für die Welt insgesamt. Sie übertragen einen enormen Schub heilender Energie auf Ihren Patienten, Energie, die für seine Genesung und Regeneration wesentlich ist. Indem Sie Menschen diesen Dienst anbieten, vermitteln Sie ihnen ein neues Werkzeug zur Wiederherstellung ihrer Gesundheit sowie ein neues Verständnis von Gesundheit, Krankheit und Leben an sich. Und schließlich dienen Sie als Instrument für Liebe und Heilung, etwas, das in unserer heutigen Welt selten ist.

Doch trotz dieser unglaublich wichtigen Rolle haben viele Therapeuten für heilende Berührung das Gefühl, sie müßten noch mehr tun oder sein, und machen dabei den Fehler, ihre eigenen Grenzen und die des Patienten zu überschreiten. Um bei Ihrer Arbeit als Heiler effektiv zu sein, müssen Sie sich der Reichweite Ihrer Methode bewußt sein. Erinnern Sie sich immer daran, daß Ihre Hauptfunktion darin besteht, als Übermittler von Heilungsenergie zu dienen. Was Ihr Patient mit dieser Energie macht, ist eine Sache zwischen ihm und Gott. Ihr Klient weiß bereits, was er braucht, um geheilt zu werden, obwohl ihm das vielleicht nicht bewußt ist. Sie müssen den Patienten in die Hände des universalen Heilers geben, um das Bestmögliche zu bewirken. Sie sind genausowenig für die Gesundung des Klienten verantwortlich wie für seine innere Disharmonie oder Krankheit und unterstützen ihn lediglich auf seinem Lebensweg und besonders in seinen Bemühungen, gesund zu werden. Ihre Aufgabe ist nur, Helfer, Diener und Therapeut für eine kraftvolle Heilmethode zu sein. Sie brauchen der betreffenden Person keine Diagnosen oder Einsichten in frühere Schwierigkeiten zu liefern und müssen weder Psychotherapeut, Arzt oder Krankenschwester sein, wenn dies nicht Ihr Beruf ist.

Manchmal werden Menschen sich mehr von Ihnen wünschen. Mit Sicherheit werden Sie zeitweise in Versuchung geraten, mehr geben und sein zu wollen, zum Teil deshalb, weil diese Methode soviel Vertrauen erfordert, besonders am Anfang, wenn Sie noch wenig Erfahrung haben und noch nicht gesehen haben, wie unglaublich viel Sie bei jemandem bewirken können, indem Sie diese scheinbar simple Arbeit machen. Dieser Mangel an Erfahrung kann Sie in Versuchung führen, Ihre Wissenslücken mit Versprechungen oder Spekulationen aufzufüllen. Widerstehen Sie dieser Versuchung mit aller Kraft. Werden Sie statt dessen sowohl zum Behandler als auch zum Erforscher dieser Methode. Sehen Sie selbst, was sie bewirken kann. Füllen Sie Ihr Leben und Ihre Arbeit in der Praxis mit wirklichen Erfahrungen an und lernen Sie die Methode, ihre Wirkung auf andere Menschen und ihre Kraft, das Leben zu verändern und die Gesundheit wiederherzustellen, wirklich kennen. Wenn Sie das tun, werden sich Ihre Worte auf Wahrheit und auf die Realität gründen anstatt darauf, was Sie denken oder gelesen haben. Die Methode funktioniert, aber Sie müssen Ihre Wirksamkeit selbst erfahren, bevor Sie in

Ihrem Herzen wissen, daß sie funktioniert. Lassen Sie sich selbst diese Erfahrung machen.

Befolgen Sie diese drei Regeln, und Sie werden sich in allen Situationen sicher fühlen:

1. Seien Sie ehrlich zu sich selbst; wenn Sie etwas nicht wissen, geben Sie dies vor sich selbst zu. Ihre Menschlichkeit zu akzeptieren ist eine der wundervollsten und transformativsten Erfahrungen, die Sie machen können. Je mehr Sie das zulassen können, um so mehr stehen Sie im Licht der Wahrheit, um so größer ist Ihre eigene Transformation und um so kraftvoller werden Sie.
2. Seien Sie ehrlich mit Ihrem Patienten; tappen Sie nicht in die Falle, Ihre eigene Rolle, Ihr Wissen oder Ihr Ego aufzublähen, selbst wenn das bedeutet, daß Ihr Klient sich zeitweise unbehaglich fühlt. Die Menschen haben ein natürliches Bedürfnis nach Beruhigung und Versicherungen, und Sie werden dieses Bedürfnis erfüllen wollen. Manchmal kann dieser gemeinsame Wunsch Sie jedoch dazu verführen, Dinge anzudeuten oder zu versprechen, deren Sie sich nicht sicher sein können. Es ist besser zu sagen: «Ich weiß es nicht», als Leuten Versprechungen zu machen, die sich nachher als falsch oder illusorisch erweisen. Wenn Sie die Wahrheit sagen, sind Sie zentriert und kraftvoll, auch wenn es sich bei der Wahrheit lediglich um das Eingeständnis Ihrer eigenen Begrenzungen handelt.
3. Respektieren Sie sich selbst. Sie erfüllen eine Rolle, die in anderen Kulturen und Traditionen zu den angesehensten und am meisten verehrten Funktionen der menschlichen Gesellschaft gezählt hat. Heutzutage sind alle Therapeuten für ganzheitliche Heilmethoden Pioniere, die den Menschen kraftvolle Werkzeuge für die Wiederherstellung ihrer Gesundheit zu bieten haben. Wir bringen der modernen Welt die Schlüssel zu ihrer Gesundheit zurück, die eine Zeitlang in

Vergessenheit geraten waren. Langsam, aber unaufhaltsam rückt ganzheitliches Heilen wieder an den Ehrenplatz zurück, der einst der natürliche Ort für Behandlungsmethoden wie Kräuterheilkunde, Akupunktur, chinesische Medizin, Ayurveda, Körperarbeit, Schamanismus und heilende Berührung war. Solange Sie bei der Anwendung Ihrer Methode klar sind, leisten Sie einen wichtigen Dienst, der durch keinen anderen Beruf ersetzt werden kann. Sie sind ein Angehöriger der Heilkünste, und Sie brauchen nicht mehr zu sein als das, was Sie sind. Mit wachsender Erfahrung werden Sie ganz unmittelbar lernen, daß das völlig ausreichend ist.

Meditationen zur Zentrierung

MEDITATION 1

Setzen Sie sich mit geradem Rücken auf einen Stuhl, die Füße flach auf dem Boden und die Hände auf den Knien. Entspannen Sie sich. Nehmen Sie einen tiefen Atemzug und fangen Sie an, beim Ausatmen ein «aaahhh» in Ihrer Kehle entstehen zu lassen. Nach ein paar Sekunden (zwei oder drei) pausieren Sie mit dem Ausatmen und dem Ton, ohne dabei den Hals zu verschließen; er sollte sich weiterhin offen anfühlen, so wie während des «aaahhh». Nach einigen Sekunden atmen Sie weiter aus. Wiederholen Sie dies zwei oder mehrere Male. Etwa beim dritten Mal müßten Sie feststellen, daß Sie den Atem länger anhalten können. Wenn Sie die Augen öffnen, sollte der Raum heller erscheinen als zuvor. Sie sind nun zentriert und wahrscheinlich in einem Alphazustand.

MEDITATION 2: DIE «EI-MEDITATION»

1. Sitzen Sie auf einem bequemen Stuhl, die Füße flach auf dem Boden und die Hände auf den Knien.
2. Nehmen Sie ein paar tiefe Atemzüge und beginnen Sie dann rhythmisch zu atmen. Konzentrieren Sie sich auf Ihren Atem und beobachten Sie ihn.
3. Lassen Sie dabei all Ihre Gedanken los. Wenn irgendein Gedanke in Ihrem Verstand auftaucht, beobachten Sie ihn wie ein Stück Treibholz, das in Ihr Bewußtsein hinein- und wieder hinaustreibt. Fühlen Sie, wie Ihr Bewußtsein immer tiefer in Ihren Körper eintritt.
4. Visualisieren Sie, daß Sie von einer eiförmigen Blase umschlossen sind, die Sie in einem Abstand von etwa Armeslänge umgibt. Stellen Sie sich die Begrenzung dieser Blase als eine Art starke, semipermeable Membran vor, etwa wie einen Schild aus Plexiglas, der nur positive, liebevolle Energien aus Ihrem Inneren aus der Blase austreten läßt; auch von außen her läßt diese Blase nur liebevolle, unterstützende und positive Energien zu Ihnen durch.
5. Gleichen Sie Vorder- und Rückseite dieses Eis oder dieser Blase so aus, daß sich die Energie auf allen Seiten gleich stark anfühlt. Dies schafft eine Balance im Energiefluß zwischen den vorderen und den hinteren Chakras.
6. Atmen Sie weiterhin gleichmäßig, langsam und rhythmisch und beobachten Sie dabei, an welchen Stellen im Körper Sie angespannt sind. Atmen Sie in diese Verspannung hinein und lösen Sie sie auf.
7. Nehmen Sie Ihre Körperhaltung wahr. Bleiben Sie zentriert und behalten Sie Ihre aufrechte Sitzposition bei, während Sie atmen.
8. Betrachten Sie den schützenden energetischen Schild als eine Manifestation unverwundbarer Liebe. Er ist so beschaffen, daß er Sie schützt, während Sie gleichzeitig anderen helfen können.

Diese Meditation soll keine Grenzen zwischen Ihnen und Ihrem Klienten oder zwischen Ihnen und der Welt aufbauen. Sie ist vielmehr so beschaffen, daß sie die Integrität Ihres eigenen Energiefeldes aufrechterhält, energetische Lecks schließt und Ihnen erlaubt, sich auf die Heilungsenergie zu konzentrieren, die Sie bei Ihrer Arbeit übermitteln. Die «Ei-Meditation» erschafft eine machtvolle Kugel um Sie herum, die Sie vor energetischen Störungen, Disharmonien und Krankheiten schützt, an denen Ihr Patient vielleicht leidet. Diese Blase besteht aus Ihren eigenen liebevollen Energien und schwingt daher in einer Frequenz, die undurchlässig für Disharmonien oder Störungen Ihres Klienten ist. So können sich negative Energien, die während der Sitzung von Ihrem Patienten freigesetzt werden, nicht an Sie anheften.

MEDITATION 3

In seinem Buch «Tao Yoga», beschreibt der koreanische Heiler und Lehrer Mantak Chia eine Meditation, die uns lehrt, das Chi durch unseren Körper zirkulieren zu lassen. Diese Meditation hilft uns als Therapeuten bei der Wiederherstellung unserer eigenen Gesundheit und dabei, unser Gleichgewicht und unsere innere Harmonie aufrechtzuerhalten. Ich betone noch einmal, daß es die Verantwortung des Behandlers ist – besonders wenn er mit Energieübertragung arbeitet –, sein eigenes energetisches Feld sauber, stark und gesund zu erhalten.

Setzen Sie sich in einem ruhigen, friedlichen Raum mit geradem Rücken auf einen bequemen Stuhl, die Füße flach auf dem Boden. Reiben Sie die Hände aneinander und massieren Sie kurz Ihre Hände, Füße, Arme und Beine. Lassen Sie den Kopf ein paarmal kreisen. Legen Sie Ihre Hände in den Schoß, wobei die Handflächen nach oben zeigen und die rechte Hand auf der linken ruht. Sie können die Augen schließen oder geöffnet lassen, obwohl das Visualisieren mit geschlossenen Augen einfacher ist. Dann gehen Sie die folgenden Schritte durch:

1. Schauen Sie nach unten in Ihren Körper und schicken Sie ein Lächeln an seiner Vorderseite entlang. Lächeln Sie in Ihre Augen hinein, lächeln Sie Ihrem Gesicht zu, Ihrem Hals, dem Herzen, dem Kreislaufsystem, den Lungen, Nieren und Nebennieren, der Leber, der Bauchspeicheldrüse und der Milz.
2. Nun schicken Sie Ihr Lächeln den Verdauungstrakt entlang. Lächeln Sie Ihrer Speiseröhre und Ihrem Magen zu. Schlucken Sie Ihren Speichel und lassen Sie ihn das Lächeln nach unten in diese Organe transportieren. Lächeln Sie Ihrem Dünndarm zu, dem Dickdarm, Rektum und Anus. Schlucken Sie weiter Speichel und visualisieren Sie, wie er Ihr Lächeln durch den gesamten Verdauungskanal hindurchtransportiert.
3. Richten Sie Ihre Aufmerksamkeit auf die Rückseite Ihres Körpers. Schicken Sie Ihr Lächeln die Wirbelsäule entlang, Wirbel für Wirbel.
4. Lockern Sie Ihren Kiefer und legen Sie die Zunge an den Gaumen.
5. Beenden Sie diese Meditation, indem Sie die Energie in Ihrer Nabelgegend sammeln. Lassen Sie sie in einer Tiefe von vier Zentimetern innerhalb des Nabels kreisen. Frauen sollten die Energie sechsunddreißigmal entgegen dem Uhrzeigersinn und vierundzwanzigmal im Uhrzeigersinn kreisen lassen. Für Männer gilt die umgekehrte Richtung – sechsunddreißigmal im Uhrzeigersinn und vierundzwanzigmal entgegen dem Uhrzeigersinn.

Wenn Sie diese Übung täglich machen, wird dieses innere Lächeln tiefe Veränderungen in Ihrem Leben bewirken, weil es die Muster des Energieflusses im gesamten Körper umstrukturiert.

Die folgende Meditation soll Ihnen als Heiler helfen, Ihre eigenen Energien zu zentrieren und zu reinigen.

ÜBUNG 4 – ZENTRIERUNG UND REINIGUNG

1. Nehmen Sie einige tiefe Atemzüge, entspannen Sie Ihren Geist und lassen Sie alle Gedanken und Worte los. Spüren Sie den entspannten Rhythmus Ihres Atems.
2. Stellen Sie sich etwa fünfzehn Zentimeter oberhalb Ihres Kopfes eine kleine Lichtkugel vor, die Ihre Seele repräsentiert. Darüber stellen Sie sich eine größere Lichtkugel vor, die die Sonne oder die Quelle aller lebenden Dinge (das Licht der Liebe) darstellt.
3. Langsam visualisieren Sie einen Lichtstrahl in allen Farben des Regenbogens, der von der Quelle durch Ihre Seele in Ihr Kronenchakra hineinreicht. Spüren Sie, wie das Kronenchakra die Farbe aufnimmt, die es braucht, um sich auszuweiten. Alles, was dort nicht länger von Nutzen ist, entlassen Sie in das Licht der Liebe.
4. Lassen Sie das Regenbogenlicht nun in Ihr Stirnchakra oder das dritte Auge hineinscheinen. Fühlen Sie, wie die Farbe, die dort benötigt wird, aus dem Regenbogen in das Chakra einströmt. Spüren Sie, wie dieser Bereich sich entspannt, und entlassen Sie alles, was dort nicht mehr gebraucht wird, in das Licht der Liebe.
5. Lassen Sie das Regenbogenlicht nun in Ihr Halschakra hinabsteigen und füllen Sie es mit Licht, so daß es sich ausweiten und alles Überflüssige loslassen kann.
6. Füllen Sie die Herzgegend mit Licht, so daß auch sie sich ausdehnt und losläßt.
7. Visualisieren Sie, wie das Licht in den Solarplexus einströmt, ihn weitet und von allem Überflüssigen befreit.
8. Als nächstes visualisieren Sie, wie sich die Energie nach unten ins Sakralchakra bewegt, es ausfüllt und reinigt.
9. Nun füllen Sie das Wurzelchakra mit diesem Licht, so daß es sich ausdehnen und alles Überflüssige loslassen kann.

10. Sehen Sie nun, wie sich der Lichtstrahl teilt und beide Beine hinunterwandert, durch Ihre Fußgewölbe austritt und tief in die Erde hineinreicht.
11. Fühlen Sie, wie Sie von den Farben des Regenbogens ganz ausgefüllt werden. Spüren Sie den Frieden und das Gleichgewicht, die damit einhergehen, und Ihre Verbindung mit der Quelle, während Sie sich in der Erde verwurzeln.
12. Wenn Sie bereit sind und es sich richtig anfühlt, öffnen Sie Ihre Augen und lassen Sie Ihr Licht nach außen scheinen.

All diese Techniken werden Ihnen helfen, sich zu zentrieren und sich in Ihren spirituellen Wurzeln zu verankern. Sie werden Ihnen auch dabei helfen, Ihr energetisches Feld ins Gleichgewicht zu bringen und den Zentralkanal in der Mitte Ihres Energiefelds zu öffnen, so daß die Energie frei durch Ihren Körper strömen und zu Ihrer eigenen Heilung beitragen kann.

Nun werden wir uns weiter mit dem Thema beschäftigen, wie wir anderen helfen können – besonders durch den Einsatz unserer Hände beim Heilen.

SIEBEN

Die Untersuchung des Energiefelds

Wenn ein Patient zum ersten Mal zu mir kommt, verbringe ich einige Zeit damit, seine spezifischen Probleme und Themen kennenzulernen. Ich bitte die betreffende Person, einen Fragebogen auszufüllen, der ihre jetzigen Beschwerden und ihren Gesundheitszustand beschreibt (s. Anhang 1). In diesem Fragebogen geht es um momentane gesundheitliche Probleme, die medizinische Vorgeschichte des Patienten, die Einnahme pflanzlicher oder anderer Medikamente und die Gründe, warum derjenige zu mir kommt. Wenn der Klient sich zu dem Zeitpunkt, zu dem er mich aufsucht, nicht in ärztlicher oder sonstiger medizinischer Behandlung befindet, empfehle ich ihm den einen oder anderen Arzt, dessen Arbeit ich respektiere. Nichts von dem, was ich mache, soll die Arbeit eines Arztes oder andere notwendige medizinische Behandlungen ersetzen. Heilende Berührung soll die Arbeit der Ärzte ergänzen und nicht mit ihr konkurrieren. Das ist besonders wichtig, wenn die betreffende Person an einer schweren Krankheit leidet.

Nach dem Ausfüllen des Fragebogens spreche ich mit dem Klienten über seine gesundheitlichen, psychischen und zwischenmenschlichen Probleme. Ich möchte die Person, mit der ich auf eine so intime Weise arbeiten werde, näher kennenlernen. Dieses Einführungsgespräch kann alle möglichen Aspekte im persönlichen Leben des Patienten berühren, die eine Quelle von Streß oder Disharmonie darstellen, von gesundheitlichen bis hin zu ehelichen oder finanziellen Problemen. Zusätzlich versuche ich bei diesem Kennenlernen auch herauszubekommen, an welcher Stelle im energetischen Feld des Patienten seine Probleme verwurzelt sein könnten. Während ich zuhöre, beobachte ich den Klienten und versuche zu beurteilen, welche Chakras oder sonstigen energetischen Bereiche an der jeweiligen Störung beteiligt sind, und wo ich mit meiner Arbeit beginnen sollte.

Nachdem ich einen Einblick in das Problem bekommen habe, führe ich eine Untersuchung des Energiefelds durch. Ich mache das bei all meinen Klienten, auch bei denen, die ich schon eine Zeitlang regelmäßig behandelt habe. Dazu lasse ich den Patienten auf einem Hocker sitzen, so daß sein energetisches Feld und sein Körper von allen Seiten zugänglich sind. (Wenn Sie keinen solchen Hocker haben, lassen Sie den Betreffenden auf einem Stuhl mit gerader Rückenlehne sitzen, so daß die Lehne sich an seiner linken oder rechten Körperseite befindet. So können Sie mit den Händen die Vorder- und Rückseite seines Energiefelds abtasten). Bevor ich mit der Sitzung beginne, bitte ich meinen Klienten auch, seine Schuhe auszuziehen, um später feststellen zu können, ob die Energie frei und ungehindert aus seinen Füßen fließt. Zunächst stelle ich mich hinter den sitzenden Patienten und zentriere mich. Währenddessen halte ich meinen linken Arm nach oben gestreckt, wobei die Handfläche zum Himmel gerichtet ist. Den rechten Arm halte ich seitlich in einigem Abstand zum Körper mit der Handfläche nach unten zur Erde (s. Foto Nr. 3, Anhang 2). Auf diese Weise nehme ich die Lebenskraft von Himmel und Erde auf, den beiden Polen des Lebens. In dieser Haltung spreche ich mein Gebet.

Wenn ich mich gut zentriert fühle, bringe ich die Hände in Höhe meines Schwingungskerns, knapp oberhalb des Nabels, vor dem Körper zusammen und lasse die in Kapitel 3 beschriebene schaumstoffartige Energiekugel zwischen meinen Händen entstehen. Sie ist weich, flauschig und elastisch und etwa so groß wie ein Basketball, vielleicht ein bißchen kleiner. Ich bewege die Kugel in meinen Händen auf den Rücken des Klienten zu, in

Höhe von dessen Schwingungskern, und visualisiere, wie sich mein Schwingungskern durch die Energiekugel mit dem des Patienten verbindet. Dann gehe ich auf die rechte Seite des Patienten und halte meine Hände etwa dreißig Zentimeter über seinen Kopf. Während ich die Energiekugel in das energetische Feld des Klienten hinein auflöse, «sehe» ich, wie sie dessen Lebenskraft stärkt. Langsam nehme ich die Hände auseinander und lasse sie simultan an der Vorder- und Rückseite des Energiefelds des Patienten hinabgleiten, wobei ich seinen energetischen Zustand untersuche. Meine Hände haben dabei einen Abstand von fünfzehn bis fünfundvierzig Zentimetern zum Körper des Klienten. Währenddessen spreche ich mein Gebet, um zentriert und frei von ablenkenden Gedanken zu bleiben.

Mit dem Tastsinn «sehen» und «hören»

Zwar untersuche ich das energetische Feld mit den Händen, in Wirklichkeit berühre ich es jedoch mit meinem ganzen Sein. Ich bin so auf die Energie eingestimmt, daß ich sie auf eine Weise spüre, die die Synthese all meiner physischen Wahrnehmungen bildet und gleichzeitig darüber hinausgeht. Es ist, als ob sich meine physischen Eindrücke mit denen meines höheren Selbst zu einer einzigartigen Intelligenz verbinden, einer vereinigten Wahrnehmung, die meine alltäglichen Sinne übersteigt. Während ich das Energiefeld auf diese Weise berühre, «höre ich ihm mit meinen Händen zu» und «sehe» es mit meinen Fingern; ich spüre auch etwas, das man als Geruch oder Geschmack bezeichnen könnte, was aber ebenfalls über die entsprechenden physischen Sinne hinausgeht.

Während ich das Energiefeld untersuche, bewege ich meine Hände vom Kopf des Patienten abwärts an der Vorder- und Rückseite seines Körpers entlang. Ich fahre mit meinen Händen sanft das energetische Feld über der Herzgegend (rechte Hand) und über der Rückseite der Lungen (linke Hand) ab, den Bereich über Magen und Nieren, über den unteren Eingeweiden und der Lendenwirbelsäule und über der Vorder- und Rückseite der Beine bis hinunter zu den Füßen. Dabei achte ich auf jedes Ungleichgewicht und jede Abweichung von der normalerweise elastischen, «Zuckerwatte-artigen» Konsistenz des Feldes. An den meisten Stellen fühlt sich das Feld elastisch und geschlossen an, als wäre dort eine eiförmige Energie mit einer deutlichen Begrenzung vorhanden. Wenn ich meine Hände weiter in die Peripherie des Feldes bewege, beginne ich manchmal Abweichungen zu spüren.

Veränderungen in Temperatur und Dichte wahrnehmen

Bei den meisten Menschen fühlt sich das Energiefeld überwiegend weich und elastisch an – es hat eine Konsistenz, die ich in Kapitel 2 als «Zuckerwatte-ähnlich» beschrieben habe. Auch Temperaturschwankungen kommen vor. Einige Stellen können sich kühl anfühlen, andere kalt; wieder andere Bereiche des Energiefelds fühlen sich warm an, und manchmal spüre ich deutliche Hitze.

Im allgemeinen spürt man keine wesentlichen Temperaturveränderungen, wenn man das Feld eines Klienten abtastet. Falls Sie jedoch einen Temperaturabfall bemerken – eine relativ kühle oder kalte Stelle –, bedeutet das häufig eine Energieverminderung, wie sie über Bereichen entsteht, die wenig Lebenskraft haben. Ein solcher Energiemangel kann darauf hinweisen, daß der entsprechende Körperteil vor langer Zeit verletzt worden ist, was eine verminderte Zirkulation von Blut, Lymphflüssigkeit und Lebenskraft in diesem Bereich zur Folge hat, die den Nährboden für eine Störung schafft. Die betreffende Person nimmt die zugrundeliegende Störung meist gar nicht wahr, bis sie in eine akute Phase eintritt; ihre energetischen Ursachen sind jedoch schon vorhanden, lange bevor sich die Störung im physischen Körper ausdrückt.

Verletzungen im Bereich des unteren Rückens sind ein gutes Beispiel für dieses Phänomen. Es passiert ziemlich häufig, daß eine akute Rückenverletzung bei jemandem auftritt, der sich einfach nur gebückt hat, um zum Beispiel eine Zeitung aufzuheben – eigentlich eine Tätigkeit, die den Körper nicht übermäßig beansprucht. Tatsächlich waren aber die Vorbedingungen für die Verletzung bereits lange in den Rückenmuskeln und Wirbeln vorhanden – manchmal länger als ein Jahrzehnt –, bis das zugrundeliegende Problem sich plötzlich aus einer latenten Phase heraus zu einer akuten Störung entwickelte. Das Aufheben der Zeitung war nur der sprichwörtliche «Tropfen, der das Faß zum Überlaufen brachte». Wenn eine latente Störung im Rücken vorhanden ist, geraten die Energien dort langsam immer mehr aus dem Gleichgewicht – einige Stellen bekommen zuviel Energie, andere zuwenig –, bis diese Extreme ein akutes Ungleichgewicht in der Rückenmuskulatur bewirken, das sich als übermäßige Kontraktion bestimmter Muskeln und exzessive Schwäche anderer Muskeln äußert. Normalerweise werden die Wirbel durch die Muskelspannung an ihrem Platz gehalten, welche auf der linken und rechten Seite der Wirbelsäule prinzipiell gleich ist. Es passiert jedoch häufig, daß die Muskeln der einen Seite sich zu stark kontrahieren und ihre Flexibilität verlieren; sie können sich nicht mehr normal entspannen und zusammenziehen. Andere Muskeln werden extrem schwach und können so die Wirbel und die übrigen Muskeln nicht mehr genügend stützen, das heißt, die Rückenmuskulatur übt auf der einen Seite der Wirbelsäule einen stärkeren Zug aus als auf der anderen. Schließlich kann eine ganz harmlose Aktion – wie zum Beispiel das Aufheben einer Zeitung – bewirken, daß sich die kontrahierten Muskeln verkrampfen und dadurch die Wirbel seitlich verziehen. Die geschwächten Muskeln der anderen Seite geben nach, so daß die Wirbelsäule sich auf unnatürliche Weise in Richtung der kontrahierten Muskeln verbiegt. Hierdurch werden die Wirbel zusammengepreßt und drücken auf die Nerven, was als akute Verletzung wahrgenommen wird. Wenn die Störung in eine solche Akutphase eintritt, entzündet sich der betroffene Bereich und wird heiß. Hitze ist oft ein Zeichen für eine gesteigerte Blutzirkulation, für Entzündungen und manchmal für Fieber – dies alles sind Symptome eines Akutzustandes.

Energetische Blockaden: «Steine» und «Felsbrocken»

Um die Natur energetischer Blockaden zu verstehen, müssen Sie sich klarmachen, daß sich die Energien ständig in großen Kanälen durch das energetische Feld bewegen, wie strömende Flüsse. Solange die Energie frei durch das Feld und den physischen Körper zirkuliert, kann Lebenskraft im Überfluß zu den Organen, Geweben und Zellen fließen, und damit haben wir Gesundheit und Harmonie im gesamten System. Disharmonie entsteht dann, wenn der Energiefluß blockiert wird. Ihre Aufgabe als Therapeut für heilende Berührung ist es, diese Blockaden zu entfernen und zusätzliche Lebenskraft in Bereiche zu schicken, die bisher energetisch unterversorgt waren.

Wenn ein Fluß durch Steine oder Ablagerungen blockiert wird, strömt das Wasser um die Blockade herum und bildet dabei Turbulenzen oder Strudel. Außerdem befindet sich vor dem Stein ein Überschuß an Wasser – es staut sich auf und schwappt hoch an dem Felsbrocken hinauf –, während es auf der anderen Seite niedrig ist. Die Seite des Steins, die der ankommenden Energie entgegengerichtet ist, hat also einen Energieüberschuß, während die gegenüberliegende Seite einen Energiemangel aufweist. Dasselbe gilt für das energetische Feld des menschlichen Körpers. Auch dort gibt es Blockaden, die Steinen oder Felsbrocken ähneln und an einigen Stellen Strudel und an anderen Stellen einen Energieüberschuß oder -mangel verursachen. Tatsächlich bildet sich vor der Blockade fast immer ein Energiestau und dahinter, sozusagen in «Lee», ein Defizit. Felsbrocken binden Lebenskraft oder halten sie fest, so daß sie nicht mehr frei in andere Bereiche des Energiefelds oder des Körpers fließen kann. Ein Beispiel dafür ist Wendy, die Patientin mit MS, von der ich in Kapitel 2 berichtet habe. Wendy hatte Blockaden im Nacken und einen Energiemangel in den Extremitäten.

Defizite im energetischen Feld können als Energiemangel in diesem Bereich wahrgenommen werden und manchmal als Löcher oder das, was ich Lecks nenne. Löcher oder Lecks entstehen nicht nur durch Blockaden an einer anderen Stelle des energetischen Feldes, sondern auch durch frühere Traumata, die dem Energiekörper Wunden zugefügt haben.

Löcher im Energiefeld: Die physische Entsprechung von Schuld- und Schamgefühlen

Löcher oder Lecks sind energetische Muster innerhalb des Feldes, die Energieverluste bewirken, welche plötzliche Emotionswechsel (für gewöhnlich ins Negative), einen Energieabfall oder den Verlust der persönlichen Integrität der betreffenden Person zur Folge haben können. Ein häufiges Anzeichen für ein solches Leck ist ein negatives emotionales Muster, das beständig, aber meist irrational ist. Lecks lösen Gefühle von Schuld, Scham, Ärger, geringer Selbstachtung und persönlichem Versagen aus.

Lecks im energetischen Feld und die entsprechenden emotionalen Muster entstehen meist in der Kindheit, wenn Kinder von ihren Eltern oder anderen Autoritätspersonen lernen, wie man auf schwierige Situationen reagiert, die oft mit persönlicher Verantwortung verbunden sind. Sie können auch durch körperlichen oder seelischen Mißbrauch verursacht werden. Ein solcher Mißbrauch verletzt das energetische Feld, indem er einen Riß oder ein Loch hervorruft. Wir müssen uns klarmachen, daß ein verbaler oder körperlicher Mißbrauch nicht nur ein physischer Akt ist, sondern sich auch auf einer energetischen oder Schwingungsebene abspielt. Eltern müssen ihr Kind nicht unbedingt schlagen, damit es sich verletzt fühlt: die Verletzung, die durch Worte entsteht, besonders wenn man jemanden in einem Zustand von Ärger oder Wut anschreit, kann genauso effektiv und manchmal sogar länger anhaltend sein. Manchmal ist das genau der Grund, warum diese Worte ausgesprochen werden, obwohl wenige Menschen dies zugeben würden: Sie sollen «verletzen». Der Effekt solcher verbaler oder energetischer Attacken auf das Energiefeld ist ähnlich, wie wenn Sie mit der Faust auf Ihren Arm einschlagen würden. Wenn Sie eine Zeitlang auf Ihren Arm einschlagen, platzen die Kapillaren, und der Arm wird grün und blau; wenn Sie noch weiter schlagen, platzt irgendwann die Haut, und wenn Sie dann noch nicht aufhören, bricht schließlich der Knochen. Energetische Attacken auf das Energiefeld einer Person werden durch die emotionale Schwingung und die Absicht bewirkt, die in die Worte oder das entsprechende Verhalten eingebettet sind. Diese Schwingung verursacht eine richtige Wunde im Energiefeld, genauso wie beim Einschlagen auf Ihren Arm eine physische Wunde entsteht. Eine emotionale oder psychische Wunde zieht einen ständigen Energieverlust aus dem Feld des Kindes – und später des Erwachsenen – nach sich, bis sie geheilt wird.

Jedes menschliche Wesen verläßt sich darauf, daß sein energetisches Feld ihm ein klares Identitätsgefühl vermittelt, ihm Grenzen gibt, die das Ausmaß seiner Verantwortung in allen möglichen Situationen definieren. Die eigenen Grenzen zu kennen bedeutet, sein Leben unter Kontrolle zu haben. Wenn das Feld eines Kindes ein Loch (oder auch mehrere Löcher) hat, kann das Kind kein gesundes Gefühl für seine Grenzen entwickeln und bekommt kein klares oder realistisches Verständnis von persönlicher Verantwortung. Ohne solche Grenzen wird Lebensenergie aus dem Feld des Kindes abgezogen, sein Identitätsgefühl wird geschwächt, und es wird in einem ungesunden Ausmaß anfällig für Beeinflussungen durch die Werte, Identitäten, Bedürfnisse und Wünsche anderer Menschen. Das kann dazu führen, daß das Kind sich so mit einem anderen menschlichen Wesen identifiziert, daß es dessen Wünsche als seine eigenen empfindet und sein einziger Lebenszweck darin besteht, einem anderen zu gefallen. Solange nicht alle in seiner Umgebung einschließlich der Familienmitglieder und anderer Schlüsselpersonen glücklich und zufrieden sind, kann dieses Kind kein Selbstwertgefühl empfinden. Das bedeutet natürlich, daß es niemals glücklich oder zentriert sein kann. Es wird immer versuchen, es anderen recht zu machen, weil seine Lebenskraft sich ständig mit der von anderen überlappt, so daß es sich zu sehr mit deren Bedürfnissen identifiziert. Dieses emotionale und energetische Muster beeinflußt die Ansichten eines Kindes über sich selbst, über seine Familie und die Welt insgesamt. Es hat einen Einfluß darauf, wie ein Kind Erfahrungen interpretiert und wie gut es seine eigenen Stärken in bestimmten Situationen nutzen kann.

Selbst wenn solch ein Kind erwachsen geworden ist, wird es immer noch Schuldgefühle oder Angst empfinden, wenn es auf ähnliche Situationen trifft wie die, welche ursprünglich das Loch oder das energetische Leck verursacht hat. Wieder und wieder wird dieser Mensch das Gefühl für seine Identität, seine Perspektiven, seine Grenzen und seinen Selbstschutz verlieren. In gewisser Weise ist er blind für die Realität; statt dessen empfindet er Schmerz, oder – besser gesagt – er wiederholt das Erlebnis eines alten, immer weiter wirkenden und ständig wiederkehrenden

Schmerzes. Es ist immer dasselbe alte Drama: Jemand, der ihm nahesteht, ist nicht glücklich, und er fühlt sich schuldig am Schmerz dieser Person, so daß er selber nicht glücklich sein kann. Dadurch kommt es bei ihm zu einem Energieverlust und zu einem Verlust seiner Integrität, und er durchlebt all die alten Gefühle – Schuld, Scham, Ärger und Ungerechtigkeit – noch einmal. Im Grunde seines Wesens hat er das Gefühl, er verdiene es nicht, zu leben und geliebt zu werden, besonders nicht von sich selbst. Um diese Gefühle zu kompensieren, tut er oft mehr, als er eigentlich müßte, was eine enorme Verausgabung seiner Energie zur Folge hat. Das Lob, das er dafür bekommt, reicht ihm als Belohnung meist aus – zumindest für eine Weile – und kann zu einem hohen Grad an Selbstverleugnung führen. Ein solcher Mensch entwickelt mit der Zeit eine immer größere Selbstabwehr. Irgendwann kommen zwar auch seine eigenen Bedürfnisse an die Oberfläche, aber da er dazu erzogen wurde, sich selbst zu verleugnen und dieses Verhalten auch aufrechterhält, ist das Ergebnis oft Ärger und Verbitterung. Dadurch entsteht ein Muster ständiger energetischer Lecks.

Ein Loch im energetischen Feld hat in gewissem Ausmaß ständig kleinere Energieverluste zur Folge, auch in Situationen, in denen der betreffende Mensch nicht unmittelbar dazu gebracht wird, sich unterlegen oder beschämt zu fühlen. Lecks haben einen ständigen Abfluß von Energie zur Folge, und das ist der Grund, warum jemand, dessen Lecks – selbst für kurze Zeit – geschlossen werden, einen plötzlichen Energieschub und einen Anstieg seiner allgemeinen Vitalität erlebt. Darum bin ich der Meinung, daß das Schließen von energetischen Lecks eine der wichtigsten Aufgaben heilender Berührung ist.

Schuldgefühle: Die Wunde, die sich selbst am Leben erhält, indem sie uns blind für ihre Existenz macht

Schuld und Scham sind die häufigsten Emotionen, die an die Oberfläche kommen, wenn Lecks im energetischen Feld freigelegt werden. Schuld gibt uns das Gefühl, wir hätten etwas tun sollen, was wir nicht getan haben, oder wir hätten etwas nicht tun sollen, was wir getan haben. Unsere Schuldgefühle werden durch das Glaubensmuster ausgelöst, daß wir mehr hätten sein können, als wir waren. Dies ist eine Illusion. Sie können zu keiner Zeit mehr sein als das, was Sie gerade sind. Sie begegnen jeder Situation mit den physischen, psychischen und spirituellen Ressourcen, die Ihnen in diesem Moment zur Verfügung stehen, und es ist Ihnen auch nicht möglich, mehr oder weniger zu tun oder zu sein.

Um das Gefühl der Schuld besser verstehen zu können, müssen wir den Unterschied zwischen Schuld und Reue betrachten. Schuld ist ein chronisches Gefühl, eine ungeheilte Wunde, die uns daran erinnert, daß wir Heilung benötigen. Reue dagegen ist ein Gefühl tiefer Bekümmerung darüber, daß wir jemanden verletzt haben. Tiefempfundene Reue führt zu Veränderung. Schuld dagegen hat die Tendenz, die alten Muster aufrechtzuerhalten. Das ist das Paradoxe bei Schuldgefühlen – man sollte denken, weil sie so unangenehm sind, würden sie uns daran hindern, dasselbe Muster zu wiederholen, aber sie funktionieren nicht so. *Schuld hindert uns daran, unseren Schmerz genauer zu untersuchen.* Durch Schuld entsteht ein Schmerz, der undefinierbar und undurchsichtig ist. Oft sind wir uns nicht sicher, warum wir uns schuldig fühlen; wir wissen nur, *daß* wir uns schuldig fühlen. Doch das zugrundeliegende Gefühl dabei ist, daß wir irgendwie ein anderer Mensch hätten sein sollen als der, der wir waren oder sind.

Schuld ist eine Wunde im energetischen Feld, durch die Energie verlorengeht. Bestimmte energetische Muster innerhalb des Feldes und im Verhalten und Denken der betreffenden Person können die Wunde am Heilen hindern. Als Konsequenz treten dieselben Gefühle jedesmal wieder auf, wenn man in eine Situation gerät, die derjenigen ähnelt, welche die ursprüngliche Wunde verursacht hat.

Schuld und Scham bewirken bei uns allen auf eine subtile und doch machtvolle Weise, daß wir den Sinn für unsere Integrität, unseren Selbstschutz und unsere Zentriertheit verlieren. Unabhängig davon, wer die Person ist, die bewirkt hat, daß Sie sich schuldig fühlen – es ist ihr gelungen, eins dieser Lecks zu öffnen. Wenn das passiert, überlassen Sie sich selbst dem Urteil dieses Menschen über Sie, als ob derjenige einen größeren Anspruch auf die Wahrheit hätte als Sie selbst. Ihre eigene persönliche Integrität ist zusammengebrochen; Sie fühlen sich geschwächt, unsicher und können Ihre Grenzen nicht mehr richtig spüren, als ob Sie kein klares Gefühl mehr dafür hätten, wer Sie sind, wo Sie anfangen und wo Sie enden. Dieser Verlust an Klarheit hängt mit dem Zusammenbruch Ihrer energetischen Begrenzung zusammen, einer Begrenzung, die Sie schützt, definiert und umhüllt und Ihnen ein Gefühl von Integrität, Ganzheit und Stärke vermittelt.

Nach Hinweisen suchen, die den Verlauf der Heilung bestimmen

Wenn ich eine Störung – egal, welcher Art – im Energiefeld lokalisiert habe, merke ich mir den betroffenen Bereich, das am nächsten gelegene Chakra und seine Beziehung zum Körper. Ich suche nach Anhaltspunkten, die mir Hinweise für die Quelle oder Quellen der Störung geben. Wenn das Ungleichgewicht sich zum Beispiel über der Herzgegend befindet, fasse ich die Möglichkeit einer Disharmonie im Herzchakra ins Auge, die Möglichkeit eines ungelösten emotionalen Konflikts und vielleicht auch eine Herzerkrankung. Stelle ich ein Ungleichgewicht über dem Unterbauch fest, befasse ich mich mit dem Gesundheitszustand des Dickdarms oder der Geschlechtsorgane; liegt es über dem Solarplexus, beschäftige ich mich mit der Leber (besonders wenn sich die Störung auf der rechten Seite des Körpers befindet), der Milz und der Bauchspeicheldrüse (wenn die Störung links ist) oder dem Magen (wenn sie direkt in der Mitte liegt). Ein Ungleichgewicht über dem Solarplexus oder dicht darunter könnte auch bedeuten, daß etwas mit Magen oder Dünndarm nicht in Ordnung ist.

Ich behalte dabei auch den Verlauf der Energiespirale im Auge, die uns zeigt, wie die Energie sich durch die Chakras bewegt und sie nährt. Wie Sie sich von Kapitel 4 her erinnern werden, fließt die Energie in der folgenden Reihenfolge durch die Chakras: vom vierten zum dritten Chakra, dann zum fünften, zum zweiten, sechsten, ersten und siebten. Kopfschmerzen (eine Störung, die zum sechsten Chakra gehört) können durch ein Ungleichgewicht im ersten oder zweiten Chakra ausgelöst werden. Die Ursache für Halsentzündungen (eine Störung des fünften Chakras) kann in einem Ungleichgewicht des dritten oder zweiten Chakras liegen. Immer wenn ich auf ein Symptom stoße, halte ich nach Störungen in dem entsprechenden Chakra Ausschau. Ich untersuche auch die Chakras, die direkt ober- oder unterhalb der Störung liegen, und suche nach Hinweisen für einen Energieüberschuß oder -mangel, der ein Ungleichgewicht im benachbarten Chakra hervorrufen könnte. Das trifft besonders dann zu, wenn es sich um einen chronischen Zustand handelt, der durch die üblichen medizinischen Behandlungsmethoden nicht geheilt werden konnte.

Die Körperhaltung als Ausdruck energetischen Ungleichgewichts

Sowohl im energetischen Feld als auch im physischen Körper herrscht ein dynamisches Gleichgewicht. Ein Überschuß an einer Stelle hat typischerweise einen Mangel an einer anderen Stelle zur Folge. Beide Extreme wirken zusammen und rufen oft sichtbare Verformungen des physischen Körpers hervor. Die Körperhaltung ist ein hervorragendes Beispiel dafür. Sie läßt deutlich erkennen, wo ein Energieüberschuß oder -mangel herrscht. Wenn Sie zum Beispiel jemanden mit einer stark entwickelten oberen Rückenpartie und eingezogenem Brustkorb sehen, wirkt diese Haltung von der rechten Seite betrachtet wie eine deutliche S-Kurve mit nach hinten gewölbter Schulterpartie und eingefallenem Oberbauch. Der obere Rücken erscheint massiver und fleischiger als normal, der Brustkorb kleiner und eingefallen, und der Unterbauch wird nach vorne gedrückt. Eine solche Haltung macht tiefes Atmen unmöglich; das heißt, die Atmung ist im oberen Bereich der Lungen aktiver als im unteren. Der obere Teil der Lungen dehnt sich aus und hat einen Energieüberschuß – hier wird die meiste Atemarbeit geleistet –, während die unteren Lungenlappen zusammengedrückt werden und energetisch unterversorgt sind. In einem solchen Fall findet man mit großer Wahrscheinlichkeit starke Energieblockaden über Nacken und Rücken, die die Lebensenergie daran hindern, tief in die Lungen hineinzuströmen. Ohne genügend Lebenskraft ziehen sich die unteren Teile der Lungen zusammen, verkümmern und verursachen schließlich Symptome.

Wenn die Atmung flach ist, muß das Herz stärker arbeiten, um genügend Sauerstoff zu den Zellen pumpen zu können; dies führt zu einer Beschleunigung der Herzfrequenz. Aller Wahrscheinlichkeit nach ist das Herz müde und überanstrengt, das heißt, seine Arbeitsleistung ist trotz – oder besser gesagt wegen –

des schnellen Herzschlags ungenügend. Der Dünndarm, der für die Absorption von Nährstoffen verantwortlich ist, befindet sich wahrscheinlich in einem kontrahierten Zustand, das heißt, sein Lumen ist verengt. Dadurch werden die Dünndarmzotten – fingerähnliche Fortsätze in diesem Organ, die die Nährstoffe absorbieren – mit Bakterien überzogen und verfangen sich untereinander, so daß sie die Nahrung nicht mehr optimal aufnehmen können. Der Dickdarm, verantwortlich für die Absorption von Wasser und die Ausscheidung von Abfallstoffen, vergrößert sich und wird träge. Er schwillt an, verliert seinen Muskeltonus und kann letztendlich eine Divertikulose entwickeln. Auch er hat einen Mangel an Lebenskraft oder Energie. Dies zeigt sich durch die Einziehung des Oberbauchs und den angeschwollenen Unterbauch. Kurz gesagt leidet die betreffende Person an einer Reihe von Störungen, die das Herz, die Lunge und die Verdauung betreffen, einschließlich Verstopfung oder Durchfällen. Diese Art der Körperhaltung ruft unweigerlich Probleme im zweiten Chakra (Unterbauch), im dritten (Solarplexus), vierten (Herz) und fünften Chakra (Hals) hervor.

Viele Männer mittleren Alters haben einen stark vorgewölbten Bauch, besonders im Bereich des Solarplexus (drittes Chakra), während die Nierengegend (zweites Chakra) nach innen und vorn eingezogen ist. Diese Haltung wirkt wie ein Bogen oder eine einzige lange Vorwärtskurve des gesamten Rumpfes. Der Betreffende muß dabei nicht besonders übergewichtig sein; die Vorwölbung und Schwellung des Bauches ist weitgehend von dem zugrundeliegenden Ungleichgewicht abhängig. Von der Seite betrachtet scheint eine solche Person fast nur aus Vorderseite und kaum aus Rückseite zu bestehen. Diese Haltung ist besonders häufig bei Geschäftsleuten zu finden, die ständig damit zu tun haben, Zeitpläne oder Termine einzuhalten und bestimmte Geschäftsinteressen durchzudrücken. Im dritten Chakra staut sich ein Überschuß an Energie und meist auch Frustration. Die Leber ist geschwollen und energetisch gestaut, die Nebennieren überanstrengt, erschöpft und zusammengezogen. Auch die Lebenskraft der Nieren ist ermüdet, das heißt, beide Nieren und das zweite Chakra sind geschwächt und weisen einen Energiemangel auf. Für einen solchen Menschen ist das Leben ein ständiger Kampf um das Überleben des Stärkeren.

Gelegentlich werden Sie auf Menschen treffen, deren Haltung ziemlich aufrecht und entspannt ist, abgesehen von einem Bäuchlein unterhalb der Gürtellinie und einem leicht eingezogenen Solarplexus. Im allgemeinen gibt es zwei Typen von Menschen mit dieser Haltung: der eine hat erhebliches Übergewicht und ist ziemlich rundlich, der andere ist lang und dünn (bis auf das kleine Bäuchlein). Bei beiden Typen ist das zweite Chakra geschwächt und energetisch unterversorgt, was bei Männern auf Prostatabeschwerden und bei Frauen auf Probleme mit den Eierstöcken schließen läßt. Außerdem deutet diese Haltung auf einen geschwollenen Dickdarm und eine geschwächte Ausscheidung hin. Der schwache Solarplexus-Bereich in Verbindung mit dem energetisch unterversorgten zweiten Chakra läßt auf eine Person mit einem sehr schwachen Willen schließen; dies drückt sich jedoch bei beiden Typen unterschiedlich aus, besonders bei Männern. Der rundliche Typ ist normalerweise fröhlich, positiv eingestellt und zufrieden mit seinem Schicksal. Bei dem großen schmächtigen Typ findet man üblicherweise Unzufriedenheit, die aber unterdrückt ist. Er denkt nicht viel über seine Lebensumstände nach. Es ist so, als wäre etwas in ihm abgeschaltet worden; er hat es aufgegeben, um Wachstum oder Erfolg zu kämpfen. Er kommt irgendwie zurecht, kann nichts richtig genießen und macht den Eindruck, als würde er auf einer gewissen Ebene schlafen.

Im allgemeinen haben Energieüberschüsse und -mängel die Tendenz, sich auszugleichen und als Gegenspieler zu wirken. Häufig setzen sich energetische Überschüsse, Blockaden und Steine an Stellen akuter Anspannung wie Schultern, Nacken, Kopf und Becken fest. Einen Energiemangel findet man häufig in Brustkorb, Lunge, Herz und Sexualorganen. Manchmal hat die rechte

Körperseite zuviel Energie, während die linke energetisch unterversorgt ist oder umgekehrt. Häufig werden Sie einen Energiestau in der Leber (auf der rechten Körperseite direkt unter den Rippen) finden, während die Milz und die Bauchspeicheldrüse (die in der gleichen Höhe auf der linken Seite liegen) einen Energiemangel aufweisen.

Wann immer Sie ein Ungleichgewicht in der Körperhaltung entdecken, benutzen Sie Ihre Hände, um das energetische Feld dort näher zu untersuchen. Konzentrieren Sie sich und fühlen Sie die Energie mit Ihrem ganzen Sein. Erforschen Sie das Feld mit Ihren Händen, dem Herzen und dem Verstand, um festzustellen, wo Blockaden, energetisch unterversorgte Stellen und Löcher vorhanden sind. Fühlen Sie, wo Verspannungen sitzen, und registrieren Sie Temperaturveränderungen, energetische «Steine» und Lecks. Vertrauen Sie Ihrer Intuition und Ihrem Tastsinn, aber seien Sie bescheiden. Fragen Sie die betreffende Person behutsam nach Verdauungsstörungen, wenn Sie mögliche Störungen im Verdauungstrakt wahrnehmen, oder nach Herzklopfen, wenn Sie einen Energiemangel oder -überschuß im Herzen spüren. Falls Sie ein Ungleichgewicht im Herzchakra feststellen, nehmen Sie nicht gleich als gegeben an, daß der Betreffende an einer Herzerkrankung leidet. Sie sollten Ihren Patienten immer fragen, ob er irgendwelche Symptome in dem Bereich hat, wo Sie Probleme spüren; falls dies zutrifft, bitten Sie ihn, einen Arzt aufzusuchen.

Wenn die Energien von Heiler und Patient verschmelzen

Während einer Behandlung mit Therapeutic Touch teilen Sie und die Person, mit der Sie arbeiten, dieselbe Lebensenergie. Ich habe festgestellt, daß dieser Energieaustausch in beiden Richtungen stattfindet, so daß während der Sitzung Informationen zwischen beiden Beteiligten hin und her fließen. Diese Kommunikation findet auf unterschiedliche Art statt. Es kann sein, daß Sie während der Sitzung gewisse Symptome in Ihrem Körper spüren wie plötzliche Bewegungen, Verkrampfungen, Hitze, Kribbelgefühle oder leichte Schmerzen. Häufig treten solche Symptome auf, weil Sie so auf den Körper und das energetische Feld des Patienten eingestimmt sind, daß Sie genauso auf die Behandlung reagieren wie er. Veränderungen, die im Energiefeld und Körper des Klienten stattfinden, werden in Ihrem eigenen System reflektiert, wenn auch auf eine abgemilderte und zeitlich begrenzte Weise. Durch diese Empfindungen können Sie sich in Ihrer Arbeit führen lassen. Wenn Sie das Gefühl haben, es sei angebracht, teilen Sie Ihrem Patienten mit, was Sie empfinden, und fragen Sie ihn, ob er ähnliche Symptome verspürt. Gleichzeitig sollten Sie sich von solchen Schmerzen oder Empfindungen nicht zu sehr in Beschlag nehmen lassen, da sie im allgemeinen nicht aus Ihrem eigenen System stammen. Wenn Sie ähnliche Empfindungen während des Zentrierens noch nicht gehabt haben, ist es unwahrscheinlich, daß sie ihren Ursprung in Ihrem eigenen Körper haben. Danken Sie diesen Gefühlen dafür, daß Sie sich von ihnen führen lassen können, und lassen Sie sie los, während Sie ausatmen. Wenn Sie mehr Erfahrung als Behandler gesammelt haben, werden Sie solche Symptome in Ihrem Körper nicht mehr zur Führung brauchen.

Eine andere Art des Informationsaustausches zwischen Ihnen und Ihrem Patienten sind Bilder oder Symbole, die plötzlich in Ihrem Geist auftauchen, so wie während meiner Sitzung mit Wendy. Der Geist ist nicht auf das Gehirn beschränkt, sondern hat seinen Sitz auch im energetischen Feld. Während einer Behandlung mit heilender Berührung befinden Sie sich sozusagen im Energiefeld des Patienten; Sie berühren seinen Geist. Kraftvolle Bilder, die das Leben dieses Menschen geformt haben, sind noch in seiner Psyche gespeichert und können leicht von seinem

Feld in Ihres übergehen und dann plötzlich in Ihr Bewußtsein eintreten. Es kann sogar sein, daß Sie dieselben Gedanken und Emotionen haben wie der Behandelte, einschließlich plötzlicher Gefühle von Angst, Unbehagen oder Ärger.

Ich kann gar nicht genug betonen, wie wichtig es ist, sich zu Beginn jeder Behandlung zu zentrieren und während der Behandlung in Ihrer Mitte zu bleiben. Wann immer Sie während einer Heilungssitzung Bilder oder Emotionen empfangen, verdoppeln Sie Ihre Konzentration, indem Sie sie auf Ihr Gebet richten. Dies wird Ihnen während und nach der Behandlung Schutz bieten.

Bevor ich das Gefühl habe, daß sich zwischen meinem Klienten und mir eine vertrauensvolle Verbindung aufgebaut hat, vermeide ich es, irgendwelche Bilder oder Emotionen, die während der Sitzung bei mir auftauchen, mit ihm zu besprechen. Natürlich ist die Zeit, die benötigt wird, um eine solche Verbindung herzustellen, von Person zu Person sehr unterschiedlich, und nur Sie können bestimmen, wann der richtige Zeitpunkt für so ein Gespräch gekommen ist. Wesentlich dabei ist, daß Sie nach einem solchen energetischen Informationsaustausch keine voreiligen Schlüsse ziehen. Ihre Interpretationen müssen erstens korrekt sein und zweitens zu einem Zeitpunkt mitgeteilt werden, wenn der Klient bereit ist, solche Informationen anzuhören und zu akzeptieren. Warten Sie den richtigen Moment ab und teilen Sie dann Ihre Erfahrungen auf eine behutsame und bescheidene Weise mit. Am besten fragen sie die betreffende Person einfach, ob das Bild, das Sie gesehen oder das Gefühl, das Sie gespürt haben, irgendeine Resonanz bei ihr hervorruft. Sie können denjenigen zum Beispiel fragen: «Sagt Ihnen dieses Bild (oder Gefühl) etwas?» Falls er nein sagt, speichern Sie die Erfahrung einfach in Ihrem Gedächtnis ab. Es kann sein, daß das Thema bei Ihrem Klienten später wieder auftaucht, wenn er bereit ist, darüber zu sprechen, oder daß Sie selbst zu einem späteren Zeitpunkt eine klarere Einsicht in Ihre Erfahrung bekommen, die Ihnen für die Behandlung nützlich sein kann.

Wir müssen immer den Grundsatz im Gedächtnis behalten, den ich in Kapitel 1 erwähnt habe: Das Heilen stellt große Ansprüche an den Heiler und weniger an den Patienten. Ihre Arbeit mit Therapeutic Touch wird Sie zwingen zu wachsen, und zwar ziemlich schnell, zum Teil deshalb, weil Sie mit Themen anderer konfrontiert werden, die eine Auseinandersetzung mit den gleichen oder unterschiedlichen Themen bei Ihnen selbst auslösen werden. Eine Person im Endstadium einer lebensbedrohlichen Krankheit wird Ihre persönlichen Ängste wachrufen; jemand, der schreckliche Traumata erlebt hat, wird Sie tief berühren, und ein Klient, den Sie nicht mögen, wird Sie zwingen, Ihre eigenen alten Verletzungen zu betrachten. Jeder, den sie behandeln, wird Ihnen eine spezielle Herausforderung bieten, die Sie alleine lösen können, denn jeder dieser Menschen wird Sie zu einer Konfrontation mit sich selbst zwingen. Jeder, mit dem Sie arbeiten, wird zu Ihrem Lehrer und sollte als solcher geehrt und geachtet werden.

Den Patienten erden, indem Sie seine «Füße öffnen»

Den Abschluß der Untersuchung bildet ein Schritt, den ich «das Öffnen der Füße» nenne, wobei wir die Energie, die durch den Körper nach unten strömt, durch die Füße abfließen lassen, so daß sie sich mit der Erde vereinigen kann. Dieser Schritt vermittelt der Person, mit der Sie arbeiten, ein tiefes Gefühl körperlicher, psychischer und spiritueller Stabilität. Er ermöglicht auch das Abfließen von Energien, die in den oberen Teilen des Körpers gestaut und blockiert sind. Häufig führt dieser Schritt allein zu einer Harmonisierung des gesamten Feldes und kann viele schmerzhafte Symptome in der oberen Körperhälfte lindern, besonders Kopfschmerzen.

Die meisten Menschen beschäftigen sich Tag für Tag mehr mit geistiger als mit körperlicher Arbeit. Dadurch verlagert sich die Energie aus den unteren Regionen ihres Körpers nach oben, besonders in den Kopf, den Nacken und die Schultern. Zusätzlich hat Streß eine Verschiebung von Energie und Nervenaktivität zur Peripherie des Körpers zur Folge, eine Reaktion, die durch das sympathische Nervensystem vermittelt wird und als Flucht-oder-Kampf-Reaktion bekannt ist. So bewirken intellektuelle Arbeit und Streß zusammen, daß Energie aus der Mitte unseres Seins in die Körperperipherie verlagert wird, besonders ins Gehirn. Dadurch entsteht ein energetisches Ungleichgewicht. Die oberen Teile des Körpers wie Schultern, Nacken und Oberarme können einen Energiestau und -überschuß entwickeln, während die Organe in der Körpermitte wie Leber, Magen, Verdauungstrakt und Sexualorgane energetisch unterversorgt und geschwächt werden. (Mehr über streßbedingte Disharmonien finden Sie in Kapitel 9.) Daher versuche ich, Energie aus der Peripherie und den oberen Körperregionen nach innen und unten zu ziehen, indem ich die Füße öffne. Das wird folgendermaßen gemacht:

Wenn ich bei meiner Untersuchung des Energiefelds unten an den Beinen angekommen bin, massiere ich sanft die Muskeln und Sehnen auf der Rückseite der Knie, besonders die Punkte direkt in der Mitte der Kniekehlen, wo – wie Sie sich erinnern werden – sekundäre Chakras liegen. Ich massiere diese Stelle langsam und gleichmäßig, und das ist das erste und manchmal einzige Mal, daß ich den physischen Körper direkt berühre. Nachdem ich mich einige Minuten mit der Kniekehle beschäftigt habe, arbeite ich mich langsam weiter nach unten vor und massiere die Wade, die Achillessehne und dann die Fußsohle auf eine tiefe, behutsame und rhythmische Weise. (Ich bearbeite jedes Bein und den dazugehörigen Fuß einzeln.)

Während ich massiere, versuche ich bewußt, Energie aus den oberen Körperregionen in die Unterschenkel und Füße zu ziehen. Sie werden sich sicher an die Übung in Kapitel 3 erinnern, wo wir Energie aus einem Teil des Körpers abgezogen und sie an einer anderen Stelle wieder hineingeschickt haben. Hier visualisiere ich, wie ich Energie aus Kopf, Brustkorb, Bauch, Hüften und Oberschenkeln abziehe und sie nach unten in die Wadenmuskeln, Achillessehnen und Fußsohlen leite. Die Massage und das Abziehen von Energie bewirkt eine Zentrierung des Patienten, einen Energieausgleich im gesamten Körper und eine Stabilisierung seines energetischen Felds.

Dann versuche ich, «die Füße zu öffnen», indem ich die sekundären Chakras an den Fußsohlen berühre. Dadurch kann die Energie, die ich nach unten in die Füße gebracht habe, abfließen und ihre natürliche Verbindung zur Erde herstellen, was dem Patienten ein Gefühl von «Erdung» oder körperlicher und psychischer Stabilität gibt.

Ich lege dazu meinen Mittelfinger unter das Fußgewölbe und beginne dort sanft zu massieren. Zunächst versuche ich die subtile Energie zu spüren, die normalerweise aus dem Fuß austritt. Ich versuche festzustellen, ob die Energie so aus dem sekundären Chakra an der Fußsohle fließt, wie sie sollte, oder ob ihr Fluß blockiert ist. Häufig kann man die Energiestagnation im Fuß dadurch spüren, daß sich die Haut selbst gespannt, verdickt oder hart anfühlt. Manchmal fühlen sich die Fußsohlen träge und beinahe hölzern statt geschmeidig und lebendig an. Wenn der Energiefluß blockiert ist, bitte ich den Klienten, tief zu atmen und zu visualisieren, wie die Energie mit jedem Atemzug in seinen Körper und bis in die Füße hineinströmt. Beim Ausatmen soll er sich vorstellen, daß die Energie aus seinen Fußsohlen in die Erde abfließt. Währenddessen halte ich meine Hände unter die Fußgewölbe und ziehe die Energie in die Füße hinunter, während der Patient einatmet. Ich visualisiere auch, wie die sekundären Chakras an den Fußsohlen sich öffnen und wieder aktiv und lebendig werden. Während der Patient ausatmet, visualisiere ich, wie die Energie aus seinen Füßen fließt und sich mit der Erde vereinigt. Das mache ich mit beiden Füßen.

Unabhängig davon, was ich bei der Berührung der Füße spüre, versuche ich immer die Chakras dort zu öffnen, indem ich das Fußgewölbe massiere und die Energie nach unten und aus dem Fuß hinaus ziehe. Dann halte ich meine Hand unter die Fußsohle, bis eine Energieveränderung eintritt, was fünf bis zehn Minuten dauern kann.

Diese Art der Arbeit hat eine starke Wirkung auf den Klienten, weil ich sein Bewußtsein und seine Lebenskraft in die Bereiche lenke, wo ich sie hinhaben will. Erinnern Sie sich daran, daß ich vor der Massage der Kniekehlen den Körper der betreffenden Person nicht direkt berühre. Wenn ich dann anfange, mich von dort zu den Füßen vorzuarbeiten, wird durch diese Reihenfolge der Berührung die Aufmerksamkeit des Patienten zuerst auf seine Kniekehlen und dann nach unten auf die Waden, Achillessehnen und Füße gerichtet. Dadurch lenke ich seine Lebensenergie in die gleiche Richtung – nach unten und schließlich zu den sekundären Chakras an den Fußsohlen. Nicht nur ich bin es, die die Bewegung der Energie visualisiert, sondern ich leite auch den Patienten an, seine eigene Energie an die Stellen des Körpers zu dirigieren, wo ich sie haben will. Indem ich den Patienten bitte, «in seine Füße zu atmen» und zu visualisieren, wie die Energie mit dem Atem dort hinströmt, nutze ich die natürliche Fähigkeit dieses Menschen, seine eigenen Energien zu lenken. So arbeiten wir zusammen daran, sein Bewußtsein und seine Lebenskraft zurück in den Körper zu bringen und sie mit der Erde zu vereinen.

Nachdem ich den einen Fuß eine Zeitlang gehalten habe und mit meinem ganzen Sein «fühle», wie die Energie aus der Fußsohle strömt, mach ich das gleiche mit dem anderen Fuß und bitte den Klienten noch einmal zu visualisieren, wie die Energie aus dem Rest des Körpers beim Einatmen tief in die Füße eindringt und beim Ausatmen aus den Füßen hinausfließt.

Wenn ich sicher bin, daß die Energie nun ungehindert durch die Füße strömt, kehre ich in meine Ausgangsposition zurück, die Hände über dem Kopf des Patienten. Dann fahre ich langsam aber gleichmäßig sein Energiefeld noch einmal ab, um festzustellen, wie sich die Energie verändert hat. Jedesmal wenn ein Behandler, der mit heilender Berührung arbeitet, seine Hände durch das energetische Feld eines Klienten bewegt, ruft er dort eine Veränderung hervor.

Mittlerweile habe ich mich so in meine Arbeit vertieft, daß ich mich selbst vollkommen vergessen habe. Ich denke an nichts anderes als an mein Gebet, das mir hilft, leer zu sein. Das Gebet gibt meinem Verstand etwas zu tun, etwas mit dem er sich beschäftigen kann, während mein höheres Selbst meine Aktionen lenkt. Nun bin ich bereit, am Energiefeld des Patienten zu arbeiten.

Einige Anmerkungen

Die Ausübung einer traditionellen Heilmethode, egal, welcher, führt unweigerlich auch zu einer Beschäftigung mit anderen althergebrachten Behandlungsmethoden, und Sie werden feststellen, daß sie sich in vielen grundlegenden Punkten entsprechen. Heilende Berührung läßt sich nicht nur mit vielen Prinzipien anderer traditioneller Heilmethoden vereinbaren, sondern hat viele Gemeinsamkeiten mit ihnen, besonders mit der chinesischen Medizin. Je mehr ich mich mit chinesischer Medizin beschäftige, um so mehr beeindrucken mich ihre Einsichten in die Natur von Gesundheit und Krankheit, die Effektivität ihrer Behandlungsmethoden und ihr Verständnis der Beziehung zwischen Körper und Geist. Dieses Verständnis kann sehr hilfreich für Sie sein, besonders wenn Sie den Ursprung eines bestimmten gesundheitlichen Problems einschätzen wollen. Nichts in der chinesischen Medizin drückt die Beziehung zwischen Körper und Geist besser aus als die Theorie der fünf Elemente.

Vor mehr als zweitausend Jahren entwickelten die Chinesen

ein System, das als die Theorie der fünf Elemente bekannt geworden ist und ein komplexes, aber machtvolles Heilinstrument darstellt. Einer der wichtigsten Aspekte dieser Theorie ist die Assoziation spezifischer Emotionen und psychischer Zustände mit bestimmten Teilen des Körpers. Die Chinesen haben herausgefunden, daß bestimmte Emotionen in einzelnen Organen verwurzelt sind. Nach Ansicht der Chinesen hat der Geist seinen Sitz im Körper, und ein reibungsloses Funktionieren der Psyche ist von der Gesundheit des Körpers abhängig. Solange das betreffende Organ gesund ist, so sagen die Chinesen, bleiben die entsprechenden Emotionen und psychischen Zustände im Gleichgewicht. Daher ist ein gesunder Körper die Voraussetzung für unser geistiges Gleichgewicht.

Meine Erfahrung nach mehr als fünfzehn Praxisjahren hat mir gezeigt, daß die Chinesen mit ihrer Zuordnung von Organen und Emotionen richtigliegen. Je mehr zum Beispiel die Leber gestört ist, um so anfälliger ist die betreffende Person für Ärger. Je unausgeglichener das Herz, desto weniger Freude und Lachen sind im Leben dieses Menschen vorhanden. Meine eigene Erfahrung hat mir noch zusätzliche Einblicke in die Verbindung zwischen Organen und emotionalen Zuständen vermittelt. Die Liste, die ich Ihnen weiter unten präsentiere, basiert auf dem chinesischen System, meinen eigenen Erfahrungen und auf Forschungsergebnissen. Benutzen Sie diese Liste als eine Art lockeren Leitfaden in Ihrer Praxis, besonders bei der Untersuchung des energetischen Felds Ihrer Klienten. Finden Sie selber heraus, ob diese Assoziationen zutreffen. Ich habe sie mit Absicht kurz gehalten, so daß sie sozusagen als Sprungbrett für Ihre eigene Intuition und Kreativität dienen können. Die Idee dabei ist, sich nicht von diesen Assoziationen einengen zu lassen, sondern sie als Leitfaden für Ihre eigenen Forschungen und Studien zu benutzen. Beobachten Sie auch, wie sich der emotionale Zustand Ihrer Klienten verändert, wenn sich ihr Gesundheitszustand bessert.

Die Liste führt sowohl diejenigen Charakteristika auf, die bei Menschen vorhanden sind, bei denen das betreffende Organ gesund und im Gleichgewicht ist, als auch die Eigenschaften, die die Persönlichkeit dominieren, wenn das Organ sich im Ungleichgewicht befindet und an irgendeiner Art von Störung leidet. Es ist wichtig zu registrieren, daß wir alle von Zeit zu Zeit einige der Eigenschaften aufweisen, die mit einer gestörten Organfunktion einhergehen. Wonach Sie bei der Untersuchung eines Klienten besonders Ausschau halten sollten, sind Eigenschaften, die seine Persönlichkeit dominieren und einen tiefen Einfluß auf seine Lebenseinstellung haben.

Organ	**Charakteristische Persönlichkeitsmerkmale, wenn das Organ im Gleichgewicht ist**	**Emotionen und Psychologie bei deutlich gestörtem Organ**
LEBER	starke Fähigkeit, seinen Willen auszudrücken	Ärger, Frustration, schwacher Wille, Unfähigkeit, sich auszudrücken, überängstlich
MILZ	gute Selbstachtung, zentrierte Persönlichkeit, sorgenfrei, Mitgefühl und Verständnis	Sorgen, ängstliche Anspannung, Nervosität
MAGEN	starker «Appetit» auf das Leben (lebensbejahend), gute Fähigkeit, unterschiedliche Menschen und Erfahrungen zu genießen	nervös, wenig «Appetit» auf das Leben, sehr wählerisch in bezug auf Nahrung, Menschen und Erfahrungen, die man tolerieren kann

HERZ	kann Liebe geben, kann sich mit anderen identifizieren, fühlt sich mit anderen verbunden	schirmt sich ab gegenüber Liebe und Zuneigung, fühlt sich isoliert und hat die Tendenz, seine Isolation aufrechtzuerhalten, anfällig für Hysterie, Depression, geringe Selbstachtung
BAUCH-SPEICHEL-DRÜSE	gutes Gespür für Grenzen	leidet an chronischen Schuldgefühlen
GALLEN-BLASE	entscheidungsfreudig, gute Verdauung	unentschlossen, schlechte Verdauung
DÜNNDARM	kann entscheiden, was an einer Erfahrung gut ist und was er loslassen sollte	hat Schwierigkeiten, das Gute in Menschen, Situationen und den eigenen Erfahrungen im Leben zu sehen
HAUT	gutes Gespür für Grenzen, starkes Identitätsgefühl, gute Selbstachtung, gute Ausscheidung über Nieren und Dickdarm	schwaches Gespür für Grenzen, schlechte Selbstachtung, schwaches Identitätsgefühl, ungenügende Ausscheidung über Nieren, Blase und Dickdarm
DICKDARM	fähig, die Vergangenheit loszulassen, nicht übermäßig belastet durch Kummer oder Traurigkeit	Verstopfung: Festhalten an alten Erinnerungen, Kummer und Traurigkeit; unfähig, alte

		Verletzungen loszulassen; Schwierigkeiten, die Vergangenheit loszulassen; Durchfall: unfähig, das Beste aus seinen Erfahrungen zu machen. Trennt sich zu leicht von Menschen und Beziehungen
SCHILDDRÜSE	guter Selbstausdruck	Unterfunktion: wenig Energie und allgemein schwacher Selbstausdruck; Überfunktion: immer in Eile, unfähig, den jetzigen Moment auszuleben oder sich für eigene Leistungen anzuerkennen
SEXUALORGANE	guter Ausdruck der eigenen Individualität und Kreativität	Zurückhaltung des Selbstausdrucks und der Kreativität
NIEREN	zuversichtliche und selbstsichere Persönlichkeit	leidet an tiefverwurzelten Ängsten
LUNGEN	gute Energie und Vitalität, starke Fähigkeit, das Leben anzunehmen und zu genießen	unterdrückte Emotionen, wenig Energie, wenig Selbstachtung, starkes Empfinden der eigenen Schwäche und Zerbrechlichkeit

Alles strebt nach Gleichgewicht

Körper, Geist und Seele streben ständig nach Gleichgewicht, besonders auf der energetischen Ebene. Immer wenn Sie irgendwo exzessive Stärke sehen, werden sie dicht daneben auch einen geschwächten Bereich entdecken. Halten Sie immer nach solchen Gegensätzen Ausschau. Wenn Sie ein Ungleichgewicht entdeckt haben, ist es Ihre Aufgabe, die Energien aus dem Bereich, wo sie im Überschuß vorhanden sind, an energetisch unterversorgte Stellen zu leiten.

Als Therapeuten für heilende Berührung versuchen wir immer, das Gleichgewicht von Körper, Geist und Seele wiederherzustellen.

Wenn Sie diese Richtlinien während der Untersuchung Ihrer Patienten im Kopf behalten, werden Sie in der Lage sein zu erkennen, wo sich die Blockaden im Energiefeld befinden, selbst wenn Sie die Energie noch nicht «fühlen» können.

ÜBUNG – DIE DREI-PUNKTE-MEDITATION

Wie Sie sich erinnern werden, haben wir schon darüber gesprochen, daß zu Beginn der Energiearbeit das gesamte energetische Feld des Heilers mit Energie aus der universalen Quelle aufgeladen wird und eine Einheit bildet. Die Hände haben lediglich die Funktion, diese Energie an bestimmte Stellen zu lenken.

Der erste Teil der nun folgenden Übung wird Sie lehren, Ihr Energiefeld so auszudehnen, daß Sie eine andere Person «scannen» können, und der zweite Teil wird Ihnen zeigen, wie Sie heilende Energie durch Ihr Feld auf diese Person übertragen können.

Diese Übung kann man zu zweit oder mit mehreren Personen

machen. Bei mehr als zwei Teilnehmern lassen Sie denjenigen, der gescannt werden soll, in der Mitte sitzen, während der Rest der Gruppe einen Kreis um ihn herum bildet.

1. Beginnen Sie diese Übung mit der Reinigungsmeditation aus Kapitel 6 und entscheiden Sie, wer von Ihnen die Übung leiten soll. Visualisieren Sie die Sonne oder Quelle nicht über jedem einzelnen, sondern über der Mitte der ganzen Gruppe. Diese Einführung sollte etwa fünf Minuten dauern.

Der Leiter der Meditation führt nun den Rest der Gruppe durch die Visualisation.

- Die Person in der Mitte richtet ihre Konzentration auf das, was sie braucht, damit ein bestimmter Bereich ihres Körpers, ihrer Emotionen oder ihres Geistes heilen kann, während sie gleichzeitig in ihrer Energieblase oder ihrem «Ei» zentriert bleibt (s. die «Ei-Meditation» in Kapitel 6).
- Die restlichen Mitglieder der Gruppe bleiben ebenfalls zentriert – jeder in seinem individuellen Energie-Ei – und fangen an, die Vorderseite ihres Eis ganz behutsam soweit auszudehnen, daß ein Kontakt zu der Person in der Mitte des Kreises entsteht. Die Energie hat dabei keine bestimmte Flußrichtung. Bleiben Sie fünf Minuten lang so und versuchen Sie einfach, zu spüren oder ein Gefühl dafür zu bekommen, was in dieser Person vorgeht. Registrieren Sie alle Bilder, Körperempfindungen, Gedanken usw., die bei Ihnen auftauchen.

Nach fünf Minuten ziehen Sie Ihre Energie behutsam zurück und öffnen die Augen. Jeder Teilnehmer der Gruppe erzählt der Person in der Mitte, was er gespürt hat. Die Person in der Mitte sollte ebenfalls mitteilen, was sie gespürt hat. Beachten Sie, daß Sie während dieser Übung sozusagen das «Allerheiligste» der mittleren Person betreten haben. Daher sollten diese Informationen nicht nur vertraulich behandelt werden und innerhalb der Gruppe bleiben, sondern Sie müssen sich auch klarmachen, daß

Sie zum Mitwisser von Geheimnissen dieser Person geworden sind und sehr behutsam damit umgehen sollten, wie Sie Ihre Gedanken mitteilen. Erinnern Sie sich daran, daß das Ziel heilender Berührung darin besteht, aus einer Haltung ohne Urteile heraus «zu helfen und zu heilen».

Unterhalten Sie sich noch eine Weile. Einige Assoziationen haben vielleicht im Moment *keine* Relevanz. Das kann passieren.

2. Behalten Sie Ihre Sitzordnung bei und zentrieren Sie sich noch einmal mit Hilfe Ihrer Atmung. Die Person in der Mitte sollte sich nun öffnen, um Heilungsenergien zu empfangen. Jeder in der Gruppe läßt heilende Energie von der Quelle durch sein individuelles Energiefeld zu der mittleren Person fließen. Machen Sie das etwa fünf Minuten lang. Ihr Energiefluß sollte dabei auf «sanften Schub» eingestellt sein. Am Ende der fünf Minuten spüren Sie bewußt, wie er sich wieder auf «Leerlauf» einstellt. Ziehen Sie Ihre Energie aus dem heiligen Raum der mittleren Person zurück.

Jeder aus der Gruppe sollte einmal in der Mitte sitzen, und alle sollten sich gegenseitig unterstützen.

Machen Sie sich klar, daß Ihnen alles Wissen über die betreffende Person zugänglich ist, in deren «Allerheiligstem» Sie sich befinden. Es mag Ihnen nicht alles bewußt sein, aber auf einer bestimmten Ebene nehmen Sie sehr viel wahr. Es ist daher nicht nur wichtig, keine Urteile zu fällen, sondern diesen heiligen Raum des anderen so zu ehren wie Ihren eigenen.

ACHT

Die Arbeit am Energiefeld

Als Barbara im Juli 1988 zu mir kam, litt sie unter furchtbaren Migräneanfällen, die sie durchschnittlich einmal pro Woche ans Bett fesselten. Manchmal waren die Begleitsymptome der Kopfschmerzen – Übelkeit, Erbrechen, Lichtempfindlichkeit und Schmerzen in Rücken und Schultern – so stark, daß sie vier oder fünf Tage hintereinander im Bett bleiben mußte. Sie litt auch an chronischen Schmerzen im Bereich des unteren Rückens, Myomen, Schmerzen in den Eierstöcken (besonders während der Periode), prämenstruellen Beschwerden und Magengeschwüren im Anfangsstadium, die ihr phasenweise Bauchschmerzen verursachten. Sie war Anfang Dreißig, seit kurzem verheiratet und kinderlos. Was mir sofort an Barbara auffiel, war ihr Mangel an Selbstvertrauen. Sie war nervös und fühlte sich sichtlich unwohl damit, über sich selbst zu sprechen. Es war deutlich, daß sie Hilfe brauchte, besonders mit ihrer Migräne, aber sie schien eine Abneigung dagegen zu haben, ihren Schmerz mit mir oder – wie ich später herausfand – mit irgend jemand anderem zu teilen.

Ich brauchte nicht lange, um zu erkennen, daß Barbaras Mangel an Selbstvertrauen eine wichtige Rolle bei der Entstehung ihrer körperlichen Probleme spielte. Sie war als Älteste von fünf Kindern aufgewachsen, und ihre Geschwister waren alle Jungen. Ihre Mutter hatte sich sehr darauf verlassen, daß Barbara ihr half, ihre Brüder großzuziehen. Im Alter von zehn Jahren hatte sie bereits Routine im Windelwechseln und Babysitten. Barbara mußte sehr früh in ihrem Leben Verantwortung übernehmen, und dieses Muster, sich mehr auf die Bedürfnisse anderer zu konzentrieren als auf ihre eigenen, wurde zu einem Charakterzug, der später auch ihr Erwachsenenleben bestimmte.

«Ich habe das nie als Problem empfunden», erinnerte sich Barbara viele Jahre später. «Als ich klein war, habe ich kochen gelernt, weil ich das wollte. Ich wollte mich um meine Brüder kümmern. Ich habe sie immer ‹die Kleinen› genannt, und es ist mir nie in den Sinn gekommen, daß jemand sich auch um mich kümmern sollte oder daß ich auch für mich sorgen müßte. Ich habe nicht erkannt, wie sehr diese Denkweise mich gesteuert hat und der Grund dafür war, daß mein Leben so aus dem Gleichgewicht geraten ist.»

Eine solche Mentalität, die man heutzutage sehr häufig findet, hat einen Lebensstil zur Folge, der enorm viel Energie kostet. Barbara versuchte ständig, die Bedürfnisse anderer zu erfüllen. Ihr Selbstwertgefühl und sogar ihr Gefühl von Sicherheit hingen davon ab, daß sie ihrem Mann, ihren Freunden und ihren Arbeitskollegen alle Unannehmlichkeiten aus dem Weg räumte. Unbewußt fühlte Barbara sich dafür verantwortlich, jede Situation in Ordnung zu bringen, in der sie sich befand.

Barbara ist ein klassisches Beispiel dafür, wie Löcher im Energiefeld das Leben eines Menschen formen, und wie man diese energetischen Lecks kompensiert. Ihr Energiefeld war derartig durchlöchert, daß sie kein klares Gefühl für ihre eigene Identität und ihre Grenzen hatte, weshalb sie die Bedürfnisse anderer nicht von ihren eigenen unterscheiden konnte. Diese Identifikation mit anderen gefährdet die Gesundheit der betreffenden Person, weil jemand mit einem solchen Problem nicht in der Lage ist, irgendeine Form von Gleichgewicht in sein Leben zu bringen.

«Ich habe ständig versucht, Superwoman zu sein», erinnert sich Barbara. «Ich mußte ständig allen anderen helfen und hatte kein Gefühl für meine eigenen Grenzen. Ich habe mich völlig von meiner Umgebung vereinnahmen lassen und konnte mich einfach nicht genügend abschotten.»

An dem Tag, als Barbara zum ersten Mal in meine Praxis kam, hatte sie dumpfe Kopfschmerzen und befürchtete, sie könnten sich zu einem Migräneanfall entwickeln. Außerdem hatte sie Schmerzen im Bereich des unteren Rückens. Nach dem Aufnahmegespräch empfahl ich Barbara zunächst einige Veränderungen in ihrer Ernährung – besonders eine starke Reduktion von Fett und Zucker, um ihre prämenstruellen Beschwerden zu verringern (bei einer stark fetthaltigen Ernährung erhöht sich die Sekretion von Östrogen aus den Fettzellen, und ein hoher Östrogenspiegel verschlimmert das prämenstruelle Syndrom). Ich verschrieb ihr auch eine Reihe von Nahrungsergänzungsstoffen, die ihre Leber und die Verdauung unterstützen sollten.

Dann gab ich ihr eine Reihe von Therapeutic-Touch-Sitzungen, um ihr zu helfen, sich zu entspannen und ihre eigene Mitte zu fühlen. Trotz ihrer zahlreichen Beschwerden sprach Barbara schnell darauf an.

Zu Beginn meiner Arbeit führte ich eine Untersuchung ihres Energiefelds durch. Während ich meine Hände durch ihr Feld bewegte, spürte ich Anspannung, Dichte und eine Art stacheliges, kribbelndes Gefühl. «Sind Sie angespannt?» fragte ich sie. «Ich bin gerade ziemlich wütend», sagte Barbara. «Ich hatte eben eine Auseinandersetzung mit meinem Chef und kann noch gar nicht wieder klar denken. Ich kann nicht darüber reden.»

Wenn jemand ärgerlich und angespannt ist, hat das Zwerchfell (oder das dritte Chakra) die Tendenz, sich zu verspannen, wodurch die Atmung flach wird. Ich wußte also, daß in Barbaras Fall das erste Chakra (Selbstschutz und Überlebensthemen), das zweite (Sexualorgane), das dritte und das sechste Chakra (Kopfschmerzen) gestört waren und bearbeitet werden mußten.

Ich fing damit an, die sekundären Chakras in Barbaras Füßen zu öffnen, um die Energien abfließen zu lassen, die sich in ihrem gesamten System aufgestaut hatten. Nachdem ich die Fußgewölbe sanft massiert hatte, hielt ich etwa fünf Minuten lang ihre Fußsohlen und bat sie, währenddessen tief, langsam und rhythmisch in die Füße zu atmen. Als nächstes schickte ich heilende Energie in ihr zweites und drittes Chakra. Danach bearbeitete ich die Peripherie ihres Energiefelds und schloß die dort vorhandenen Löcher, um ihr ein besseres Gefühl für ihre eigenen Grenzen zu geben.

Normalerweise läßt das Öffnen der Füße die Energien abfließen, die sich in der oberen Körperhälfte gestaut haben, und hat dadurch eine Linderung oder das Verschwinden von Kopfschmerzen zur Folge. Auch bei Barbara funktionierte diese Methode; als ich jedoch gegen Ende der Sitzung noch einmal ihr Energiefeld untersuchte, bemerkte ich, daß ihr sechstes Chakra sich noch immer sehr dumpf und unlebendig anfühlte. Um die Energiezirkulation im sechsten Chakra zu fördern, hielt ich meine linke Hand über das energetische Feld an Barbaras Hinterkopf und meine rechte Hand über ihre Stirngegend (ohne die Haut zu berühren) und visualisierte dann, wie ihr Kopf durch heilende Energie geklärt wurde. Dabei schickte ich keine zusätzliche Energie durch meine Hände. Da Kopfschmerzen ein Anzeichen für blockierte Energien im Kopf und in anderen Körperregionen sind, sollte man nicht zu der Stauung beitragen, indem man noch mehr Energie in diesen Bereich schickt. Ich benutzte also statt dessen meine Hände, um stagnierende Energie aus dem sechsten Chakra, dem Kopf und der Nackenregion abzuziehen. Währenddessen visualisierte ich, wie die Energiezirkulation dort freier wurde. Wie wir bei unseren Sitzungen feststellten, reichte dies im allgemeinen aus, um Barbaras Kopfschmerzen zu lindern, und wenn das nicht der Fall war, kehrte ich noch einmal zu ihren Füßen zurück, um die sekundären Chakras weiter zu öffnen, indem ich etwa fünf Minuten lang ihre Fußsohlen hielt.

«Ich war verblüfft, wie gut ich mich nach der ersten Sitzung mit Deby fühlte», erinnert sich Barbara. «Es fühlte sich an, als ob mir jemand zwanzig Pfund Gewicht abgenommen hätte, die ich bisher auf dem Rücken mit mir herumgeschleppt hatte. Ich fühlte mich sehr erleichtert.»

Ich machte regelmäßig Energiearbeit mit Barbara, meist einmal die Woche oder zweimal im Monat. Allmählich begannen ihre Symptome abzuklingen, bis sie irgendwann ganz verschwanden.

«Als ich anfing, mich regelmäßig mit Therapeutic Touch behandeln zu lassen, merkte ich, daß das etwas bei mir bewirkte. Zuerst war es mehr eine Art inneres Wissen oder Intuition, aber ziemlich bald besserte sich auch mein Gesundheitszustand. Das erste Anzeichen war, daß meine Migräneanfälle nicht mehr so heftig waren wie vorher. Dann bekam ich sie nicht mehr so häufig. Ich hatte sie nur noch zweimal im Monat statt einmal die Woche, und dann verging ein ganzer Monat, ohne daß ich überhaupt eine Migräne hatte, und das war schon etwas Besonderes.»

Zusätzlich zu den Migränesymptomen verschwanden auch Barbaras Schmerzen in den Eierstöcken. Bemerkenswerterweise konnten die Ärzte nach vier Monaten Behandlung mit Therapeutic Touch keine Eierstockzysten mehr bei ihr finden. Auch ihre prämenstruellen Beschwerden und ihre Verdauungsprobleme waren verschwunden. Wir haben zwar mehr als ein Jahr gebraucht, um die Migräne völlig unter Kontrolle zu bekommen, aber jetzt hat Barbara schon seit zwei Jahren keinen einzigen Migräneanfall mehr gehabt. Gelegentlich hat sie noch Spannungskopfschmerzen, die aber mit einfachen Schmerztabletten schnell wieder verschwinden. Dadurch, daß sie gelernt hat, ihre energetischen Muster besser wahrzunehmen, kann sie diese Spannung inzwischen meist selber auflösen.

«Durch heilende Berührung habe ich gelernt, mich einfach hinzusetzen, mich zu beruhigen und zu entspannen, so daß die Anspannung sich lösen kann», sagt Barbara. «Ich ziehe mich dann an einen friedvollen Ort in meinem Inneren zurück, wo ich meine Familie und meine Arbeit draußen vor der Tür lassen und mich auf meine eigenen Bedürfnisse konzentrieren kann. Diese Arbeit ist meditativ und gibt mir viel Unterstützung. Worum es in diesem Prozeß wirklich geht, ist, mich selber kennenzulernen und zu wissen, wie ich mich fühle. Wenn ich jetzt spüre, daß ich Kopfschmerzen bekomme, merke ich das schon im voraus, und ich fange an zu atmen und meinen ganzen Körper zu entspannen. So gelingt es mir immer besser, meine Anspannung loszulassen.»

Die Verbesserung ihrer körperlichen Gesundheit ist jedoch nicht der einzige positive Effekt, den die Behandung mit heilender Berührung auf Barbara gehabt hat. Sie hat eine bemerkenswerte Transformation durchgemacht, was ihr Verhalten, ihre Einstellung und ihr Selbstverständnis betrifft. Als Barbara und ich anfingen, regelmäßig zusammen zu arbeiten, begann sie die Verbindung zwischen ihrer geringen Selbstachtung und ihrem Bedürfnis zu sehen, es allen recht zu machen. «Ich wollte einfach nur geliebt werden», sagt sie heute. Als ihr Energiefeld stärker wurde und ihr Identitätsgefühl sich besserte, begann sie sich selbst ganz automatisch mehr zu schätzen. «Ich bekam einen kleinen Eindruck von der Person, die ich sein könnte, und das fühlte sich richtig gut an», sagt Barbara. Sie betont, daß die meisten dieser Veränderungen nur stattfinden konnte, weil sie gelernt hat, ihre Konzentration nach innen zu richten, auf ihr inneres Selbst.

«Seitdem ich mit dieser Methode begonnen habe, habe ich eine Menge alter Denkmuster überwunden», sagt Barbara.

Im Dienst an anderen ist weniger oft mehr

Nachdem ich den physischen und die energetischen Körper eines Patienten untersucht habe, beginne ich an seinem Energiefeld zu arbeiten, für gewöhnlich in einem Abstand von etwa 45 Zentimetern, einer Entfernung, die traditionell als der «heilige Raum» einer Person bezeichnet wird. Innerhalb dieses Bereichs sind die

Sensibilität und die Selbstschutzmechanismen eines Menschen besonders ausgeprägt, und daher sollte man diesen Raum besonders während der ersten Behandlungen, wenn sich noch keine vertrauensvolle Verbindung aufgebaut hat, nicht verletzen. Selbst wenn ich mit Menschen arbeite, mit denen ich sehr vertraut bin, versuche ich während unserer ersten beiden Sitzungen außerhalb dieser 45-Zentimeter-Grenze zu bleiben. Ein offensichtlicher Widerspruch dazu ist natürlich die Berührung der sekundären Chakras an den Kniekehlen, das Massieren der Waden, Achillessehnen und Fußsohlen. Dieser Schritt, den ich das Öffnen der Füße nenne, ist so wichtig für den Energieausgleich des Patienten, daß man einfach nicht darum herumkommt. Auf jeden Fall nähere ich mich dem Körper und den sekundären Chakras mit großem Respekt und Anerkennung für diesen Menschen und seine Bereitschaft, mich mit ihm arbeiten zu lassen.

Das Öffnen der Füße wird nach Beendigung der Untersuchung des Energiefelds durchgeführt. Anschließend beginne ich noch einmal am oberen Ende des Feldes und bewege mich nach unten zu den Füßen. Dabei nehme ich die Energie wahr, die mir von oben aus dem Kosmos und von unten aus der Erde zuströmt. Ich fühle, wie diese Energie aus meinem Energiefeld in meinen Körper fließt, von meinem Herzen nach oben und hinunter in die Hände. Während ich über das energetische Feld des Patienten streiche, strömt heilende Energie aus meinen Händen.

Der wichtigste Teil meiner Arbeit besteht darin, ein Instrument für die universale Lebenskraft zu sein. Diese Energie fließt durch mich hindurch zu dem Menschen, mit dem ich arbeite. So einfach ist das. Daher stellt die Methode als solche keine großen Anforderungen an mich, denn die Lebenskraft, die vom Universalen Heiler ausgeht, ist verantwortlich für die Heilung. Ich versuche lediglich, diesen Energiefluß von einer unendlichen Quelle aus zu dem Menschen zu lenken, der Unterstützung braucht. Wie ich meinen Schülern immer sage, ist ein Heiler erst dann wirklich in der Lage, jemandem zu helfen, wenn er diese Tatsache erkennt und respektiert. Sein Ego ist aus dem Weg geräumt und kann den Heilungsprozeß nicht mehr behindern. Das ist es, was ich meine, wenn ich sage «weniger ist mehr».

Während ich Lebenskraft in das energetische Feld des Patienten schicke, bin ich mir besonders der Stellen bewußt, die ich während meiner Untersuchung als unausgeglichen wahrgenommen habe, oder wo sich Symptome manifestieren. Natürlich muß ich keine Blockaden oder Löcher im Energiefeld wahrnehmen können, um einen gebrochenen Arm, eine physische Wunde oder sonstige Störungen zu behandeln. Ich kann diesen Teilen des Körpers einfach Lebenskraft schicken. Das ist das Schöne an heilender Berührung: Im Grunde ist es nur meine Aufgabe, liebevolle, heilende Energie zu übermitteln. Der Körper des Patienten und der Große Geist zusammen wissen besser als ich, was mit dieser Energie zu tun ist.

Die Energieströme von energetischen «Steinen» und «Felsblöcken» befreien

Im allgemeinen entstehen alle Symptome aus einem Ungleichgewicht heraus. Entweder ist in dem betreffenden Bereich zuviel oder zuwenig Energie vorhanden. In der Regel versucht man, überschüssige Energie an Stellen umzuleiten, wo ein Energiemangel herrscht, so wie ich es in Kapitel 2 bei Wendy gemacht habe.

Wenn ich ein Ungleichgewicht im energetischen Feld entdecke, konzentriere ich mich auf diese Stelle und versuche, den Fluß der Lebenskraft dorthin wiederherzustellen. Wenn der Bereich blockiert ist oder die Energie dort stagniert, versuche ich, die Hindernisse – die ich oft als große Steine oder Felsbrocken wahrnehme – behutsam zu entfernen.

Ich habe die Erfahrung gemacht, daß es vor der Entfernung

von energetischen Blockaden hilfreich ist, den Patienten eine Visualisierungsübung machen zu lassen, bei der er sich vorstellt, daß die Energie frei und ungehindert durch seinen Körper fließen kann, besonders innerhalb des Zentralkanals.

Visualisation zur Förderung der Energiezirkulation

Während Sie Ihre Energiearbeit machen, bitten Sie den Patienten, folgendes zu visualisieren:

Sehen Sie sich selbst unter einem Wasserfall kraftvoller, belebender Energie. Sie können fühlen, wie diese Energie über Sie hinweg- und durch Sie hindurchspült und in jede Ihrer Poren, Fasern und Zellen eindringt. Sehen Sie, wie die Energietropfen funkeln; jeder Tropfen ist vollgepackt mit Energiephotonen, die in allen Farben des Regenbogens strahlen. Visualisieren Sie, wie jede Ihrer Zellen diese Tropfen aus Lebenskraft gierig trinkt, wie ein Reisender, der zu lange in der Wüste gewesen ist. Atmen Sie diese Energie ein und ziehen Sie sie in jede Zelle hinein, in jeden dunklen oder geschwächten Winkel Ihres Körpers. Lassen Sie die Energie beim Einatmen oben in Ihren Kopf eintreten. Alle Energie, die Sie brauchen, wird vollständig absorbiert, so daß Sie nun einen Überfluß an Lebenskraft in sich haben. Sie werden aus einer unendlichen Quelle genährt. Alles, was Sie brauchen, steht Ihnen jederzeit zur Verfügung. Während Sie ausatmen, visualisieren Sie, wie all das, was Sie nicht mehr benötigen, durch Ihre Fußsohlen hinaus in die Erde fließt und von der Großen Mutter transformiert wird.

Während Ihr Patient diese Visualisation macht, fangen Sie an, die Blockaden aus seinem Energiefeld zu entfernen.

Wenn Sie eine Blockade im energetischen Feld wahrnehmen, stellen Sie sich diese als einen großen Stein im Fluß der Energie vor, der diesen Teil des Körpers mit Lebenskraft versorgt. Sehen Sie die Wirbel, Staubecken und Strudel, die sich im Energiefeld um und direkt über der verletzten oder kranken Stelle des physischen Körpers bilden. Erinnern Sie sich, daß Energieüberschüsse und -mängel die Tendenz haben, paarweise aufzutreten, so daß ein Überschuß in einem Teil des Körpers einen Mangel an einer anderen Stelle hervorruft. Überschüssige Energien, Blockaden und Felsbrocken erscheinen an Stellen akuter Anspannung wie Schulter, Nacken, Kopf und Becken. Einen Energiemangel findet man dagegen häufig in Brustkorb, Lunge, Herz und Geschlechtsorganen.

Bereiche, in denen sich ein Stein, chaotische Energie (die sich manchmal wie eine elektrostatische Aufladung anfühlt) oder stagnierende Energie (häufig ein Gefühl wie ein dichter Widerstand) befindet, versuche ich zu befreien, indem ich diese Energie mit meinen Hände «greife» und «entferne». Wenn ich in den Bereich hineinfasse, wo sich der Stein befindet, bewege ich meine Hand entgegen dem Uhrzeigersinn und schließe sie dann, um das Hindernis zu ergreifen. Wenn ich meine Hand aus dem Energiefeld herausnehme, bewege ich sie im Uhrzeigersinn. Dann schicke ich diese Energie nach oben in das Licht der Liebe, damit sie vom Universalen Heiler transformiert werden kann. An Stellen, wo die Energie turbulent und chaotisch ist, «glätte» ich das energetische Feld und versuche es durch heilende, ja sogar mütterliche Fürsorge zu beruhigen, indem ich es sanft und liebevoll streichle. Wo ich stagnierende Energie wahrnehme – wobei es sich gewöhnlich um überschüssige Energie handelt –, versuche ich sie an eine Stelle zu leiten, die energetisch unterversorgt ist, indem ich die Technik des «Energieabziehens» benutze, die ich in Kapitel 3 beschrieben habe.

Um Blockaden aus einem der Chakras zu entfernen, fassen Sie im Bereich der Blockade in das Energiefeld, während Sie Ihre Hand entgegen dem Uhrzeigersinn kreisen lassen. Dadurch bewegen Sie heilende Energie in diesen Bereich. Sehen Sie, wie

Ihre Hand den Energieklumpen oder Stein in dem Wirbel ergreift und ihn aus dem energetischen Feld heraushebt. Während Sie Ihre Hand mit dem Stein aus dem Feld ziehen, lassen Sie sie im Uhrzeigersinn kreisen. Diese Drehrichtung erleichtert das Herausziehen störender Energien aus dem Körper.

Anschließend heben Sie Ihre Hand mit dem Stein nach oben und sagen zu sich selbst: «Ich entlasse das, was er/sie nicht länger braucht, in das Licht der Liebe.» Fühlen Sie, wie die Energie Ihre Handfläche nach oben verläßt, um transformiert zu werden. Dann sagen Sie: «Ich nehme meine Hand nun zurück und bringe Frieden und Harmonie in meinen Schwingungskern.» Die Durchführung dieses Schritts verhindert, daß sich störende Energien an Sie anheften.

Machen Sie diesen Schritt auch, wenn sie mit jemandem arbeiten, in dessen Feld Sie eine Menge Ärger, Wut oder andere intensive Emotionen wahrnehmen. Immer wenn Sie Hindernisse aus dem Energiefeld entfernen – die aus einer Ansammlung stagnierender Emotionen bestehen können –, sollten Sie sie in das Licht der Liebe entlassen. Wenn Sie das getan haben, schütteln Sie alle verbleibende Energie von Ihren Händen ab und schicken sie ebenfalls in das Licht der Liebe. Dies dient zu Ihrem Schutz. Sie werden feststellen, daß Sie sich selbst dann, wenn Sie am selben Tag mit mehreren Patienten gearbeitet haben, noch leicht und unbeeinflußt von deren emotionalen Zuständen fühlen.

Während Sie mit der rechten Hand Disharmonien aus dem Energiefeld entfernen, halten Sie die linke Hand auf die andere Seite des Patienten, um das Gleichgewicht aufrechtzuerhalten. Ihre linke Hand dient als Stabilisator für das energetische Feld, während Ihre rechte alte oder stagnierende Energien entfernt.

Untersuchen Sie das Feld noch einmal, und registrieren Sie die Veränderungen, die stattgefunden haben. Wiederholen Sie diesen Prozeß, bis alle Spuren von Stagnation und Spannung entfernt worden sind.

Wenn Sie wahrnehmen, daß in dem Bereich, an dem Sie gearbeitet haben, noch zuwenig Energie vorhanden ist, richten Sie Ihre Aufmerksamkeit auf das nächstgelegene Chakra; halten Sie die eine Hand vor das Chakra und die andere hinter den Rücken des Patienten an die Austrittsstelle dieses Chakras an der Wirbelsäule. Ihre Hände liegen einander nun gegenüber, und der Patient befindet sich dazwischen. Bauen Sie eine Energiekugel zwischen Ihren Händen auf und fühlen Sie, wie diese Körperregion sich ausweitet und wie ihre Lebensenergie ausgeglichen wird.

Löcher schließen

Eine ganz lebenswichtige Aufgabe des Therapeuten für heilende Berührung besteht darin, Löcher oder Lecks im energetischen Feld zu schließen. Das wird Ihrem Patienten ermöglichen, zumindest für kurze Zeit seine wahre Ganzheit und Integrität zu spüren, eine Erfahrung, die den Heilungsprozeß fördert. Wenn der Patient erst einmal einen Eindruck von seinem wahren Selbst bekommen hat, beginnt er bewußt oder unbewußt, sich aus seiner Stase und Stagnation herauszubewegen. Je mehr Sie mit einem Menschen arbeiten, um so mehr können Sie sein Feld «umstrukturieren», um die Lecks dauerhaft zu schließen. Sie können ihm auch beibringen, seine Lecks selber zu schließen, wann immer er sich verwundbar fühlt.

Typischerweise findet man Löcher oder Lecks in der Nähe von Bereichen, wo das Feld mit Energie überladen ist, wo die Energie festsitzt oder blockiert ist, so daß sie nicht an die Stelle des Lochs fließen kann. Das energetische Feld wird zwar versuchen, sich selbst zu heilen, kann jedoch durch solche Blockaden daran gehindert werden. Lecks befinden sich oft in der Nähe derjenigen Chakras, die in Verbindung zu den Problemen oder Themen stehen, die die betreffende Person zu bearbeiten hat. (Diese Themen sind vielleicht schon während Ihres Aufnahmegesprächs oder als Teil der Heilungssitzung angesprochen worden.) Wenn es sich zum Beispiel um ein Geldthema handelt, liegt das Loch vielleicht in der Nähe des ersten Chakras (verantwortlich für Überlebensthemen), beim dritten Chakra (verantwortlich für Willen und Antrieb) oder beim fünften Chakra (verantwortlich für den Selbstausdruck). Hat das Thema mit Beziehungen zum anderen Geschlecht zu tun, dann ist vielleicht das zweite Chakra betroffen (verantwortlich für die Sexualität) oder das dritte (Wille und Selbstbeherrschung) oder das vierte Chakra (verantwortlich für die Fähigkeit, Liebe zu empfinden). Hat das Thema mit dem Beruf oder der Arbeit des Klienten zu tun, finden Sie vielleicht eine Störung im zweiten Chakra (Kreativität), im vierten (Unterscheidungsvermögen, was man wirklich gern macht oder liebt), im fünften (Selbstausdruck) oder im sechsten Chakra (verantwortlich für ein tiefes Selbstverständnis).

Wenn der Patient mit einem spezifischen gesundheitlichen Problem zu Ihnen gekommen ist, untersuchen Sie das Energiefeld um das nächstgelegene Chakra herum, das einen Bezug zu diesem Problem hat. Nehmen Sie kein Leck oder Loch wahr, analysieren Sie das Feld noch einmal und öffnen Sie die Füße. Es kann sein, daß Sie fünf Minuten der Behandlung darauf verwenden müssen, die Fußsohlen des Patienten zu halten und ihn tief nach unten in die Füße atmen zu lassen. (Oft atmen Menschen, deren Energiefeld schwierig zu analysieren ist, sehr flach und leiden daher an einer Stagnation ihrer Lebensenergie. Dieses Ungleichgewicht kann häufig verbessert werden, wenn man die betreffende Person bittet, fünf Minuten lang tief zu atmen, während man die sekundären Chakras in ihren Füßen öffnet.) Seien Sie geduldig bei Ihrer Energiefelddiagnose. Es kann mehrere Sitzungen dauern, bis Sie verstehen, wo die energetischen Ungleichgewichte des Patienten liegen. Währenddessen harmonisieren Sie sein Energiefeld durch heilende Berührung und durch das Öffnen der Fußchakras.

Um Löcher und Lecks zu schließen, streiche ich mit den Händen über die Bereiche des energetischen Felds, wo seine Begrenzungen stark und gesund sind, und ziehe die überschüssige Energie in Richtung des Lochs oder Lecks. Ich versuche, zusätzliche Lebenskraft in das Loch zu leiten, um es mit Energie zu füllen, und schließe den verwundeten Bereich, indem ich ihn mit meinen Händen glätte. Zusätzlich zu der heilenden Energie, die durch mich zum Klienten strömt, schicke ich dem Leck eine Art mütterliche Liebe. Ich visualisiere, wie die heilende Energie in das Leck hineinfließt, es füllt und die Wunde heilt. Ich «sehe», wie die Wunde sich schließt und die Integrität des Feldes wiederhergestellt wird, und arbeite daran, die Energie so auszubalancieren, daß sie wieder glatt durch den Bereich fließen kann, wo zuvor die Wunde war. Nun ist das Energiefeld wieder geschlossen, stark, elastisch und ganz.

Für das Schließen eines Lecks oder Lochs benötigt man meist mehrere Sitzungen, weil Wunden gewöhnlich chronisch sind und das Feld so strukturiert ist, daß es die Wunde aufrechterhält.

Wenn Löcher oder Lecks im energetischen Feld geschlossen werden, und sei es nur für kurze Zeit, empfindet der Patient ein Gefühl von Ganzheit. Sein Feld ist nun intakt, und die Energie, die bisher verlorengegangen ist, steht ihm wieder zur Verfügung. Diese Erfahrung kann ihm entweder einen plötzlichen Energieschub geben oder bewirken, daß er sich müde fühlt, da bestimmte Bereiche seines Körpers diese Energie zum ersten Mal seit Jahren spüren. Noch wichtiger ist jedoch, daß Körper, Geist und Seele sich innerhalb ihrer eigenen Grenzen und ihrer eigenen Identität getragen fühlen. Die Wirkung dieser Erfahrung ist sehr tiefgreifend, weil sie uns auf allen Ebenen daran erinnert, wie es sich anfühlt, ganz zu sein; sie vermittelt uns einen Eindruck von allem, was wir sind und sein können. Diese Erfahrung wirkt wie ein Katalysator auf unser gesamtes Wesen und all die Heilkräfte, die in uns liegen. Energien werden aus ihrem statischen Zustand aufgerüttelt. Auch die Psyche wird geweckt und in eine bestimmte Richtung mobilisiert. Der Selbstheilungsprozeß vollendet sich erst lange nach der Sitzung – das Energiefeld des Patienten heilt sich selber. Das Schließen der Löcher durch den Behandler erweckt lediglich die Heilkräfte innerhalb des energetischen Feldes und leitet sie zu den Stellen, deren Integrität wiederhergestellt werden muß.

Wenn jemand über Schmerzen klagt

Gelegentlich wird Ihnen jemand sagen, daß er nach einer Behandlung leichte Schmerzen verspürt. Wenn die Schmerzen sehr stark sind oder länger als zwei Stunden anhalten, bitten Sie die betreffende Person, einen Arzt aufzusuchen. Im allgemeinen kann man keine ernsthaften Nebenwirkungen – einschließlich Schmerzen – durch die Anwendung von Therapeutic Touch auslösen. Andererseits kann das vermehrte Einströmen von Lebenskraft zu vorübergehendem Unwohlsein führen, besonders bei Personen, die lange Zeit an Blockaden und einer Stagnation ihrer Energien gelitten haben.

Die häufigste Art von Schmerzen, die einer Sitzung mit heilender Berührung folgen können, treten dann auf, wenn Sie einen Bereich von Blockaden gereinigt haben und es zu einem Zusammenbruch energetischer Muster kommt. Nach der Entfernung solcher Blockaden fließen Energie, Blut und Lymphe reichlicher in die Gebiete, wo zuvor ein Mangel dieser drei Lebenselixiere geherrscht hat. Wenn Blut, Lymphe und Chi beginnen, Teile des energetischen Feldes und des physischen Körpers aufzufüllen, wo zuvor Stagnation und Blockaden vorhanden waren, kann es sein, daß die Gewebe höchst sensibel sind und mit unangenehmen Empfindungen oder leichten Schmerzen reagieren.

Wann immer ein Klient Schmerzen empfindet – besonders aber dann, wenn diese Schmerzen nach einer Behandlung auftreten –, öffnen Sie als erstes seine Füße. Sind nach dem Öffnen der Füße immer noch Schmerzen vorhanden, legen Sie Ihre Hände über die schmerzhafte Stelle und schicken Sie ihr beruhigende, tröstende und heilende Energie. Visualisieren Sie, wie die Gewebe sich öffnen, als würden sie sich gerade aus einem langen Schlaf erheben und die verstärkte Zirkulation annehmen. Dann legen Sie eine Hand über die vordere Öffnung des nächstgelegenen Chakras und die andere über den Bereich des entsprechenden Chakras am Rücken. Lassen Sie eine Energiekugel zwischen Ihren Händen entstehen und visualisieren Sie, wie sie den gesamten Bereich mit weicher heilender Energie und Licht auffüllt. Sehen Sie, wie die Gewebe geschmeidig werden und sich entspannen. Zum Abschluß kontrollieren Sie noch einmal, ob die Energie frei und ungehindert aus den Fußsohlen fließt.

Die Chakras ausgleichen

Nach Abschluß der Behandlung bitten Sie den Patienten, sich auf eine Liege oder eine Matte auf dem Boden zu legen, und führen noch einmal eine Untersuchung des Energiefeldes durch, wobei Sie sich besonders auf das konzentrieren, was Sie spüren, wenn Ihre Hände sich über den sieben Chakras befinden. Versuchen Sie alle eventuell noch vorhandenen Disharmonien auszugleichen. Wenn ein oder mehrere Chakras noch schwach sind, können Sie deren Lebenskraft aufbauen, indem sie folgendes tun: Von der rechten Körperseite des Klienten aus legen Sie Ihre linke Hand unter den Austrittspunkt des betreffenden Chakras am Rücken des Klienten und Ihre rechte Hand über seine vordere Austrittsstelle (s. Fotos in Anhang 2). Bei dieser Behandlung müssen Sie den Patienten direkt am Rücken und/oder der Vorderseite seines Körpers berühren. Visualisieren Sie, wie die universelle Energie durch Sie hindurchströmt. Sehen Sie die Lebenskraft oben an Ihrem Kopf in Ihr energetisches Feld und Ihren Körper eintreten und ziehen Sie sie mit dem Atem in sich hinein. Während Sie ausatmen, visualisieren Sie, wie die Energie von Ihrem Herzen aus nach oben in Ihre Schultern und von dort in Ihre Arme und Hände fließt. Sie erschaffen eine Energiekugel, eine Kugel aus Lebenskraft, zwischen Ihren Händen und in dem Chakra, das Heilung benötigt. Während Sie das Chakra mit dieser kraftvollen Kugel aus Licht füllen, wiederholen Sie in Gedanken ständig den Satz «helfen und heilen».

Ein Anzeichen dafür, daß das Chakra die Energie aufnimmt und geheilt wird, sind gurgelnde Geräusche, die von Magen und Darm ausgehen (so wie Magenknurren, wenn man hungrig ist). Sie weisen darauf hin, daß zusätzliche Energie in das energetische Feld geleitet wird und die Stagnation innerhalb des Chakras und an anderen Stellen des Feldes bereinigt, und daß nun neue Lebenskraft in den Körper fließen und die Harmonie wiederherstellen kann.

Halten Sie die Chakrakugel so lange, wie es Ihnen notwendig erscheint. Sie werden intuitiv den Moment spüren, in dem Sie wissen, daß die Kugel aus Lebenskraft in das Energiefeld und den Körper des Patienten aufgenommen worden ist. Im allgemeinen dauert es nur einige Minuten, bis der Körper und das energetische Feld die Chakrakugel angenommen haben.

Der Zweck dieses Chakraausgleichs am Ende der Heilungssitzung besteht darin, das Energiesystem dabei zu unterstützen, sich an die gerade aufgetretenen Änderungen der energetischen Muster zu gewöhnen.

Nachdem Sie die Chakras ausgeglichen haben, bewegen Sie Ihre Hände durch das Energiefeld und visualisieren Sie, wie Sie seine Ränder glätten und begradigen. Schließen Sie alle Löcher oder Lecks, die Sie vielleicht noch wahrnehmen. Zum Abschluß streichen Sie das Feld glatt. Während Sie Ihre linke Handfläche etwa in Schulterhöhe nach oben halten, streichen Sie mit der rechten Hand über die Ränder des Energiefelds, als ob Sie all seine kleinen «Zuckerwatte-Fasern» glätten wollten. Bewegen Sie sich im Uhrzeigersinn um das Feld herum, während Sie etwa siebenmal vertikal nach unten streichen.

Nach Beendigung dieses Schritts bitten Sie Ihren Klienten, sich zehn Minuten lang hinzulegen. Die Energie, die auf den Patienten übertragen worden ist, wird sich innerhalb der nächsten vierundzwanzig Stunden weiter aufbauen, das Immunsystem und die Heilkräfte stimulieren und Ungleichgewichte harmonisieren. Bitten Sie den Patienten, diesen Prozeß durch die Einhaltung eines entspannteren Tempos während des folgenden Tages zu unterstützen.

Integriertes erweitertes Gewahrsein beginnt mit Erinnerung

An mehreren Stellen in diesem Buch habe ich beschrieben, wie Menschen zu Beginn ihrer Behandlung mit Therapeutic Touch unterdrückte oder vergessene Wesensanteile wieder integrieren. Ich nenne das «integriertes erweitertes Gewahrsein». Sehr häufig halten wir einen Teil unserer Erinnerungen, Talente und Erfahrungen in Bereichen des Energiefeldes fest, die von unserem Verstandesbewußtsein abgeschnitten sind. Wenn ein Therapeut für heilende Berührung anfängt, an dem zugrundeliegenden Problem zu arbeiten, entfernt er unweigerlich viele dieser unterdrückenden Barrieren, so daß diese Erinnerungen und Fähigkeiten befreit werden und die betreffende Person sich allmählich in einem ganz neuen Licht wahrnehmen kann.

Bevor dieses Gewahrsein auftritt, kann es jedoch sein, daß der Patient sich an alte Traumata erinnert und sie seelisch wiedererlebt. Damit Körper, Geist und Seele heilen können, ist es oft notwendig, daß der Patient noch einmal zu den Ereignissen zurückkehrt, die die ursprüngliche Wunde verursacht haben. Dies ist ein wesentlicher Teil des Heilungsprozesses. Die betreffende Erfahrung muß wieder in die Psyche integriert werden, besonders wenn sie eine Zeitlang unterdrückt und geleugnet worden ist. Heilende Berührung unterstützt den Patienten dabei, sich diese alten schmerzhaften Erinnerungen noch einmal anzusehen, und erleichtert den Prozeß der Integrierung dadurch, daß Liebe in Form von heilender Energie genau an die Stelle geschickt wird, wo der Klient verwundet worden ist. Diese Stelle ist eine Zeitlang nicht optimal mit Lebenskraft, Blut und Lymphe versorgt worden, den Grundelementen des Lebens. Wenn diese Grundlagen erst einmal wiederhergestellt sind, fühlt sich der Klient stark genug, um zurück in den Schmerz zu gehen und sich auf eine ganz neue Weise mit ihm auseinanderzusetzen. So kehrt also der Patient sozusagen an den «Tatort» zurück, diesmal unterstützt durch die göttliche Liebe, die ihm durch den Behandler übermittelt wird.

Auch im psychologischen Bereich kann heilende Berührung die Arbeit von Ärzten und Therapeuten sehr wirkungsvoll unterstützen. Wenn jemand mit einer langanhaltenden emotionalen Störung zu Ihnen kommt, überweisen Sie ihn zusätzlich an einen Psychotherapeuten. Wenn Sie am Energiefeld eines solchen Menschen arbeiten, halten Sie die Behandlungen kurz – im allgemeinen nicht länger als zehn bis fünfzehn Minuten am Tag. Dafür können Sie denjenigen jedoch täglich behandeln. Gleichzeitig lassen Sie ihn ein Tagebuch führen, in dem er sich mit schmerzhaften Ereignissen in seinem Leben auseinandersetzen soll. Verschiedene Studien haben gezeigt, daß das Schreiben über unser Leben, besonders über vergangene Traumata, einen dramatischen Heilungseffekt auf Körper, Geist und Seele hat.

James W. Pennebaker, Professor für Psychologie an der Southern Methodist University (SMU), hat entdeckt, daß das Aufschreiben traumatischer Erfahrungen in einem persönlichen Tagebuch für jeweils zwanzig Minuten an vier aufeinanderfolgenden Tagen bemerkenswerte Heilwirkungen auf der körperlichen und seelischen Ebene hat. Wie Pennebaker und seine Forschungskollegen Janice Kecolt-Glaser und Ronald Glaser feststellten, befanden sich sowohl das Immunsystem als auch die psychische Gesundheit danach in einem deutlich besseren Zustand.

In einer wissenschaftlichen Studie fand man bei denjenigen Teilnehmern, die ihre Probleme ihrem Tagebuch anvertrauten, im Vergleich zu denen, die das nicht taten, viel mehr aggressive CD4-Zellen – die Zellen, die die allgemeine Reaktion des Immunsystems auf eine Krankheit steuern. Diejenigen Personen, die Pennebaker als «die großen Enthüller» bezeichnete, zeigten von allen Teilnehmern die bemerkenswerteste Verbesserung in ihrer T-Zellenreaktion.

Anhand von Interviews und psychologischen Tests konnte außerdem festgestellt werden, daß das Schreiben auch eine dramatische Besserung der psychischen Gesundheit zur Folge hatte.

Pennebaker behauptet, daß hier mehr als nur Katharsis am Werk ist. Er äußert die Vermutung, daß psychische Verdrängung – der Mechanismus, mit dem wir bestimmte Dinge geheimhalten, sogar vor uns selbst — einen gewissen Grad an psychischer und physischer Energie erfordert. Seiner Meinung nach ist Verdrängung anstrengende Arbeit, besonders wenn ein sehr schmerzhaftes Trauma geheimgehalten werden muß. Körperliche Symptome – wie eine Erhöhung des Blutdrucks, der Herz- und Atemfrequenz, der Hauttemperatur und vermehrtes Schwitzen – sind häufig Folgen einer solchen Verdrängung. Die Befreiung, die mit einem «Bekenntnis» dieser Traumata einhergeht, findet daher sowohl auf der psychischen als auch auf der körperlichen Ebene statt. Pennebaker betont, daß man das betreffende Ereignis nicht unbedingt aufschreiben muß, um eine Entlastung zu spüren. Es jemand anderem anzuvertrauen hat denselben Effekt, solange es sich dabei um ein deutlich traumatisches Erlebnis handelt, das man bisher ganz oder teilweise geheimgehalten hat.

Die Regeln, um ein solches «Bekenntnis» zu schreiben, sind sehr einfach:

1. Schreiben Sie jeweils zwanzig Minuten lang an vier aufeinanderfolgenden Tagen in Ihr Tagebuch.
2. Schreiben Sie kontinuierlich über das aufwühlendste Erlebnis oder Trauma Ihres gesamten Lebens.
3. Kümmern Sie sich nicht um Grammatik, Rechtschreibung oder die Strukturierung von dem, was Sie schreiben.
4. Schreiben Sie Ihre tiefsten Gedanken und Gefühle auf, die mit dieser Erfahrung verbunden sind. Schreiben Sie alle Einzelheiten auf, an die Sie sich erinnern, sowie Ihre Einsichten in diese Ereignisse. Nehmen Sie während des Prozesses Kontakt zu Ihren tiefsten Emotionen und Gedanken auf.

Das Wiedererleben des mit einem Trauma verbundenen Schmerzes ist oft ein wesentlicher Teil des Heilungsprozesses und kann sehr wertvoll für den Patienten sein.

Eine der machtvollsten Techniken, mit denen wir einem Menschen helfen können, ungesunde Gewohnheiten loszuwerden und seelischen Schmerz zu lindern, ist die Reinigung seines spirituellen Kanals oder Zentralkanals. Mit diesem Thema werden wir uns im nächsten Kapitel beschäftigen.

NEUN

Alte Muster auflösen

Unser Leben setzt sich aus einer Reihe von Erfahrungen zusammen, die – alle zusammen betrachtet – bestimmte Muster bilden, welche jeden von uns einzigartig machen. Wir alle werden durch unsere Denkmuster, Lebensanschauungen und unsere Vorlieben für bestimmte Arten von Erfahrungen geformt. Eine Vielzahl von Verhaltensweisen und Überzeugungen in uns kombiniert sich zu Mustern, die bestimmen, welche Art von Menschen wir mögen oder lieben, wen wir ablehnen und vor wem wir Angst haben. Unsere Talente, Ambitionen und Schwächen vereinigen sich zu Mustern, die unserem Leben eine Richtung geben. Sie enthüllen, wo unsere Stärken liegen und wo wir noch reifen und uns entwickeln müssen. Auch unser äußeres Erscheinungsbild setzt sich aus einem Muster körperlicher Merkmale zusammen. Wenn wir unsere Muster ehrlich und mit Einsicht untersuchen, können sie uns enthüllen, wer wir sind und welchen Platz wir in dieser Welt einnehmen.

Einige der Kräfte, die uns formen, sind genetisch festgelegt und daher unveränderlich oder von geringer Flexibilität. Zum Beispiel sind viele unserer Talente und Fähigkeiten genetisch bestimmt. Andere Bereiche werden durch unsere Erfahrungen oder unsere Umgebung geformt. Unsere Beziehung zu Autoritätspersonen oder zum anderen Geschlecht, unsere Einstellung zu Geld und unsere Gedanken über uns selbst und Gott sind Muster, die teilweise aus unserer Konditionierung entstanden, gleichzeitig aber auch einer ständigen Veränderung unterworfen sind. Obwohl sie oft ziemlich fixiert und rigide erscheinen, können sie potentiell enorme Transformationen durchlaufen.

Wie jeder weiß, der schon einmal versucht hat, ein negatives Muster zu verändern, ist diese Arbeit nicht einfach und manchmal sogar richtig quälend. Warum fallen uns Veränderungen so schwer? Warum sehen wir manche Verhaltensprobleme so deutlich und unterliegen ihnen trotzdem immer wieder? Das Problem ist, daß eine Veränderung zwar mit einer verstandesmäßigen Erkenntnis beginnen, der Verstand allein jedoch keine Veränderung herbeiführen kann. Wir alle wissen, daß das wahr ist, weil die meisten Veränderungen in unserem Leben ohne Willensanstrengung eingetreten sind und zum Teil sogar, ohne uns bewußt zu werden. Es ist wahr, daß Reifung zeitweise ein schmerzhafter Prozeß ist, aber selten, wenn überhaupt jemals, ist sie eine rein mentale Funktion. Wenn sie das wäre, würde keiner von uns wieder aus der Pubertät auftauchen oder dem jugendlichen Alter entwachsen, weil unser Verstand gar nicht für die Navigation durch solch rauhe Gewässer ausgerüstet ist. Dennoch wachsen die meisten von uns über diese Stadien hinaus. Wir werden erwachsen und entwickeln uns weiter – manchmal bewußt, die meiste Zeit jedoch unbewußt.

Was ist dann die treibende Kraft hinter solchen Veränderungen, und wie findet Veränderung statt? Im Buch Ecclesiastes (Altes Testament) sagt uns der Prediger: «Alles geschieht zu seiner eigenen Zeit. Und es gibt eine Zeit für jedes Ereignis unter dem Himmel ...». Das heißt nicht nur, daß es «für alles ... eine Jahreszeit gibt» («for everything ... there is a season»), wie die Byrds es in ihrem Song «Turn! Turn! Turn!» aus den sechziger Jahren so schön ausdrücken, sondern daß jedes Ereignis einen bestimmten Zweck innerhalb eines größeren Plans erfüllt. Veränderung, so sagt der Prediger, kommt zu ihrer eigenen Zeit, die von Gott festgelegt wird. Warum fällt es uns dann oft so schwer, uns zu verändern?

Wenn wir die Natur betrachten, stellen wir fest, daß sie sich in ständiger Wandlung befindet. Viele der tiefgreifendsten Veränderungen laufen glatt und geordnet ab – sogar so geordnet, daß wir unsere Kalender nach ihnen ausrichten. In gemäßigten Klimazonen macht die Natur zum Beispiel jedes Jahr vier dramatische Transformationen durch, jede zu ihrer Zeit. Soweit wir wissen, denkt ein Baum nicht darüber nach, daß jetzt Herbst ist und daher Zeit, seine Blätter abzuwerfen, oder Sommer und daher Zeit, Früchte wachsen zu lassen. Etwas anderes bewirkt, daß der Baum eine solch bemerkenswerte Transformation durchmachen kann. Dieses Etwas besteht in einer Veränderung der Energie dieses Baumes. Im Herbst kehrt sich die Lebenskraft eines Baums nach unten und zieht den Saft mit sich, wodurch die Blätter aufgrund mangelnder Energieversorgung nicht weiter am Leben erhalten werden können und von ihren Stengeln fallen. Im Winter bleibt die Energie unter der Erdoberfläche; sie wartet auf den Moment, in dem die zunehmende Energie des Frühlings die Lebenskraft des Baums wieder ansteigen läßt. Dann kommt die Sonne zurück, und die Lebensenergie steigt durch den Baumstamm nach oben, strömt in die Zweige und läßt Blätter und Blüten sprießen. Im Sommer strotzt die Peripherie des Baums nur so vor Energie; die gesamte Natur explodiert fast vor Lebenskraft, und so entstehen Blumen und Früchte.

Menschen verändern sich auf ähnliche Weise, und jede Veränderung, die wir durchmachen, hat ihre eigene «Jahreszeit». Dennoch haben wir die Macht, den Energiefluß in uns durch unsere Gedanken, Emotionen, unsere Nahrung und unser Verhalten zu beeinflussen. Wir können den Fluß der Lebenskraft fördern oder bewirken, daß er blockiert wird und stagniert. Die meiste Zeit tun wir das, ohne es zu erkennen. Es kann jedoch keine Veränderung in uns stattfinden – egal, wie sehr wir uns anstrengen –, ohne daß es zuvor zu einer deutlichen Energieverschiebung gekommen ist. Nachdem sich die Energie in unserem Feld geändert hat – ähnlich wie in dem Beispiel mit dem Baum –, können dramatische Veränderungen in unserem Leben und auf jeder Ebene unseres Seins stattfinden – der physischen, emotionalen, psychischen und spirituellen. Wir wachsen in unser nächstes Entwicklungsstadium hinein, und das passiert beinahe ohne Anstrengung. Beispiele für dieses Phänomen findet man in unserer heutigen Welt recht häufig.

Zum Beispiel zeigt sich plötzlich ein Talent zum Klavierspielen bei einer vierzigjährigen Frau, die vorher keine Erfahrungen mit diesem Instrument gemacht hat. Mit regelmäßigem Üben und der richtigen Anleitung kann sie innerhalb eines Jahres wunderschön spielen. Eine andere Frau, die sich viele Jahre lang in ihren Beziehungen hat mißbrauchen lassen, befreit sich plötzlich von diesem Muster, findet ihre Würde und Selbstliebe wieder und geht eine gesunde, lohnende Beziehung ein. Ein Drogenabhängiger wirft seine Drogen über Bord; ein Alkoholiker überwindet seine Sucht; jemand, der schwerkrank war, hat eine Spontanheilung. Wir alle kennen solche Menschen und haben schon viele Male ähnliche Geschichten gehört. Der rote Faden, der sich durch all diese Erfahrungen zieht, ist, daß die Transformation ohne extreme Anstrengung und jedenfalls nicht durch bloße Willenskraft stattgefunden hat. Dagegen gibt es viele Menschen in ähnlichen Umständen, die tapfer kämpfen und trotzdem nicht plötzlich ein Instrument spielen, eine Gewohnheit über Bord werfen oder ein Muster von Mißbrauch überwinden können. Was trennt diejenigen, die sich ändern, von denen, die das nicht schaffen? Was unterscheidet die eine Gruppe Menschen von der anderen? In vielen Fällen ist es nicht die Anstrengung, die den Unterschied macht. Tatsächlich kämpfen diejenigen, deren Anstrengungen vergeblich sind, oft härter als die, die sich verändern.

Solche tiefgehenden Transformationen werden durch eine Verschiebung der energetischen Muster des betreffenden Menschen ermöglicht. Irgend etwas in ihrem Energiefeld hat sich verändert; wir wissen nicht, wie und durch wen das passiert ist, aber das energetische Feld hat sich verändert, und die Person hat einen bemerkenswerten Schritt gemacht, der vorher als unmöglich angesehen wurde. Das soll nicht heißen, daß so eine Veränderung völlig ohne emotionale Schmerzen oder Leiden abläuft. Es ist immer mit gewissen Schmerzen verbunden, ein altes Muster loszulassen. Menschen, die solche dramatischen Veränderungen durchgemacht haben, berichten jedoch übereinstimmend, daß im Gegensatz zu ihrem jahrzehntelangen Kampf gegen die Sucht oder dem jahrelangen Ankämpfen gegen ihre Krankheit der tatsächliche Schritt zur Veränderung auf ziemlich mysteriöse und bemerkenswerte Weise viel einfacher war, als sie sich das je erträumt hätten. Das kann man nicht erklären, sagen wir. Es ist ein Rätsel, ein Wunder. Jeder, der schon einmal Zeuge der bemerkenswerten Veränderungen geworden ist, die auftreten, wenn jemand ein altes Muster aus seinem Energiefeld losläßt, empfindet diesen Prozeß wie ein Wunder.

Im Gegensatz dazu können Blockaden im Energiefeld einen Menschen daran hindern, einen bestimmten Entwicklungsschritt zu machen, selbst wenn derjenige sich dies verzweifelt wünscht und alles Erdenkliche tut, um sich zu ändern.

Energetische Muster und das falsche Selbst

Bevor ich beschreibe, wie wir weitere Änderungen im Energiefeld unserer Patienten herbeiführen können, die über die in Kapitel 8 beschriebenen Dinge hinausgehen, lassen Sie mich kurz darauf eingehen, welche Arten von Mustern wir in uns tragen und welche davon wir loslassen müssen. Alle Muster, die unser Leben ausmachen – seien sie genetisch oder durch die Umgebung bestimmt –, können in zwei Kategorien eingeteilt werden. Die erste Gruppe hat ihren Ursprung in unserem wahren Selbst, dem inneren Wesen, nach dem wir uns sehnen und das wir vollständig erfahren und in der Welt ausdrücken möchten. Die zweite Gruppe macht unsere falsche Persönlichkeit aus, welche uns zwar manchmal kurzzeitige Befriedigung verschaffen kann, im allgemeinen aber den Ausdruck unseres tieferen Selbst blockiert, uns auf Irrwege und in Sackgassen führt und uns somit Enttäuschungen einbringt. Sie sind der einzige Mensch, der zwischen Ihrem wahren und Ihrem falschen Selbst und den dazugehörigen Mustern unterscheiden kann. Es gibt allerdings einen Test, der Ihnen helfen kann, den Ursprung eines bestimmten Musters festzustellen: Verhaltensmuster, die Ihnen ermöglichen, sich selbst und andere zu lieben, die Ihren Selbstausdruck fördern und Ihre Verbindung zur Quelle des Lebens vertiefen, kommen aus dem wahren Selbst und vermitteln Ihnen Glücksgefühle und ein Empfinden tiefer Zufriedenheit. Verhaltensmuster, die ihren Ursprung in chronischen Ängsten, Ärger, Feindseligkeit, Haß und Abhängigkeitsgefühlen haben, basieren dagegen auf Täuschung und dem falschen Selbst.

Das falsche Selbst hindert Sie daran, Glück und Erfüllung zu finden, weil es Sie hindert, Ihre wahre Natur auszudrücken und eine tiefe und liebevolle Beziehung zu Gott zu erfahren, wie immer Sie Ihn / Sie / Es wahrnehmen.

Muster, die das wahre Selbst behindern, entstehen alle aus ein und derselben Ursache heraus: der Erfahrung, daß Liebe an Bedingungen geknüpft ist. Wir alle sind in unterschiedlichem Ausmaß mit der Erfahrung bedingter Liebe aufgewachsen, das heißt, wir wurden geliebt oder nicht geliebt, je nachdem, wie fähig oder gewillt wir waren, uns bestimmten Verhaltensweisen anzupassen. Da unser Überleben von dieser Liebe abhing, die nur so spärlich vorhanden war, sind viele von uns bis in die Wurzeln ihres Seins erschüttert worden. Diejenigen, die mit einer solch unstabilen Liebe großgezogen worden sind, haben gelernt, daß die Realität immer eine gewisse Bedrohung enthält und daher ein bestimmtes Maß an Konformität, Anpassung und Opfern erfordert. Das größte aller Opfer besteht dabei natürlich in der Aufgabe unserer wahren Natur oder unseres wahren Selbst.

Der Grund, warum Menschen gerade das opfern, was sie in Wirklichkeit ausdrücken wollen, ist ihr Glaube, sie könnten nicht zugleich sie selbst sein und geliebt werden. Deshalb müssen sie bestimmte Seins- und Verhaltensweisen entwickeln, eine *Persona*, die die Menschen zufriedenstellt, von deren Liebe sie abhängig sind. Diese *Persona* wird zu einer Barriere, die uns davon abhält, unser wahres inneres Selbst zu erfahren. Sie setzt sich aus vielen negativen Überzeugungen über uns selbst zusammen, Glaubenssätzen, die zu mächtigen Gefängnissen werden können.

Eine begabte Tänzerin, die von sich glaubt, sie habe nur ungenügende oder überhaupt keine Fähigkeiten, erkennt vielleicht nie ihre wahren Talente und ihr Potential als menschliches Wesen. Dieser Glaubenssatz kann ihr gesamtes Leben zerstören und endlose Leiden und Krankheiten zur Folge haben. Unsere Persönlichkeit setzt sich aus einer Reihe von Überzeugungen zusammen, die unsere Meinung darüber ausdrücken, wie wir uns in bestimmten Situationen verhalten müssen. Sie sagen uns, was möglich ist und was nicht.

All diese falschen oder negativen Glaubenssätze zusammen bilden eine äußere Persönlichkeit, die wie ein schlecht passendes Kostüm Blockaden und energetische Beschränkungen in unserem Feld hervorruft. Negative Überzeugungen haben die Tendenz, sich wie in einem Teufelskreis selbst aufrechtzuerhalten, weil wir sie ständig wiederholen. Sätze wie «Ich bin zu nichts gut» verursachen Wunden im energetischen Feld. Diese Wunden werden zu Löchern oder Lecks, oder sie werden von einer Art energetischem Narbengewebe bedeckt, das Blockaden oder «Steine» bildet und so den Fluß der Lebenskraft durch unser Energiefeld einschränkt. Diese Blockaden verhindern, daß unsere Zellen, Gewebe und Organe optimal mit Lebenskraft versorgt werden. Dadurch nehmen die Elastizität, Veränderbarkeit und Wachstumsfähigkeit des Feldes ab, alte Glaubensmuster werden am Leben erhalten und nähren wiederum unsere energetischen Wunden.

Energetische Muster können die Ursache von Krankheit sein

Wenn diese einschränkenden energetischen Muster sich erst einmal in Ihrem Energiefeld festgesetzt haben, manifestieren sie sich im Körper als Streß, Muskelverspannungen, eingeschränkte Atmung, hormonelle Störungen und blockierte Blut- und Lymphzirkulation. Mit der Zeit kann es sein, daß Sie diese energetischen und körperlichen Bedingungen als Ihren Normalzustand akzeptieren. Allmählich werden Ihr Herzschlag und Ihre Atmung beeinflußt, die Sauerstoffmenge in Ihren Geweben, die Menge an Kohlendioxid, die Ihr Körper freisetzt, die Stärke Ihres Immunsystems, Ihre Körperhaltung, die Art, wie Sie sich bewegen, wie Sie sich fühlen und wie Sie mit anderen Menschen interagieren. Kurz gesagt, diese Muster können Sie zu einer Person formen, die jemand anders ist als Ihr wahres Selbst, und Sie in diesem Prozeß krank machen.

Heilung findet dann statt, wenn wir diesen Teufelskreis unterbrechen, indem wir die Wunden im Energiefeld heilen und dadurch die energetischen, körperlichen und psychischen Muster verändern. Wenn wir Blockaden im energetischen Feld entfernen, werden die Zellen, Organe und auch das Gehirn wieder reichlich mit Lebenskraft versorgt. Wir fühlen uns schnell besser und können die Dinge in einem anderen Licht sehen. Alte und negative Glaubensmuster können abgestreift werden, weil wir nun zu erkennen beginnen, wie fähig und machtvoll wir in Wahrheit sind.

Gesundung und Reifung bestehen im Prinzip aus dem Abstreifen jener einschränkenden Ideen, die uns in der Vergangenheit aufgedrückt worden sind. In gewissem Sinne geht es hier um eine Ausweitung dessen, was wir im Moment für möglich halten, eine Ausdehnung unseres Bewußtseins oder die Entwicklung eines «integrierten erweiterten Gewahrseins», so daß die in uns verborgenen Qualitäten zum Vorschein kommen und ausgedrückt werden können.

Wenn Ihre angeborenen Qualitäten und Talente an die Oberfläche kommen, erkennen Sie, wer Sie wirklich sind. Ihre wahre Natur tritt aus dem Schatten des Unbewußten hinaus in das Licht des Bewußtseins. Nun können Sie anfangen, Ihre zugrundeliegenden Fähigkeiten zu integrieren, indem Sie ein neues, erweitertes Bild von sich selbst erschaffen. Das ist es, was ich mit «integriertem erweiterten Gewahrsein» meine – die Wahrnehmung eines größeren und wahrhaftigeren Ich. Heilende Berührung entfernt Barrikaden und öffnet Ihnen die Tür zu Ihrem wahren Selbst. Lassen Sie mich dazu ein Beispiel geben.

Sam: Alte Muster loslassen

Sam war ein achtunddreißigjähriger Mann in einer leitenden beruflichen Position, die mit starkem Leistungsdruck verbunden war. Als er zu mir kam, klagte er über starken Streß und Magenbeschwerden. Sein Tagesablauf, so sagte er, sei im Grunde ein ständiger Wettlauf mit der Zeit. Er hatte zu viele Zeitpläne und Termine einzuhalten. Einerseits war er sehr ehrgeizig, andererseits aber auch sensibel: Wenn etwas schiefging, betrachtete Sam das als Anzeichen seiner eigenen Unzulänglichkeit oder als persönliches Versagen und machte sich starke Vorwürfe. Trotz oder vielleicht gerade aufgrund der Tatsache, daß er so hart zu sich selbst war, versuchte er ständig mehr zu erreichen.

Dieses Verhalten hatte ernsthafte körperliche Nebenwirkungen zur Folge: Sam hatte ein chronisches Angstgefühl in der Magengrube, das ihm Magenschmerzen und Schmerzen im Solarplexus verursachte, besonders wenn er unter Druck geriet. Er hatte auch Schmerzen, wenn er eine Mahlzeit ausließ, klagte über chronische Magenverstimmungen und schluckte eine

Menge säurehemmender Medikamente. Gleichzeitig litt er unter Verdauungsbeschwerden und hatte abwechselnd Durchfälle und Verstopfung. Streß kann den menschlichen Körper auf viele verschiedene Weisen beeinflussen. Ich vermutete, daß bei Sam wahrscheinlich eine angeborene Schwäche des Magen-Darm-Trakts vorlag, so daß sich seine Symptome in diesem Bereich manifestierten.

Sams energetische Muster zeigten deutlich, daß sich sein Nervensystem in einer ständigen Streßreaktion befand. Diese sogenannte Flucht-oder-Kampf-Reaktion wird vom sympathischen Nervensystem gesteuert, welches bei Streß die Innervation auf die Muskeln und Nerven in Herz, Lungen und der Peripherie des Körpers konzentriert. Dadurch wird Energie aus dem Verdauungssystem zu den Extremitäten umgeleitet, so daß der Körper angesichts einer Gefahr schnell und aggressiv reagieren kann.

Die Verdauung dagegen wird vom parasympathischen Nervensystem gesteuert, welches Nervenenergie zu Dünn- und Dickdarm leitet. Da Sam sich jedoch kontinuierlich im Streß befand, dominierte bei ihm das sympathische Nervensystem, das heißt, es wurde ständig Energie aus seinem Verdauungstrakt abgezogen und in Arme, Beine und das Herz-Kreislauf-System umgeleitet. Währenddessen zogen sich sein Magen und das dritte Chakra zusammen, was eine Blockierung der Energieversorgung in diesem Chakra und eine Verengung der Gewebe und Blutgefäße in den entsprechenden Organen zur Folge hatte. Sam aß häufig, wenn er unter Streß war, das heißt, er nahm Nahrung zu sich, wenn der Verdauungstrakt nur ungenügend innerviert und mit Lebenskraft versorgt war. So etwas schwächt die Verdauung und führt zu Verdauungsstörungen, Blähungen, Gasansammlungen und Fäulnis der Nahrung im Darm.

Gleichzeitig führt Streß zu einer Verkrampfung des Zwerchfells und einer abgeflachten, hektischen Atmung. Diverse Studien haben gezeigt, daß eine flache Atmung mit einer schlechten Sauerstoffversorgung im Blut und in den Zellen einhergeht und zu Erschöpfung, Schwäche und emotionaler Instabilität führt. Bei Sam waren nicht nur all diese Symptome vorhanden, sondern er war durch den chronischen Streß auch noch in eine Depression geraten. Er konnte sich einfach nicht vorstellen, diese Last noch länger zu tragen. Es erübrigt sich zu erwähnen, daß er es haßte, morgens zur Arbeit zu gehen.

Nachdem Sam mir von diesen Problemen erzählt hatte, empfahl ich ihm dringend, einen Gastroenterologen aufzusuchen, um abzuklären, ob er ein Magengeschwür hatte. Zusätzlich gab ich ihm diverse Tips bezüglich seiner Ernährung, um seinen Magen und die Verdauung zu unterstützen.

Dann begann ich an seinem Energiefeld zu arbeiten, wobei ich mich zuerst auf das erste, dritte und vierte Chakra konzentrierte. Ich versuchte, sein erstes Chakra zu stärken, um ihm einen besseren Halt in der physischen Welt und in seiner eigenen physischen Existenz zu geben. Sam brauchte die Erdung und Zentrierung, die mit dem ersten Chakra verbunden sind. Das dritte Chakra hatte ebenfalls einen Energieschub nötig, um Sams Willen zu stärken, der mit der Zeit müde, schwach und frustriert geworden war. Außerdem schickte ich heilende Energie in sein viertes Chakra, um seine allgemeine Motivation und seinen emotionalen Zustand zu verbessern.

Den spirituellen Kanal oder Zentralkanal reinigen und die Verbindung zwischen Himmel und Erde wiederherstellen

Im letzten Kapitel habe ich beschrieben, wie wir Lecks und Chakras heilen können, um die Muster innerhalb des Energiefelds zu verändern. Hier wollen wir uns mit einem weiteren Schritt beschäftigen – dem Entfernen von Blockaden aus dem Zentralkanal (dieser Schritt spielte auch bei meiner Arbeit mit Sam eine wichtige Rolle).

Wie ich schon in Kapitel 4 erwähnt habe, ist der Zentralkanal ein Energiestrom, der seinen Ursprung in einer kosmischen oder himmlischen Quelle hat, vom Scheitel bis zum unteren Ende der Wirbelsäule verläuft und von dort in die Erde fließt. An seinem Mittelpunkt befindet sich der Schwingungskern, und auch die sieben Chakras sind an diesem Kanal entlang aufgereiht. Der Zentralkanal ist eine energetische Achse, die in anderen Traditionen oft als «spiritueller Kanal» bezeichnet wird, das heißt, er stellt die energetische Verbindung zwischen den beiden großen Polaritäten des Lebens dar: dem Unendlichen und dem Endlichen oder Himmel und Erde. Der Kanal als solcher dient als Matrix, um die herum sich der Körper konfiguriert und in der die Lebenskraft des Körpers von oben nach unten fließt.

Dieser Zentralkanal kann durch alten emotionalen «Müll» blockiert werden, wodurch das Gefühl für unsere Verbindung mit dem Universum und der Erde abgeschnitten wird. Jemand mit einem blockierten spirituellen Kanal kann weder eine intuitive Verbindung mit der Quelle des Lebens noch mit Mutter Erde spüren, das heißt, er kann weder Inspiration von oben noch Nahrung aus der Erde ziehen. Er ist weder ein Kind des Himmels noch ein natürlicher Bewohner der Erde. Dies ist die extremste Erfahrung von Einsamkeit und Isolation, die wir machen können, und sie bringt eine Unzahl anderer negativer Emotionen und Lebenseinstellungen mit sich.

Durch eine Reinigung des Zentralkanals können wir dieses Gefühl der Verbundenheit wiederherstellen. Nachdem solche Blockaden entfernt worden sind, bekommt der betreffende Mensch ein entspannteres Lebensgefühl. Er fühlt sich mehr mit seiner himmlischen Quelle verbunden und hat daher größeres Vertrauen in die Kräfte, von denen er an jedem Tag seiner Existenz genährt wird. Er kann sich durch Ideen, Kreativität und die Kraft der Lebensenergie inspirieren lassen, die in jedem Augenblick unseres Lebens auf uns herabströmt. Und nicht nur das – auch seine Verbindung mit der Erde bessert sich und gibt ihm ein klareres Gefühl dafür, was er tun muß, um seinen Platz auf der Erde zu sichern. Die körperlichen, psychischen und spirituellen Auswirkungen einer Reinigung dieses Kanals sind tiefgreifend und vielfältig, lassen sich jedoch zu zwei wesentlichen Punkten zusammenfassen: Sie verbessern unsere Verbindung mit unserem wahren Selbst und stellen die Verbindung mit der Quelle allen Lebens wieder her.

Energetischen «Müll» aus dem Zentralkanal entfernen

Wenn ich mit Menschen wie Sam arbeite, schließe ich meine Behandlung häufig mit einer Reinigung des Zentralkanals ab. Diese Art der Behandlung führe ich erst durch, nachdem ich eine starke, vertrauensvolle Bindung zu meinem Klienten aufgebaut habe, denn der Therapeut muß dabei Kopf, Schultern und Rücken des Klienten berühren. Ich habe festgestellt, daß das Reinigen des Kanals sehr wirkungsvoll bei der Eliminierung alter Wunden, Erinnerungen und Anhaftungen an alte Beziehungen ist, welche die Weltanschauung und das Wachstum der betreffenden Person einschränken – selbst wenn derjenige selbst gar nicht erkennt, daß er noch an solchen alten Erinnerungen oder Beziehungen festhält. Diese Technik stellt auch eine kraftvolle Methode zur Erhöhung der Lebensenergie dar. Denken Sie daran, daß das Reinigen des Zentralkanals meist am Ende einer Behandlung durchgeführt wird. Das heißt, daß Sie sich vorher zentriert, das energetische Feld untersucht und ihre Energiearbeit abgeschlossen haben. Dies sind die Schritte, die Sie bei der Reinigung des Zentralkanals verwenden können:

1. Stehen Sie hinter Ihrem Patienten und legen Sie Ihre Hände sanft auf seinen Nacken, wobei die Daumen einen leichten Druck auf die Muskeln zu beiden Seiten der an der Schädel-

basis gelegenen Wirbel ausüben. Massieren Sie diese Stellen ganz behutsam, so daß die Muskeln sich entspannen.

2. Bewegen Sie Ihre Daumen langsam links und rechts an der Wirbelsäule hinab und massieren Sie die Muskeln jedes einzelnen Wirbels. Hören Sie nicht auf, bis Sie das untere Ende der Wirbelsäule erreicht haben.
3. Der Zweck dieser ersten Phase besteht darin, die Muskeln zu lockern und das Vertrauen des Körpers zu gewinnen. Der Klient mag Ihnen zwar intellektuell bereits vertrauen, aber nun müssen Sie auch seinen Körper davon überzeugen, daß er seine Panzerung loslassen und Ihnen erlauben kann, sein weiches und verletzliches Inneres zu sondieren. Massieren Sie behutsam und fest. Ihr Klient soll sich wohl fühlen, sich entspannen und seine Panzerung fallenlassen, so daß Sie mit jedem Schritt dieser Reinigung tiefer gehen können.
4. Wiederholen Sie dieselbe Prozedur noch einmal; massieren Sie auf dieselbe heilende, liebevolle Weise vom oberen Ende der Wirbelsäule bis ganz nach unten.
5. Machen Sie das gleiche noch ein drittes Mal. Während Sie sich diesmal an der Wirbelsäule entlang nach unten bewegen, massieren Sie ein wenig tiefer. Versuchen Sie die Spinalnerven anzuregen, um die Energie in Fluß zu bringen.
6. Fangen Sie noch einmal am obersten Wirbel an, nur daß Sie diesmal Ihre eigene Lebenskraft über Ihre Hände hinaus ausdehnen, so daß Ihre «ätherischen Hände» tief in das Energiefeld des Klienten und direkt in den Zentralkanal eindringen, der in der Mitte des Körpers verläuft. Ihre energetischen Hände sind nun innerhalb des Kanals und können spüren, wo dort Blockaden sitzen. Lockern Sie die Blockaden nur ein wenig und bewegen sich dann weiter durch den Kanal nach unten. Erlauben Sie sich, die Informationen wahrzunehmen, welche das energetische Feld Ihres Klienten Ihnen möglicherweise über diese Blockaden vermittelt. Noch wichtiger ist jedoch, daß Sie auf Ihre Arbeit konzen-

triert bleiben; bleiben Sie in Ihrer Mitte und wiederholen Sie im Geist Ihr Gebet (vorausgesetzt, daß dies Ihr Mittel ist, um Ihre Zentrierung aufrechtzuerhalten).

7. Wenn Sie unten angekommen sind, lassen Sie Ihre Daumen am unteren Ende der Wirbelsäule ruhen und legen Sie die Hände seitlich auf die Gesäßbacken des Patienten. Formen Sie eine Energiekugel zwischen Ihren Händen und visualisieren Sie, wie die Energie am unteren Ende der Wirbelsäule immer stärker und vitaler wird. Sie stärken nun das Chi oder die Lebenskraft des Klienten. Nehmen Sie sich ein paar Minuten Zeit, damit die Energiekugel wachsen und stärker werden kann.
8. Wenn Sie das Gefühl haben, daß die Energiekugel stark genug ist und ihr Chi eine sehr gute Qualität hat, beginnen Sie Ihre Daumen langsam wieder auf beiden Seiten der Wirbelsäule hinaufzubewegen. Dabei visualisieren Sie, wie sich die Energiekugel mit Ihren Händen nach oben bewegt und den Zentralkanal wie ein Staubsauger von allem energetischen Müll und allen Blockaden reinigt.
9. Wenn Sie die Rückseite des Herzchakras erreichen, machen Sie eine Pause und bitten den Klienten, eine tiefen Atemzug zu nehmen. Während er einatmet, bewegen Sie Ihre Hände weiter an seiner Wirbelsäule nach oben bis hin zur Schädelbasis. Versuchen Sie zu visualisieren und zu «fühlen», wie die Kugel dabei immer kraftvoller wird.
10. Wenn Sie an der Schädelbasis angekommen sind, legen Sie Ihre Handflächen behutsam seitlich an den Kopf des Patienten. Bitten Sie ihn auszuatmen und zu visualisieren, wie all das, was er nicht länger braucht, seinen Kopf nach oben verläßt. Gleichzeitig üben Sie mit den Händen einen leichten Druck auf seinen Kopf aus und ziehen die Energiekugel und den energetischen Müll, den sie enthält, durch die obere Öffnung des Zentralkanals auf dem Scheitel heraus.
11. Heben Sie die Hände hoch über den Kopf Ihres Klienten

und entlassen Sie den energetischen Müll in das Licht der Liebe, damit er vom Großen Heiler transformiert werden kann.

Falls der Klient einen Stau im Nacken verspürt, wiederholen Sie den Prozeß von Schritt 6 bis zum Ende.

Viele Menschen beschreiben das Gefühl, das sie haben, wenn ihr Zentralkanal von energetischem Müll befreit wird, als «Energieschub». Andere fühlen sich leichter, wieder andere werden müde und müssen sich eine Weile ausruhen.

Durch Energiearbeit Veränderungen bewirken – die Fortsetzung von Sams Geschichte

Während der nächsten sechs Monate kam Sam weiterhin einmal die Woche oder zweimal im Monat zu mir, und ich arbeitete häufig an seinem Zentralkanal. Während dieser Zeit machten wir langsam, aber stetig Fortschritte. Das zentrale Thema – soweit es meine Behandlung betraf – war, Sam eine positivere Lebenseinstellung zu vermitteln. Seine Sichtweise wurde zu sehr von der Illusion bestimmt, er müsse die Verantwortung für jedes kleine Detail in seinem Berufsleben und seinem persönlichen Leben übernehmen. Dadurch nahm er in jeder Situation bei weitem zu viel Verantwortung auf sich. Dieses Verhalten wurde durch seine heimliche Überzeugung verursacht, daß ohne Kontrolle alles im Leben schiefgeht, daß das Universum ein unfreundlicher und sogar feindseliger Ort ist und daß jedes schwache Glied in der Kette des Lebens zerbrochen wird. Sam glaubte insgeheim, es sei seine Aufgabe, diese Glieder stark zu machen, und diese Überzeugung war sehr ausgeprägt. Er konnte nichts damit anfangen, als ich ihm sagte, daß zwar jedes einzelne Glied in der Kette des Lebens schwach und jeder Tag mit Millionen kleinerer Dramen angefüllt sei, daß all diese Dramen jedoch letztlich zu seinen Gunsten ausgingen, auch wenn er unwillig oder unfähig sei, diese positiven Ereignisse zu sehen. Er konnte auch nichts damit anfangen, als ich ihm sagte, jedesmal, wenn er einen schwierigen Tag bei der Arbeit erlebt habe oder glaube, ein Projekt würde danebengehen, habe er in Wirklichkeit einen erfolgreichen Tag hinter sich, und das Projekt, an dem er arbeitete, würde erfolgreich sein. Es war auch zwecklos, ihn darauf hinzuweisen, daß er ein erfolgreicher Mann war und es in seiner Berufswelt sehr weit gebracht hatte. All das diente ihm nur zur Verstärkung seines Glaubens, er müsse weiter kämpfen, um Erfolg zu haben. «Sam, Sie befinden sich *trotz* Ihres Kampfes da, wo Sie sind», sagte ich.

All diese Worte konnten nichts gegen die machtvollen energetischen Muster ausrichten, die in Sams Innerem existierten. Wir hätten natürlich in seine Vergangenheit zurückgehen und seine Kindheit in allen Einzelheiten analysieren können. Vielleicht hätte das etwas geändert, vielleicht auch nicht. Wenn man bedenkt, wie viele Menschen heutzutage eine Therapie machen und wie wenige tatsächlich von ihren Mustern loskommen, habe ich den Verdacht, daß eine Therapie allein nicht ausgereicht hätte, um Sam zu verändern. (Ich habe allerdings die Erfahrung gemacht, daß Psychotherapie in Verbindung mit heilender Berührung sehr viel bewirken kann.) Die Basis von Sams Glaubenssystem war aller Wahrscheinlichkeit nach ein sehr machtvolles energetisches Muster aus emotionalem Narbengewebe und Blockaden, welches verhinderte, daß die transformierenden Energien von Himmel und Erde sein Leben verändern konnten. Er konnte nicht genug Lebenskraft aufnehmen, um sich zu entwickeln, sich zu ändern und den energetischen Müll loszulassen, der ihn zurückhielt. Um das zu ändern, war es notwendig, die Blockaden in seinem Energiefeld und seinem Zentralkanal zu beseitigen.

Ich versuchte dies jedesmal, wenn wir zusammenkamen, wobei ich mich besonders auf Sams Zentralkanal konzentrierte, den ich als stark vernarbt wahrnahm. Als ich das Narbengewebe und die Blockaden aus Sams Energiefeld und Zentralkanal entfernte, begann er Einblicke in seine Beziehung zu seinem Vater zu bekommen, der seine Integrität als Kind regelmäßig untergraben und verhindert hatte, daß er sich in seiner Familie jemals wirklich sicher fühlen konnte. Sam erkannte, daß sein Vater – damals die zentrale Macht in seinem Leben – sich ihm gegenüber feindselig verhalten hatte, was ihn darauf konditioniert hatte zu glauben, die Mächte des Lebens an sich seien ihm feindlich gesinnt oder negativ. Als Sam die weitverzweigten Konsequenzen dieser Konditionierung betrachtete, begann er das Verhalten seines Vaters als eine Art «emotionalen und spirituellen Mißbrauch» anzusehen.

Mittlerweile fing Sam an zu erkennen, daß sein Erwachsenenleben trotz all dieser Kindheitsprobleme recht erfolgreich war. Es bildete einen starken Kontrast zu seiner Kindheit, und das veranlaßte Sam, seine Meinung über die Natur der Realität und seine Beziehung zu Gott neu zu überdenken. Er erkannte, daß es durchaus viele Dinge in seinem Leben gab, die gut und richtig verliefen, obwohl er in der Vergangenheit Angst gehabt hatte, sich das einzugestehen. Wie er selbst sagte, hatte er sich daran gehindert, diese positiven Dinge offen anzuerkennen, weil er befürchtete, das feindselige Universum würde dieses Gute in seinem Leben dann sofort auslöschen. So hatte Sam sich ausschließlich auf seine Probleme konzentriert, was sein Innenleben äußerst stressig machte und schließlich auch seine Gesundheit zu zerstören begann.

Sams Transformation ging nicht mit Pauken und Trompeten, sondern ganz allmählich vor sich. Eines Tages gestand er mir: «Ich fange langsam an, mich besser zu fühlen. Sogar meine Arbeit macht mir mehr Spaß. Ich glaube, ich bin dabei, mich zu verändern.» Allmählich veränderte sich Sams Lebenseinstellung, und gleichzeitig verschwanden auch seine Magenbeschwerden und seine Verdauungsprobleme. Ich würde sagen, daß die Behandlung mit Therapeutic Touch Sam geholfen hat, sein Leben zu akzeptieren und sich für die Tatsache zu öffnen, daß er viel mehr unterstützt wird, als er früher gedacht hatte oder bereit war zuzugeben. Er wurde ein viel positiverer Mensch, besonders was seine Gefühle sich selbst gegenüber betraf; es gab jedoch keinen bestimmten Moment oder Augenblick, auf den er zurückblicken und sagen konnte: Da habe ich angefangen, mich positiv zu verändern.

Zum Abschluß vieler meiner Sitzungen mit Sam machte ich eine Visualisation mit ihm, die ich die Regenbogenmeditation nenne. Sie kann uns helfen, einschränkende Glaubensmuster zu überwinden, die uns in einem Zustand von Furcht oder Mangel festhalten.

ÜBUNG: DIE REGENBOGENMEDITATION

1. Visualisieren Sie über Ihrem Kopf eine Scheibe aus wunderschönem, vibrierendem Regenbogenlicht. Diese Regenbogenscheibe repräsentiert die Öffnung in «das spirituelle Energiefeld des Überflusses». Sie ist ein Ring aus Energie, ein Tor zu all dem Überfluß, der in diesem Leben für Ihre Seele bereitgestellt worden ist. Visualisieren Sie, wie die Scheibe sich öffnet, und wie Sie nun Zugang zu diesem Überfluß haben.
2. Greifen Sie mit den Händen nach oben und visualisieren Sie, wie Sie alles, was Sie brauchen, aus diesem spirituellen Reich zu sich herabziehen – egal, ob es sich dabei um materielle, psychische oder spirituelle Dinge handelt – oder auch alle drei zusammen (siehe Abbildung 10).
3. Diese Meditation kann man im Prinzip zu jeder Zeit machen; sie kann jedoch mit unterschiedlichen Zielsetzungen durchgeführt werden. Wenn Sie die Übung beim Aufwachen machen, versuchen Sie zu visualisieren, wie Sie all das, was Ihre Heilung auf

ABBILDUNG 10: **Die Regenbogenscheibe**

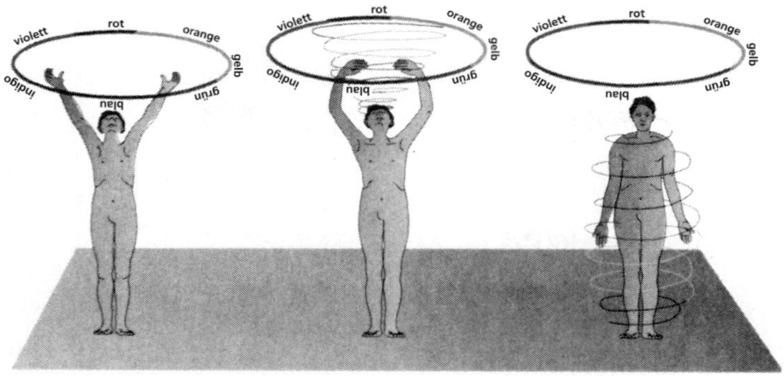

Schritt 1 **Schritt 2** **Schritt 3**

der physischen, emotionalen, mentalen und spirituellen Ebene fördert, nach unten in Ihren Körper bringen. Stellen Sie sich auch vor, daß Sie durch die Regenbogenscheibe all die Hilfe erhalten, die Sie an diesem Tag benötigen.

Wenn Sie die Meditation machen, um einem Patienten besser helfen zu können, machen Sie sie schweigend, nachdem Sie sich zentriert und bevor Sie Ihr Gebet gesprochen haben. In diesem Fall visualisieren Sie, wie Sie durch den Lichtkreis all das herunterholen, was der Patient braucht, um geheilt zu werden. Stehen Sie während der Meditation dicht hinter dem Rücken des Patienten.

Wenn Sie einen Freund, ein Familienmitglied oder einen Klienten durch diese Meditation führen wollen, machen Sie dies am Ende der Heilungssitzung und bitten Sie denjenigen, in Stille zu visualisieren, wie er durch den Kreis aus Regenbogenlicht alles empfängt, was er braucht. Bevor Sie die Meditation durchführen, stellen Sie sich hinter den Rücken des betreffenden Menschen. Visualisieren Sie die Scheibe über seinem Kopf und sehen Sie, wie er nach oben in die Scheibe greift, um alles, was er für seine vollständige Heilung benötigt, mit den Händen nach unten zu holen. Beenden Sie die Sitzung immer mit einem Dankgebet für all das, was geheilt wird.

Sich selbst heilen, um sich selbst zu erkennen

Die Erkenntnis unseres wahren Selbst ist vielleicht unser höchstes Ziel, denn wenn wir uns selber kennenlernen, bekommen wir ein Verständnis von unserer Beziehung zum Universum als Ganzem. Dieses Wissen beinhaltet die Erkenntnis, daß jeder von uns geliebt wird – ja, daß wir viel mehr geliebt werden, als wir uns vorstellen können. Wenn Menschen über ihre Konditionierung hinausgehen, machen sie unweigerlich diese Erfahrung. Es ist allerdings nicht einfach, über unsere Konditionierung hinauszugehen. Oft fühlt es sich an, als würden wir gegen eine Wand rennen, und das tun wir tatsächlich – es ist eine Wand aus Energie, die geheilt werden muß. Für einen Therapeuten, der mit heilender Berührung arbeitet, ist «psychologische Konditionierung» nicht nur ein abstrakter Begriff, der für Verhaltensmuster verwendet wird, sondern eine energetische Tatsache – eine Blockade, die verhindert, daß Veränderungen glatt und relativ schmerzlos ablaufen können. Energetische Muster und Blockaden verursachen uns Schmerzen, und diese Schmerzen sind real. Der Grund dafür ist ganz einfach: Veränderung ist eine Konstante; das Universum fordert ständige Evolution und Transformation. Das ist eine Tatsache und der Stoff, aus dem das Leben gemacht ist. Wenn wir jedoch blockiert sind, können wir uns nicht mit den universalen Rhythmen bewegen und können daher unseren Weg ins Licht nicht sehen.

Checkliste für den Heiler

Ich gebe Ihnen hier noch einmal eine Zusammenfassung der Grundschritte einer Heilungssitzung – eine kleine Checkliste sozusagen. Benutzen Sie diese Liste als Leitfaden, um sich durch eine Sitzung führen zu lassen.

1. Setzen Sie den Patienten auf einen Hocker oder einen Stuhl mit gerader Lehne, so daß der Rücken, die Vorderseite und die rechte Seite seines Körpers frei zugänglich sind.
2. Bitten Sie den Patienten, die Visualisation mit dem «fließenden Wasser» (siehe Kapitel 8) zu machen, und lassen Sie ihn dabei tief in den Bauch atmen.
3. Nehmen Sie Ihre Position hinter dem Patienten ein; Ihr linker Arm ist erhoben (Handfläche nach oben), und die rechte Hand zeigt mit der Handfläche zur Erde. Zentrieren Sie sich.
4. Fangen Sie an, Ihr Gebet zu sprechen.
5. «Schalten Sie Ihre Hände an», indem Sie sie kräftig reiben und dann die Energiekugel zwischen Ihren Händen entstehen lassen. Geben Sie die Kugel an das Energiefeld des Patienten weiter.
6. Führen Sie Ihre erste Untersuchung des Energiefelds durch.
7. Öffnen Sie die Füße des Patienten, so daß die Lebenskraft bis in die Erde fließen kann.
8. Befreien Sie das Energiefeld und die Chakras von einschränkenden Energien, Spannungen, Blockaden und Steinen.
9. Schließen Sie die Löcher im Feld.
10. Gleichen Sie die energetisch über- und unterversorgten Bereiche aus.
11. Entlassen Sie alle Energie, die Sie aus dem Feld entfernen, in das Licht der Liebe.
12. Machen Sie eine zweite Energiefeldanalyse.

13. Prüfen Sie die Füße noch einmal, um sicherzugehen, daß noch Energie aus den Fußsohlen fließt.
14. Reinigen Sie den Zentralkanal, indem Sie die Energie entlang der Wirbelsäule nach oben bewegen und sie oben am Kopf herausziehen.
15. Wenn der Hauptteil der Behandlung abgeschlossen ist, kehren Sie in Ihre stehende Position zurück und legen die Hände über Ihren Schwingungskern, um Ihre eigene Harmonie und Ihren Frieden wiederherzustellen.
16. Bitten Sie den Patienten, sich hinzulegen.
17. Gleichen Sie die Chakras aus.
18. Geben Sie dem Patienten zehn Minuten, um sich auszuruhen und die Behandlung zu integrieren.

ZEHN

Die Arbeit mit speziellen Erkrankungen und Schwerkranken

Heilende Berührung kann in Verbindung mit allen anderen Therapieformen benutzt werden, und man kann jede Krankheit damit behandeln. Unabhängig von der Art der Krankheit sollte Ihr Hauptziel immer die Wiederherstellung des optimalen Flusses der Lebensenergie durch das energetische Feld sein. Sie können dieses Ziel erreichen, indem Sie Blockaden im Feld beseitigen, Löcher und Lecks schließen, überschüssige Energie in energetisch unterversorgte Bereiche des Feldes umleiten, zusätzliche Lebenskraft an geschwächte Stellen schicken, die Chakras klären und ausbalancieren und den Zentralkanal reinigen. Bleiben Sie dabei zentriert. Wenn nötig, erhöhen Sie den Energiefluß zwischen Ihnen und dem Klienten, indem Sie die von mir aufgeführten Meditationen und Visualisationen benutzen. Darin besteht Ihre Arbeit, unabhängig von der Art der Disharmonie, mit der Ihr Klient es zu tun hat.

Dennoch ist es wesentlich, daß Ihre Behandlung auf die speziellen Arten von Störungen zugeschnitten ist, mit denen Sie konfrontiert werden. In diesem Kapitel werde ich Ihnen eine Reihe von Richtlinien für den Umgang mit spezifischen Erkrankungen geben, mit denen Sie in Ihrer Praxis zu tun haben können. Diese Empfehlungen können auch von jedem benutzt werden, der heilende Berührung lediglich anwenden möchte, um einem Freund oder Familienmitglied zu helfen. Wie ich in Kapitel 3 erwähnt habe, richtet sich die Behandlungszeit nach der

Schwere der Erkrankung. Es gibt Gelegenheiten, wo die Sitzungen sehr kurz gehalten werden sollten, und andere, wo Sie längere Zeit am Energiefeld des Patienten arbeiten können.

Wie können Sie die jeweils richtige Entscheidung treffen? Lassen Sie uns dazu einige Beispiele durchgehen.

Erkältungen und Grippe

Heilende Berührung ist sehr hilfreich bei der Behandlung akuter Erkrankungen wie Erkältungen oder Grippe. Viele Symptome können gelindert werden, indem Sie das Energiefeld klären und Stauungen beseitigen. Dadurch beschleunigt sich auch der Heilungsprozeß.

Die traditionelle Sichtweise von Erkältungen unterscheidet sich stark von jener, die in unserer modernen westlichen Kultur vorherrscht. Traditionellerweise wurden Erkältungen als eine Methode des Körpers angesehen, eine Art «Hausputz» abzuhalten – das heißt, Anhäufungen von Abfallstoffen und Toxinen, Bakterien, Viren und stagnierende Energien zu beseitigen. Niesen, Husten, eine laufende Nase, Durchfall und häufiges Urinieren – all das sind Versuche des Körpers, solche Giftstoffe schnell und effektiv auszuscheiden. Wie immunologische Untersuchungen gezeigt haben, ist Fieber ein wohlüberlegter Akt des Immunsystems (nämlich der CD4-Zellen und der Makrophagen), um eine feindliche Umgebung für Krankheitserreger zu erschaffen. Mit anderen Worten, all das gehört zum Versuch des Körpers, sich selbst zu heilen. So betrachtet, erfüllen die Symptome einer Erkältung einen sehr positiven Zweck und sollten zugelassen werden. Die Unterdrückung von Erkältungssymptomen mit diversen Medikamenten – die gewöhnliche Umgehensweise mit Erkältungen in unserer modernen Kultur – hindert den Körper daran, sich selbst zu reinigen.

Reinigung ist jedoch nur ein Aspekt in der Funktion einer Erkältung. Traditionelle Heiler haben Erkältungen und Grippe immer auch als Forderung des Körpers nach einer Ruhepause angesehen. Viele Heiler betrachten Erkältungen auch als ein Loslassen alter und unausgedrückter Emotionen wie Kummer und Traurigkeit. Mit anderen Worten, man kann sie auch als eine Art Sicherheitsventil betrachten, als einen Hilfeschrei des Körpers, besonders, wenn wir unser Gefühlsleben vernachlässigt haben.

Wann immer Sie jemanden behandeln, der eine Erkältung oder die Grippe hat, arbeiten Sie an seinem sechsten Chakra (Nebenhöhlen), am fünften Chakra (Hals und Ohren), am vierten (dem Herzchakra, um das Gefühlsleben der betreffenden Person zu stärken und das Loslassen von Emotionen zu unterstützen) und am zweiten Chakra (um die Ausscheidung über den Darm zu fördern).

Führen Sie in all diesen Bereichen eine Untersuchung des Energiefelds durch. Gewöhnlich werden Sie Gefühle von «Verdickung» und/oder «Hitze» an einer oder an mehreren dieser Stellen entdecken, welche auf eine Stauung und eine verstärkte Blutzirkulation hinweisen. Im allgemeinen sollten Sie diese Energien spiralförmig aus dem Bereich des zweiten, vierten, fünften und sechsten Chakras abziehen. Dazu bewegen Sie Ihre Hand langsam entgegen dem Uhrzeigersinn in das Chakra hinein und formen sie dann zu einer Schale, um die stagnierende Energie aus dem Chakra «abzuschöpfen». Machen Sie das bei allen Chakras, die an den Erkältungssymptomen beteiligt sind. Konzentrieren Sie sich dabei besonders auf diejenigen Bereiche, die gestaut sind, wie zum Beispiel die Nebenhöhlen (sechstes Chakra) oder den Darm (zweites Chakra), wenn der Patient an Verstopfung leidet. Danach öffnen Sie die sekundären Chakras an den Füßen. Dadurch kann überschüssige Energie aus dem Körper abgeleitet werden und neue, heilende Energie in den Körper eintreten. Es ist am besten, die Behandlung am unteren

Ende des Zentralkanals zu beginnen und sich von dort weiter nach oben vorzuarbeiten.

Eine Behandlung mit Therapeutic Touch wird die Heilkräfte innerhalb des Körpers stärken und die Ausscheidungen und den Heilungsprozeß beschleunigen, so daß eine unnötig lange Dauer der Erkältung vermieden werden kann. Halten Sie die Behandlung kurz – sie sollte nicht länger als zehn Minuten dauern.

Wenn Sie die Arbeit auf eine längere Zeitperiode ausdehnen, könnte das die Ausscheidung zu sehr beschleunigen und innerhalb der nächsten vierundzwanzig oder achtundvierzig Stunden sehr intensive Symptome produzieren.

Eine Freundin von mir behandelte einmal einen der Ärzte in unserer Praxis, der gerade einige leichte Erkältungssymptome entwickelt hatte. In ihrem Versuch, es besonders gut und sorgfältig zu machen, behandelte sie ihn etwa zwanzig Minuten lang mit Therapeutic Touch. Als der Arzt an diesem Abend zu Hause war, bekam er 39,4 ° Fieber und mußte mit starken Beschwerden zwei Tage lang im Bett bleiben. Es kann gut sein, daß meine Freundin ihm im Endeffekt einen großen Dienst erwies, weil er dadurch gezwungen wurde sich auszuruhen, und sein Körper eine Menge Abfallstoffe ausscheiden konnte, aber er litt doch etwas mehr, als ihm lieb war, und das hätte meine Freundin vermeiden können, wenn sie ihn regelmäßig für kürzere Zeitperioden behandelt hätte. In diesem Fall hätte die Ausscheidung allmählich und schmerzlos ablaufen können, während gleichzeitig die Heilungsenergien in seinem energetischen Feld gestärkt worden wären.

Im allgemeinen sind sieben bis zehn Minuten heilende Berührung alles, was man braucht, um die Symptome einer Erkältung zu lindern und die Heilkräfte des Körpers zu stärken.

Erinnern Sie sich daran, daß der physische Körper den dichtesten Teil unseres Feldes darstellt. Disharmonien treten zuerst im Energiekörper auf, bevor sie sich im physischen Körper manifestieren. Die Ausscheidungen des physischen Körpers bilden die letzte Stufe eines Prozesses, der im Energiefeld beginnt und sich letztlich im Körper manifestiert. Jede energetische Störung beeinträchtigt den Körper zunächst auf der zellulären Ebene. Wenn die Zellwand beeinträchtigt ist, kann eine Invasion von Bakterien oder Viren in die Zellen stattfinden, die eine böse Erkältung zur Folge hat. Wenn jedoch Blockaden, stagnierende und destabilisierende Energien aus dem Feld beseitigt werden können, werden die Zellen geschützt, und die Viren oder Bakterien können sich nicht im System festsetzen. Indem Sie die Störungen im Energiefeld verringern, reduzieren Sie die schädlichen energetischen Kräfte und damit die Symptome der Krankheit. Selbst wenn Viren oder Bakterien in den Körper eindringen, entstehen in diesem Fall nur milde Symptome wie zum Beispiel ein leichter Schnupfen, und es wird sich kein schwerwiegender Krankheitsprozeß entwickeln.

Zusätzlich zu der Energiearbeit sollte der Patient viel ruhen und genügend Flüssigkeit zu sich nehmen, besonders wenn er Fieber hat. Wenn die Symptome sich stark verschlimmern oder länger als eine Woche anhalten, kann es sein, daß Sie dem Patienten empfehlen müssen, einen Arzt aufzusuchen.

Wenn Sie Fieber behandeln, reduzieren Sie die Energie

Fieber entsteht dann, wenn Gewebe verletzt wird. Die Verletzung kann verschiedene Ursachen haben: unter anderem Operationen oder Unfälle, plötzliche Durchblutungsstörungen wie zum Beispiel bei einem Herzinfarkt, Infektionen durch Viren, Bakterien oder Protozoen, Krankheiten wie Arthritis, die eine Autoimmunreaktion hervorrufen, und manche Arten von Krebs.

Wenn Gewebe verletzt worden ist, sendet das Immunsystem ein Signal zur Erhöhung der Körpertemperatur aus, um Bakterien und Viren daran zu hindern, sich in dem verletzten Gewebe festzusetzen. Das Fieber selbst wird mit Hilfe der CD4-Zellen ausgelöst, den Kommandeuren oder Generälen des Immunsystems. Diese Zellen senden Befehle an den Rest des Immunsystems, indem sie chemische Botenstoffe produzieren, die unter dem Namen Zytokinine bekannt sind. Diese wiederum verursachen eine ganze Reihe von Veränderungen in unserem Körper, einschließlich einer Erhöhung der Körpertemperatur, Entzündungsreaktionen, welche die Blutzirkulation und Hitze an der betreffenden Stelle erhöhen, und Signalen an unser Gehirn, die uns schläfrig machen. Wenn wir ruhen, kann das Immunsystem unsere Körperenergie an die richtigen Stellen leiten, um die Verletzung oder die Krankheitserreger zu bekämpfen.

Daher ist Fieber ein Teil der Heilungsmechanismen des Körpers. Im allgemeinen empfehlen Ärzte ihren Patienten, nichts gegen das Fieber zu unternehmen, solange es nicht über 40° ansteigt.

Im Gegensatz zu Medikamenten, die das Fieber unterdrücken und damit die Arbeit des Körpers behindern, werden durch heilende Berührung die Heilkräfte des Körpers gestärkt und dadurch der Bedarf für hohes Fieber verringert. Heilende Berührung trägt auch zu einer Senkung des Fiebers bei, indem destabilisierende Energien innerhalb des Felds reduziert werden.

Eine der vielen paradoxen Auswirkungen der Heilungsmechanismen des Körpers ist, daß die Entzündung, die der Körper produziert, um sich zu heilen, mit einer Schwellung einhergeht, welche wiederum die Heilung durch eine Blockierung der Blutversorgung behindern kann. Manchmal ist die Schwellung so stark, daß die Energie- und Blutzirkulation stark eingeschränkt oder völlig blockiert ist. Eine Auswirkung von Verletzungen besteht in einer Hitzereaktion des gesamten Körpers. Über entzündeten Bereichen werden Sie unweigerlich gestaute Energie und Hitze im energetischen Feld wahrnehmen.

Behandeln Sie Fieber und Entzündungen, indem Sie die Hitze

und die gestaute Energie mit Ihren Händen aus dem Feld entfernen. Dann bauen Sie innerhalb des Schwingungskerns eine Energiekugel auf und visualisieren Sie in dem Bereich die Farbe Dunkelblau. Diese Farbe kühlt den Körper und hat eine entzündungshemmende Wirkung. Ihre Hände können dabei sehr heiß werden, was bedeutet, daß Sie Hitze aus dem Körper ableiten.

Wenn die Temperatur in Ihren Händen wieder abzunehmen beginnt, visualisieren Sie, wie sich die Farbe des Lichts in der Energiekugel in Grün verwandelt, welches das Gleichgewicht dieses Bereichs wiederherstellt.

Schicken Sie zu Beginn keine zusätzliche Lebenskraft in den Körper, weil die Entzündung dadurch noch verstärkt würde. Tun Sie dies erst, wenn der Patient wieder kräftiger geworden ist. Die Behandlungszeit sollte am Anfang zwischen einer und fünf Minuten liegen und allmählich auf zehn bis zwölf Minuten gesteigert werden.

Blockaden aus dem Energiefeld beseitigen, um Kopfschmerzen zu lindern

Im allgemeinen werden Kopfschmerzen durch gestaute oder zusammengezogene Energie in den unteren Chakras ausgelöst, die den Abfluß der Lebenskraft aus den Füßen blockiert. Statt dessen staut sich die Energie in den Kopf zurück und verursacht Kopfschmerzen.

Die Behandlung von Kopfschmerzen kann irgendwo zwischen fünf und fünfzehn Minuten dauern und besteht hauptsächlich darin, das Wurzelchakra und die sekundären Chakras an den Fußsohlen zu öffnen, so daß die aufgestaute Energie aus dem Kopf abgeleitet werden kann. In Fällen wie diesem bearbeiten wir also nicht direkt den Bereich, wo der Patient seine Beschwerden hat, sondern das entgegengesetzte Ende des Körpers.

Die Hauptaufgabe besteht darin, die Füße zu öffnen und Zusammenballungen von Energie zu beseitigen, die sich meist im Bereich des Solarplexus befinden. Die Fußsohlen müssen oft bis zu fünf Minuten pro Sitzung gehalten werden. Bitten Sie den Klienten, tief nach unten in die Füße zu atmen, während Sie die Behandlung durchführen. Diese vertiefte Atmung hat gleichzeitig den Effekt, das Zwerchfell zu lockern und die Region des Solarplexus zu öffnen.

Entfernen Sie auch Blockaden aus dem am Solarplexus gelegenen Chakra. Lösen Sie Verspannungen im Schulterbereich und massieren Sie sanft Nacken und Schultern, um die Gegend des Halschakras aufzulockern. Diese Massage ist derjenigen sehr ähnlich, welche wir an Beinen und Füßen durchführen, um die Fußsohlen zu öffnen. Kopfschmerzen gehen meist mit Verspannungen in den Schultern und tastbaren Muskelverhärtungen einher. Eine sanfte Massage dort wird die Energie wieder in Fluß bringen. Im Anschluß daran können Sie mit Ihrer regulären Energiearbeit am Rest des Körpers fortfahren. Falls die Kopfschmerzen mit den Nasennebenhöhlen zusammenhängen, beseitigen Sie auch alle Störungen, die Sie im zweiten Chakra (Sakralchakra) finden (siehe dazu den Abschnitt über die Energiespirale in Kapitel 5).

Im Verlauf der Behandlung werden die Kopfschmerzen im allgemeinen abnehmen, falls sie nicht sogar völlig verschwinden. Geben Sie dem Klienten die Anweisung, nach Hause zu gehen und sich etwa eine Stunde lang auszuruhen. Falls die Kopfschmerzen am Ende der Behandlung noch nicht ganz abgeklungen sind, wird diese Ruhephase das Problem wahrscheinlich völlig beseitigen.

Wenn die Schultern sich während der Behandlung entspannen und die Kopfschmerzen nicht zu stark sind, kann man dem Patienten zusätzliche Lebensenergie schicken. Macht man dasselbe während einer sehr heftigen Kopfschmerzattacke mit stark verspannter Schultermuskulatur, wird das die Kopfschmerzen nur verschlimmern. Starke Kopfschmerzen (besonders Migräne) erfordern eine sehr unterstützende behutsame Behandlung, besonders in Ihren ersten Sitzungen mit dem Klienten.

Lebensbedrohliche Krankheiten: Halten Sie die Behandlungen kurz

Wenn man lebensbedrohliche Krankheiten wie Krebs oder Aids behandelt, gilt im allgemeinen die Regel, daß weniger mehr ist. Je kränker der Patient, desto kürzer die Behandlungen. Sehr kranke Patienten können jeden Tag eine kurze Behandlung (bis zu fünf Minuten) erhalten, die darin besteht, das Energiefeld zu klären und auszubalancieren. Ich habe die Erfahrung gemacht, daß heilende Berührung schwerkranken Patienten extrem guttut, weil sie ihrer Erschöpfung entgegenwirkt und häufig die chaotischen, destabilisierenden und destruktiven Einflüsse innerhalb des energetischen Felds beruhigt und ausgleicht. Diese Energien sind es, die das schnelle Fortschreiten der Krankheit verursachen und dem Patienten ein Gefühl der Instabilität vermitteln. Es hat sich auch gezeigt, daß die Klienten bei regelmäßiger Behandlung mit heilender Berührung besser zur Ruhe kommen und häufig weniger Schmerzmittel brauchen.

Wenn der Patient sehr krank und nicht in der Lage ist, sich aufzusetzen, machen Sie nicht den Versuch, seine Lebensenergie zu erhöhen. Da lebensbedrohliche Krankheiten das Chi erschöpfen, kann dieser Versuch bei einem schwerkranken Patienten mehr Schmerzen und sehr wahrscheinlich auch noch mehr Energieverluste nach sich ziehen.

Wenn Sie Menschen mit Krebs behandeln, *senden Sie keine Energie in den Bereich des Tumors.* Dies würde die Krankheit nur stärken und sie noch bösartiger machen. Statt dessen sollten Sie sich darauf konzentrieren, das gesunde Gewebe zu unterstützen und seine Gesundheit und Integrität aufrechtzuerhalten. Je stärker und gesünder das nicht befallene Gewebe, um so geringer ist die Wahrscheinlichkeit, daß die Krankheit dort eindringen kann. Konzentrieren Sie Ihre Energiearbeit auf das gesunde Gewebe, so daß es dem Ansturm der ungesunden Zellen Widerstand leisten kann, und verhindern Sie so, daß die Krankheit sich weiter ausbreitet.

Julies Geschichte

Julie kam zum erstenmal im Juli 1988 zu mir; sie war damals vierzig Jahre alt. Achteinhalb Jahre zuvor war Eierstockkrebs bei ihr diagnostiziert worden, und sie hatte eine radikale Unterleibsoperation mit Entfernung der Gebärmutter und der Eierstöcke hinter sich. Sie war auch mit Bestrahlungen und Chemotherapie behandelt worden und hatte später noch weitere Unterleibsoperationen über sich ergehen lassen müssen, bei der eine Kolostomie oder ein künstlicher Darmausgang angelegt worden war. Bei ihrer ersten Konsultation klagte Julie über Verdauungsbeschwerden und Schwierigkeiten beim Tragen ihres Kolostomie-Rings; das Gewebe um das Stoma oder die Darmöffnung herum war häufig entzündet, und es entwickelten sich dort Polypen. Außerdem hatte sich eine Menge Narbengewebe in ihrem Unterbauch gebildet. Narbengewebe beeinträchtigt den Fluß der Energie innerhalb des energetischen Felds und im physischen Körper.

Da ich auch Ernährungsberaterin bin, bestand meine Arbeit mit Julie erst darin, ihr Ratschläge hinsichtlich ihrer Ernährung zu geben. Bevor sie genügend Vertrauen zu mir entwickelt hatte, daß ich auch Energiearbeit mit ihr machen konnte, mußten erst einmal ihr Verdauungssystem und der künstliche Darmausgang stabilisiert werden. Julie selbst drückte das so aus: «Ich hatte das Gefühl, solange mein Körper keine Nahrung aufnehmen konnte, war er auch nicht empfänglich für etwas anderes.»

Nachdem wir neun Monate am physischen Körper oder der materiellen «Basis» des Energiefelds gearbeitet hatten, konnte Julie ihre Nahrung wieder gut verdauen, hatte mehr Energie für die Aktivitäten des täglichen Lebens und fühlte sich weniger depressiv. Sie konnte ihren Kolostomie-Ring jetzt drei Tage hintereinander bis zum nächsten Wechsel tragen, ohne daß es um das Stoma herum zu einer Reizung kam.

Ich leitete unsere Energiearbeit mit einer Meditation ein, um Julie ein Gefühl dafür zu vermitteln, wie die Energie sich im Körper bewegt. Diese Visualisation half ihr, wieder Verbindung zu den Organen aufzunehmen, die sie bei der Operation verloren hatte, die aber immer noch als energetische Organe innerhalb ihres Ätherkörpers existierten (zur Auffrischung Ihrer Kenntnisse über den Ätherkörper siehe Kapitel 4). Dann fingen wir an, mit heilender Berührung zu arbeiten, wobei wir uns zuerst auf die Integration und das Loslassen von Emotionen konzentrierten, die mit dem Verlust von Julies weiblichen Organen zusammenhingen. Während dieser neun Monate dauernden Phase machte Julie bemerkenswerte Fortschritte bei der Integration schwierig zu verarbeitender Emotionen und der Wiederherstellung ihres Selbstwertgefühls als Frau.

Danach begannen Julie und ich mit der Behandlung des Narbengewebes, das sich in ihrem Stoma und im Verdauungstrakt gebildet hatte. Dabei wurden wir von einem Akupunkteur unterstützt, der sich auf die Beseitigung von Narbengewebe spezialisiert hat und mit dem wir die folgenden beiden Jahre zusammenarbeiteten. Einmal berichtete der Chirurg, der Julie von Zeit zu Zeit untersuchte, wie erstaunt er sei, daß das Narbengewebe in ihrem Unterbauch sich so zurückgebildet hatte. Tatsächlich hatte sich Julies Zustand so sehr verbessert, daß der Chirurg ihr mitteilte, er ziehe eine Rückverlagerung der Kolostomie in Betracht, wenn sie in Zukunft weiter solche Fortschritte mache.

Julie beurteilt die Auswirkungen ihrer vierjährigen Energiearbeit folgendermaßen:

«Energiearbeit erleichtert den physischen Körper. Es scheint so, als ob dadurch Gefühle freigesetzt werden, die vorher durch körperliche Blockaden gefangen waren. Als ich fähig wurde, in verschiedenen Bereichen meines Körpers loszulassen, wurde ich offener für spirituelle Dinge. Ich lernte, mehr Vertrauen in die Bewegung und die Veränderungen des Lebens zu haben. Zu Anfang kam es mir vor, als würde ich aus vielen Einzelteilen bestehen. Mein Verstand war sehr abgetrennt von meinem Herzen, welches wiederum getrennt von meinem Magen, dem Darm und anderen Organen war. Die Energiearbeit hat mir dabei geholfen, mich als ganzes Wesen zu sehen und zu fühlen – als eine Einheit aus Körper, Geist und Seele.

Sie hat mir auch geholfen, mehr Vertrauen in das Leben zu entwickeln.

Seit mir bewußter geworden ist, daß ich die Energiearbeit durch meinen Atem unterstützen muß, fühle ich mich kraftvoller und selbstbestimmter. Es fühlt sich so an, als ob ich einen Beitrag zu meiner Heilung leiste, und dadurch fühle ich mich auch nicht mehr so sehr als Opfer. Je mehr ich mich diesem Prozeß hingeben konnte, um so besser wurde die Verbindung zu meinem intuitiven und spirituellen Selbst.»

Das Endstadium einer Krankheit behandeln: die Vermittlung von Frieden und Trost in der schwersten Stunde unseres Lebens

Dem Tod ins Auge zu sehen ist schwer genug, aber ihn alleine zu konfrontieren ist eine Tragödie, die mit Worten nicht zu beschreiben ist. Wenn Sie mit einem Patienten arbeiten, der sich im Endstadium einer Krankheit befindet, sollte Ihre Arbeit seine Seele in ihren Vorbereitungen unterstützen, die physische Form zu verlassen. Ihre Aufgabe ist es, den Übergang zu erleichtern und einen Beitrag zu den liebevollen, spirituellen und sanften

Kräften zu leisten, die nun das Leben des Patienten beeinflussen. Heilende Berührung kann dem Patienten Liebe übermitteln, und das ist es, was ein Mensch, der den beängstigendsten Übergang seines Lebens vollzieht, am meisten braucht. Sie kann dem Klienten bei der Entspannung seines Körpers helfen, seinen Geist klären, seine Chakras öffnen und seinen Geburtsprozeß in die nächste Welt hinein unterstützen. Schon die Tatsache, daß es sich hier um eine energetische Form des Heilens handelt – daß Sie den Geist ansprechen und nicht den Körper –, ist wichtig für den sterbenden Menschen. Ihre Anwesenheit und Ihre Arbeit sind eine Botschaft der Liebe und des Glaubens: Das Leben besteht aus mehr als dem physischen Körper, der bald verlassen wird.

Die Energiearbeit an sich dauert im allgemeinen nur fünf Minuten.

Während des Sterbeprozesses, wenn die Seele sich darauf vorbereitet, den irdischen Körper zu verlassen, beginnen die drei unteren Chakras ihre Integrität zu verlieren. Der Geist oder die Seele ist nicht länger fest im Körper verwurzelt. Der Patient spricht manchmal unzusammenhängend, oder es kann so aussehen, als läge er da und rede mit jemandem, der nicht körperlich im Raum anwesend ist. Wenn so etwas passiert, versucht man hier nicht, den Patienten zu «erden», indem man seine Füße hält und Energie nach unten leitet. Statt dessen beruhigen und glätten Sie sein Energiefeld; streichen Sie es glatt, indem Sie Ihre Hände langsam und sanft an der Vorderseite seines Körpers entlangbewegen (falls der Patient im Bett ist und auf dem Rücken liegt), oder an den Seiten des Körpers, je nachdem, zu welchen Stellen Sie Zugang haben. Versuchen Sie alle Blockaden zu beseitigen, die die Seele vielleicht zurückhalten oder Schmerzen und Leiden verursachen. Danach öffnen Sie das Kronenchakra. Um das zu erreichen, halten Sie Ihre Hände knapp oberhalb des Kopfes an das siebte Chakra und senden sanfte Energie nach oben. Das Kronenchakra ist ein großer Kreis aus Energie oberhalb des Kopfes. Es zieht nun die Lebensenergie aus dem Körper hinaus und sammelt sie, während es sich darauf vorbereitet, in seine natürliche Heimat, die geistige Welt, zurückzukehren. Visualisieren Sie, daß das Chakra sich öffnet und die Seele in der Lage ist, sich vom Körper zu trennen, wann immer sie dazu bereit ist. Sie assistieren hier lediglich bei einem Prozeß, der in den Händen der geistigen Welt liegt.

Die Energiearbeit hilft dem Patienten, sich zu beruhigen und zu entspannen, und ermöglicht ihm einen leichteren Übergang. Es ist wichtig, sich klarzumachen, daß heilende Berührung den Tod nicht herbeiführen oder beschleunigen kann. Der Tod ist eine Privatangelegenheit zwischen dem Individuum und dem Schöpfer.

Crystals Geschichte

Crystal, eine zweiundvierzigjährige Frau, die an akuter myeloischer Leukämie litt, bat mich, als Vorbereitung auf eine Knochenmarkstransplantation Energiearbeit mit ihr zu machen. Seitdem die Leukämie zwei Jahre zuvor bei ihr diagnostiziert worden war, hatte sie einige alternative Behandlungsmethoden ausprobiert. Damit hatte sie die Leukämie zwei Jahre lang in Remission halten können, doch nun hatte sie einen Rückfall. Da Crystal einen passenden Knochenmarkspender gefunden hatte, hatte sie sich nun für eine schulmedizinische Behandlung entschieden, die sie jedoch mit Therapeutic Touch unterstützen wollte.

Ich arbeitete zwei Monate lang jeden zweiten oder dritten Tag mit Crystal. Während dieser Zeit überwand sie eine lebensbedrohliche Pilzinfektion der Nebenhöhlen und wurde zur Vorbereitung auf die Knochenmarkstransplantation intensiv mit Chemotherapie und Antibiotika behandelt.

Während dieser acht Wochen konzentrierte ich meine Arbeit

hauptsächlich darauf, Crystal zu helfen, sich zu zentrieren und ihre eigenen Heilkräfte zu stärken. Sie zeigte bemerkenswerten Mut und Energie bei der Verarbeitung der Nebenwirkungen der Chemotherapie und der Enttäuschung, daß ihr Körper nicht in der Lage war, die Behandlungsmaßnahmen durchzustehen, die sie auf die Knochenmarkstransplantation vorbereiten sollten. Sollte sie nicht auf die Chemotherapie ansprechen, würde es keine Transplantation geben.

Häufig arbeitete ich an Crystals Leber. Nachdem ich ihr Energiefeld geglättet und versucht hatte, ihren Zentralkanal ins Gleichgewicht zu bringen, pflegte ich meine Hände über ihre Leber zu halten (von vorn und hinten) und eine heilende Energiekugel zwischen ihnen aufzubauen. Dabei konzentrierte ich mich darauf, die Leber beim Abbau der toxischen Medikamente in Crystals Körper zu unterstützen. Diese Behandlungen dauerten sieben bis zehn Minuten.

Zu Anfang standen viele der Krankenschwestern und Ärzte einer Behandlung mit Therapeutic Touch sehr skeptisch gegenüber, und manche von ihnen äußerten offene Kritik. Sie argumentierten, daß Crystal sterben würde, weil sie von vornherein keine unorthodoxen Behandlungsmethoden hätte ausprobieren sollen. Inzwischen fühlte Crystal sich jedoch besser und hatte nach jeder meiner Behandlungen deutlich mehr Vitalität. Ihre Ärzte und Krankenschwestern kamen nicht umhin, das ebenfalls zu merken, und von da an hatte ich ihre Unterstützung. «Ich weiß nicht, was Sie da machen, aber es geht ihr besser, und sie ist weniger unruhig, wenn Sie mir ihr gearbeitet haben», sagte mir einer der Ärzte. «Machen Sie weiter damit.» Sie berichteten auch, daß Crystal sich nach den Behandlungen besser erholte und weniger an Übelkeit litt.

Trotzdem wurde bald offensichtlich, daß ich ihr nur noch ein wenig Erleichterung in ihrem Krankheitsprozeß verschaffen konnte. Crystal war im Begriff, den Kampf gegen die Leukämie zu verlieren, und die toxischen Medikamente, die sie bekam, waren viel zu stark für sie. Sie ließ sich entlassen, um zu Hause bei ihrer Familie sein zu können. Ich besuchte sie dort ein paarmal, als ihr Leben schon dem Ende zuging. In diesem Stadium bekamen die Behandlungen mit heilender Berührung einen anderen Inhalt. Die Sitzungen dauerten drei bis vier Minuten und bestanden darin, das Energiefeld zu glätten, die unteren drei Chakras zu reinigen, das Kronenchakra zu öffnen und der Seele den Weg zu bereiten, den Körper zu verlassen. Crystal starb, aber ihr Übergang war sanft und würdevoll.

Ihr Ehemann beschreibt, wie er den Prozeß ihrer Behandlung mit heilender Berührung wahrgenommen hat:

«Mit Hilfe von Therapeutic Touch konnte Crystal sich auf ihre eigenen Heilkräfte konzentrieren. Man könnte es sich zwar leichtmachen und sagen: Crystal ist gestorben, und deshalb hat die Behandlung versagt, aber das wäre nicht richtig. Zum Beispiel schaffte sie es, eine tödliche Pilzinfektion zu überstehen, obwohl alles dagegen sprach. Wir werden nie genau wissen, warum sie noch einmal zurückkam, als sie dem Tod schon so nahe war – ich persönlich glaube, es war eine Mischung aus ihrer erstaunlichen Willenskraft, den Infusionen und der Energiearbeit, die das möglich gemacht hat.

Die Heilerin und die Energiearbeit brachten ein Gefühl von Geborgenheit und Vertrauen in die hektische, sterile Atmosphäre des Krebskrankenhauses. Crystal hatte einen Draht zu dieser Arbeit und glaubte an sie. Es war beinahe ein magisches Gefühl, wenn Sie (Deby) in ihr Zimmer kamen. Ich sorgte dann immer dafür, daß die Tür geschlossen war und niemand hereinkommen konnte, während Sie Ihre Arbeit mit Crystal machten.

Es gab eine tiefe Beständigkeit in dieser Arbeit, obwohl sie je nach Crystals körperlicher und seelischer Verfassung und dem inneren Gefühl der Heilerin für das, was gerade angemessen war, variierte. Crystal fühlte sich immer sicher und hatte das Gefühl, daß die Behandlung ihr half.»

Ein dynamischer Behandlungsplan

Ein guter Behandlungsplan beginnt immer mit einem guten Aufnahmegespräch. Der Heiler sollte die komplette Krankengeschichte des Klienten und seine momentanen Beschwerden notieren. Außerdem braucht er eine ausführliche Familienanamnese sowie Angaben über Medikamente, Kräuter, Vitamine oder Nahrungsergänzungsstoffe, die der Patient zur Zeit einnimmt. Es ist auch unerläßlich, daß der Heiler brauchbare Kenntnisse über die Erkrankung oder Störung besitzt, die der Patient behandelt haben möchte. Schaffen Sie sich zu diesem Zweck einige gute Textbücher über innere Medizin an.

Nachdem Sie herausgefunden haben, wo die Probleme des Patienten liegen, können Sie einen Behandlungsplan entwickeln, der Sie beide durch die Behandlung führt.

Es gibt einen Fünf-Schritte-Prozeß, der die medizinische Diagnose berücksichtigt und den Heiler bei der Aufstellung eines Plans zur Stärkung der Heilkräfte des Patienten unterstützt. Dieser Prozeß besteht aus folgenden Schritten:

1. Bestandsaufnahme: Sie schließt alle Informationen ein, die während des Aufnahmegesprächs erfaßt werden.
2. Analyse: beinhaltet die Analyse der Beschwerden des Patienten.
3. Behandlungsplan: Er besteht aus Energiearbeit entsprechend der nach ihrer Dringlichkeit hierarchisierten Probleme des Patienten, dem Erstellen patientenzentrierter Ziele und der Planung spezieller Interventionen. Dazu gehört auch die Aufstellung einer Liste anderer beteiligter Behandler und die Koordination der Teamarbeit. Im Prinzip bleibt der Plan für die Energiearbeit die ganze Zeit über gleich. Was sich jede Woche ändert, sind die Symptome, mit denen der Patient kommt, und die Veränderungen, die sich infolge der Arbeit

der vorangegangenen Woche ergeben haben. Ein Teil des Plans besteht darin, diese Änderungen mit dem Patienten zu besprechen und ihm zu helfen, die Wirkung, die die Behandlung auf ihn hat, einschätzen zu lernen.

4. Ausführung: Hier geht es darum, den Behandlungsplan in die Tat umzusetzen und die patientenzentrierten Ziele zu erfüllen.
5. Auswertung: Bei diesem Schritt werden Nutzen und Ergebnisse des Behandlungsplans und die Fortschritte eingeschätzt, die der Patient gemacht hat. Dafür werden die Beobachtungen des Patienten, seiner Familie und anderer beteiligter Behandler (Psychotherapeuten, Masseure, Chiropraktiker, Hausarzt, Heilpraktiker etc.) herangezogen, und natürlich vorrangig die Beobachtungen des Heilers, wie der Patient auf die Behandlung mit Therapeutic Touch anspricht.

Wenn ein Patient zu Ihnen kommt, um sich mit heilender Berührung behandeln zu lassen, ist es wichtig, daß er sich vorher gründlich von einem Arzt hat untersuchen lassen, damit Sie seine körperlichen Probleme oder Einschränkungen richtig einschätzen können.

Zum Beispiel war es absolut notwendig, daß Sam (Kapitel 9) einen Gastroenterologen aufsuchte, um ein Magengeschwür auszuschließen. Falls er ein blutendes Magengeschwür gehabt hätte, wäre der erste Schritt des Behandlungsplans natürlich gewesen, die Blutung zu stoppen, und nicht, Energiearbeit an seinem Solarplexus zu machen! Energiearbeit kann gut und wichtig sein, genau wie Beratungen über Streßabbau und die richtige Ernährung, aber erst nachdem man lebensbedrohliche Zustände erkannt und stabilisiert hat.

Auf bestimmte Zustände und Erkrankungen haben alternative Behandlungsmethoden eine sehr gute Wirkung. Falls der Patient sich jedoch in einer lebensbedrohlichen Situation befindet, zum Beispiel durch blutende Magengeschwüre, extreme Blutdruckschwankungen, Knochenbrüche oder Krebs in einem fortgeschrittenen Stadium, ist eine allopathische oder orthodoxe medizinische Behandlung notwendig – und dazu dann die Anwendung heilender Berührung. Das bringt uns noch einmal zurück zum Planungsstadium unserer Behandlung, wo es auch um die Einbeziehung von Angehörigen anderer medizinischer Berufe in den Heilungsprozeß geht. Wenn Ihr Klient zum Beispiel mit akuten emotionalen Themen zu kämpfen hat und Sie nicht qualifiziert sind, damit auf angemessene Weise umzugehen, ist es Ihre Verantwortung, ihn bei der Suche nach einem Psychotherapeuten oder einer Therapiegruppe zu unterstützen, wo er das, was Sie durch die Energiearbeit aufdecken, bearbeiten kann.

Denken Sie also daran, daß bei bestimmten körperlichen und emotionalen Problemen eine Überweisung notwendig sein kann, und machen Sie sich bewußt, daß es noch viele andere Heilmethoden gibt, die die Wirksamkeit Ihrer Behandlung erhöhen können. Zum Beispiel können Akupunktur und chinesische Medizin sehr hilfreich für den Patienten sein und die Energiearbeit unterstützen. Weitere Methoden, die sich mit Energiearbeit gut vertragen, sind Massagen, physikalische Therapie, Chiropraktik, Homöopathie und Ernährungsberatung. Manchmal kann eine Kombination verschiedener Therapien bewirken, daß die Heilung des Patienten schneller und angenehmer verläuft.

Fünf Minuten Therapeutic Touch vor jeglicher Art von Massage oder Körperarbeit können die Heilwirkung dieser Behandlungen deutlich erhöhen. Das gleiche trifft auch für psychotherapeutische Sitzungen zu – die Produktivität solcher Sitzungen läßt sich durch fünf Minuten Energiearbeit vorher ebenfalls verbessern.

Behandlungs- und Pflegepläne werden zwar auch in der traditionellen Krankenpflege benutzt, sie sollten jedoch durch Psychotherapie und Körperarbeit ergänzt werden.

Der von mir beschriebene Behandlungsplan ist nicht statisch, sondern dynamisch. Er erweitert und ändert sich je nach dem veränderten Energiebedarf des Patienten. Wenn man Energiearbeit macht, braucht man einen dynamischen Behandlungsplan. Im allgemeinen helfen Therapeutic Touch und Energiearbeit dem Patienten, loszulassen und in einem schnelleren, aber immer noch sicheren Tempo vorwärtszukommen. Daher kann es sein, daß Sie Ihre Aufmerksamkeit und Unterstützung jede Woche auf einen anderen Bereich des Zentralkanals konzentrieren müssen, abhängig von den Heilwirkungen, die der Patient und Sie durch Ihre Arbeit in der vergangenen Woche erreicht haben. Diese Dynamik des Behandlungsplans entwickelt sich mit der Fähigkeit des Heilers, die Behandlung dem Wachstum und den Veränderungen des Patienten anzupassen.

Schlußwort: Den Geist als den wahren Heiler erkennen

Wir leben in einer Zeit, in der sich die alte dualistische Sichtweise, die eine Trennung zwischen Körper und Geist, Energie und Materie schafft, aufzulösen beginnt. Die Quantenphysik lehrt uns, daß es auf der Molekularebene unmöglich ist zu bestimmen, ob sich die Materie aus Partikeln oder energetischen Wellen zusammensetzt. Tatsächlich berichten die Physiker, daß der zentrale Faktor, der das Wesen der Realität bestimmt (das heißt, ob die Materie aus winzigen Einheiten von Substanz oder Energiewellen besteht), unser Geist oder Verstand ist. Betrachtet man die materielle Welt aus einem bestimmten Blickwinkel, sieht man Partikel als Grundlage des Lebens; betrachtet man sie aus einem anderen Blickwinkel, sieht man Wellen. Die einzige Schlußfolgerung, die man daraus ziehen kann, ist, daß die Realität sich sowohl aus Materie als auch aus Energie zusammensetzt, aus Partikeln *und* Wellen.

Dem können wir uns als Therapeuten für heilende Berührung

nur anschließen. Wir möchten jedoch darauf hinweisen, daß unsere Gesellschaft die materiellen Aspekte des Lebens viel zu lange betont hat, während sie den energetischen oder spirituellen Teil unseres Lebens unterbewertet hat. Wir alle sind Materie und Energie, Körper und Seele.

Die Wissenschaft ist nun dabei, zaghafte Vorstöße in das Reich der Energie zu unternehmen und viele überraschende Entdeckungen zu machen, die die uralten traditionellen Sichtweisen menschlicher Existenz bestätigen. Natürlich macht das vielen Menschen Angst, denn es erschüttert die Grundfesten ihrer Weltanschauung. Der Gedanke, wir könnten jemanden aus der Ferne mit unseren Gedanken beeinflussen oder unsere Hände benutzen, um jemandem heilende Energie zu schicken – so etwas läuft vielen grundlegenden Überzeugungen in unserer Gesellschaft völlig zuwider. Obwohl wir vielleicht in einer sehr religiösen Familie aufgewachsen sind, nehmen wir es oft als gegeben hin, daß unser Glaubenssystem auf materialistischen Ideen basiert. Diese materialistische Sichtweise des Lebens besagt, daß wir nicht mehr sind als unser Körper. Das ist nicht nur ein sehr trauriger und beängstigender Gedanke, sondern er wirkt auch sehr begrenzend. Diejenigen, die an einer solchen materialistischen Weltsicht festhalten, werden schließlich entdecken, daß sie in eine dunkle und einsame Sackgasse führt.

Zum Glück für uns alle – auch für diejenigen, die nicht daran glauben – sind wir viel mehr als Materie. Wir sind auch Energie. Wir fangen gerade erst an zu entdecken – ich sollte besser sagen, wiederzuentdecken –, welch ungeheure Kraft in der Erkenntnis liegt, daß wir Lichtwesen sind, sphärische Verdichtungen lebendiger Energie, die die Fähigkeit haben, diese Energie miteinander zu teilen. Als Therapeuten für heilende Berührung nutzen wir diese Tatsache als Werkzeug gegen alle möglichen Arten von Disharmonien, selbst lebensbedrohliche Krankheiten.

Diejenigen unter Ihnen, die gerade erst anfangen, heilende Berührung zu praktizieren, müssen sich in die schwierige Situation begeben, die Methode schon anzuwenden, bevor sie mit Sicherheit wissen, wie wirkungsvoll sie ist – selbst wenn sie in ihrem Herzen die Gewißheit haben, daß Materie sich sowohl aus Partikeln als auch aus Wellen zusammensetzt und daß man solche Energiewellen auf ein anderes menschliches Wesen übertragen kann, um etwas in dessen Leben zu bewirken. Diejenigen unter uns, die sich schon eine Weile mit heilender Berührung beschäftigt und ihre Wirksamkeit erfahren haben, besitzen dagegen die freudige und tröstliche Gewißheit, daß das Leben aus mehr besteht als nur den Partikeln, aus denen sich der Körper zusammensetzt.

Heilende Berührung ist eine Herausforderung an die grundlegendsten Überzeugungen unserer Gesellschaft, unserer modernen Welt und jedes einzelnen von uns. Dennoch ist sie eine der befreiendsten und kraftvollsten Behandlungsmethoden, weil sie uns in Harmonie mit jener größeren Realität bringt, die von Anbeginn aller Zeiten die Welt erhalten hat und sie für immer weiter erhalten wird.

Anhang 1
Anamnesebogen

Datum
Name
Adresse (Str., PLZ, Stadt)

Telefon (p.)	Telefon (d.)	
Beruf		
Familienstand	Alter	Geburtsdatum
Überwiesen von		

Jetzige Beschwerden/Symptome:

Familienanamnese:

Vater:	Mutter:	Geschwister:

Erkrankungen in der Familie:

Arthritis	Krebs	hoher Blutdruck
Diabetes	Tuberkulose	Asthma
vergr. Schilddrüse	psych. Krankheiten	Herzerkrankungen
Gicht	Übergewicht	Nierenerkrankungen
Epilepsie	Allergien	Weiteres

Eigene medizinische Vorgeschichte:

Tuberkulose	Scharlach	Lungenentzündung
Kinderkrankheiten (z. B. Masern, Windpocken, Mumps)		
Mandelentzündung	Herzerkrankungen	hoher Blutdruck
Geschlechtskrankheiten	Weiteres	

Bisherige Operationen:

Gewohnheiten:

Schreiben Sie auf, was Sie normalerweise zum Frühstück, Mittagessen und Abendessen zu sich nehmen:

Frühstück

Mittagessen

Abendessen

Wieviel/wie oft?:

Alkohol	Tabak	Drogen
Kaffee	Tee	Wasser
Schlaf	Stuhlgang	Bewegung/Sport

Medikamente, Vitamine und Kräuter, die Sie zur Zeit einnehmen:

Gynäkologische Anamnese:

erste Regel	Dauer des Zyklus	Dauer der Blutung
Stärke: stark – mittel – schwach		Schmerzen
Farbe: hellrot – dunkelrot – klumpig		
Stimmungsschwankungen		
Schmerzen in der Brust		
Wassereinlagerungen		letzte Regel
Weiteres		

Schwangerschaften:

Kinder Fehlgeburten

Schwangerschaftsabbrüche

Verhütungsmethoden:

Platz für Anmerkungen:

Unterschrift

Anhang 2
Energiearbeit an der sitzenden Patientin

1–2: Die Therapeutin öffnet die Regenbogenscheibe und zieht die Energie zu sich herab.

3: Energie für die Energiekugel sammeln.

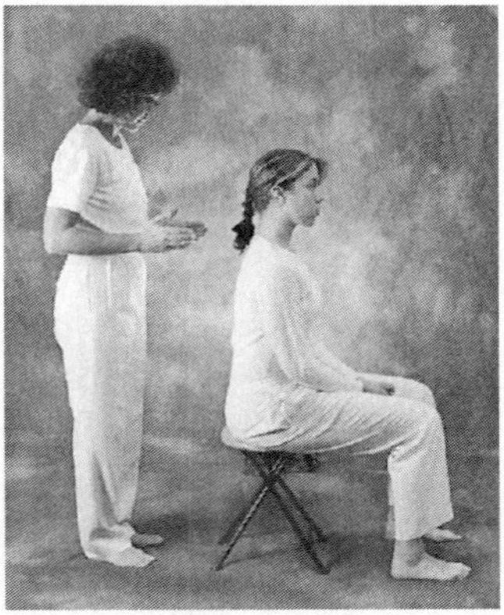

4: Die Energiekugel formen.

5–6: Die Therapeutin öffnet die Regenbogenscheibe und zieht Energie für die Patientin herab.

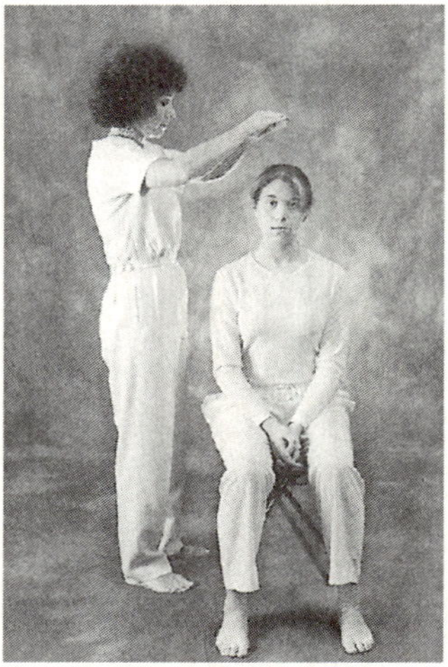
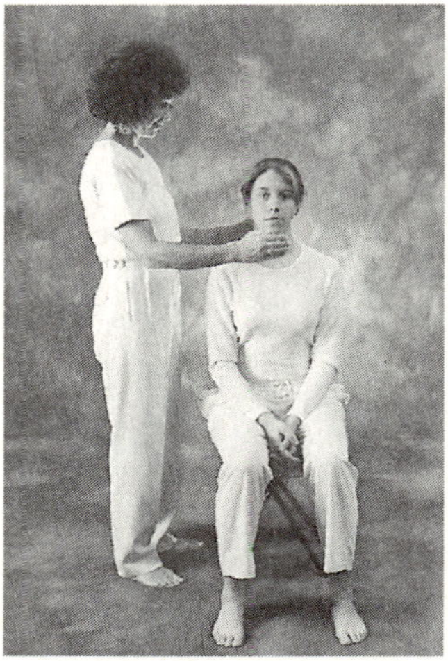

7–11: Untersuchung des Energiefelds.

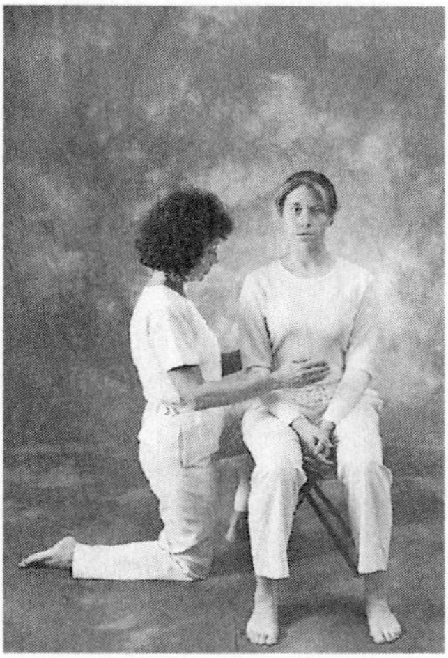

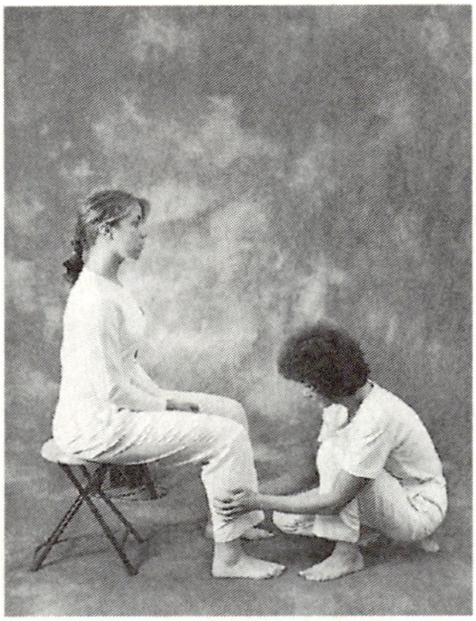

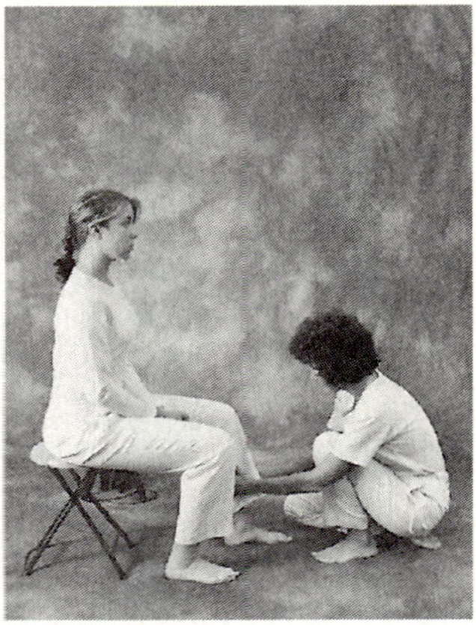

12–13: Energie in beide Beine hinunterziehen.

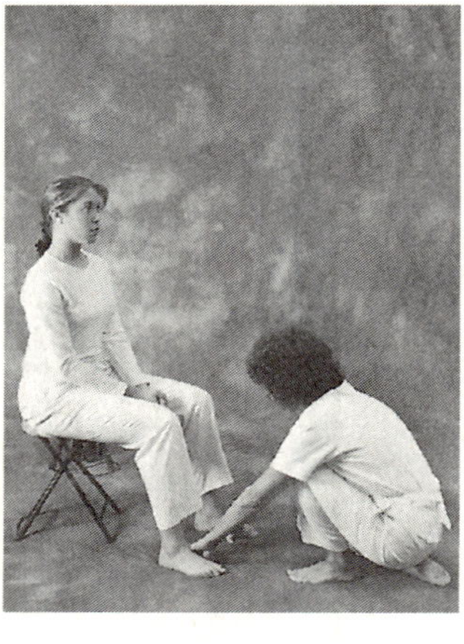

14: Die Füße öffnen und den Energiefluß ausgleichen.

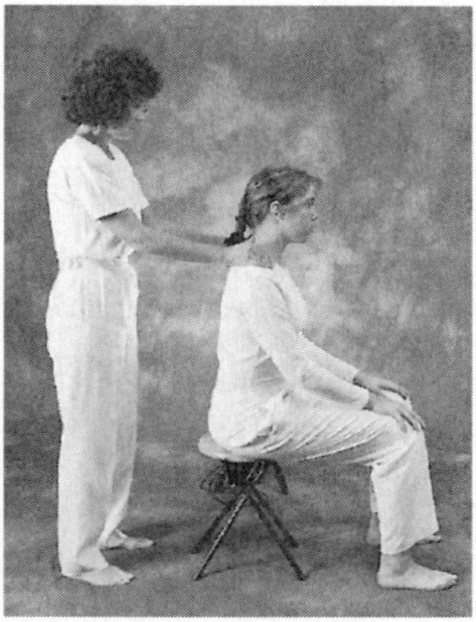
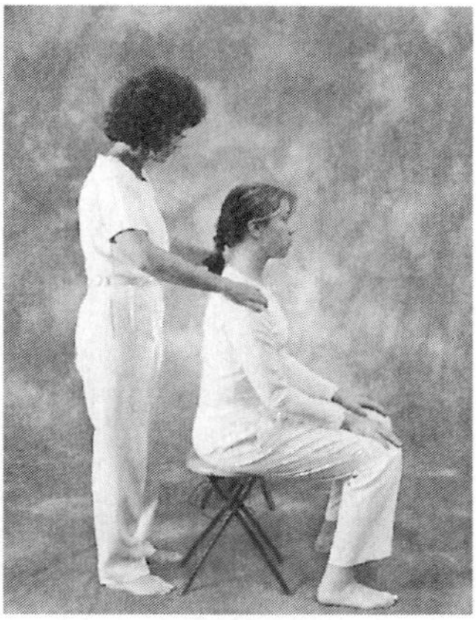

15–18: Die Schultern öffnen und den Energiefluß in beide Arme hinunterleiten (gleiche Vorgehensweise wie beim Öffnen der Füße).

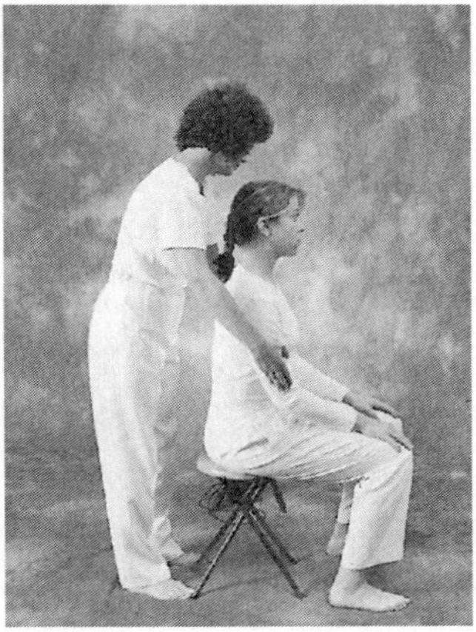

Jetzt sollte eine erneute Untersuchung des Energiefelds erfolgen. Hierfür können die Schritte 7–11 wiederholt und gegebenenfalls durch die in Kap. 7 beschriebenen Schritte ergänzt werden. Die Therapeutin sollte auch von Zeit zu Zeit überprüfen, ob die Füße der Patientin noch geöffnet sind (Schritt 14).

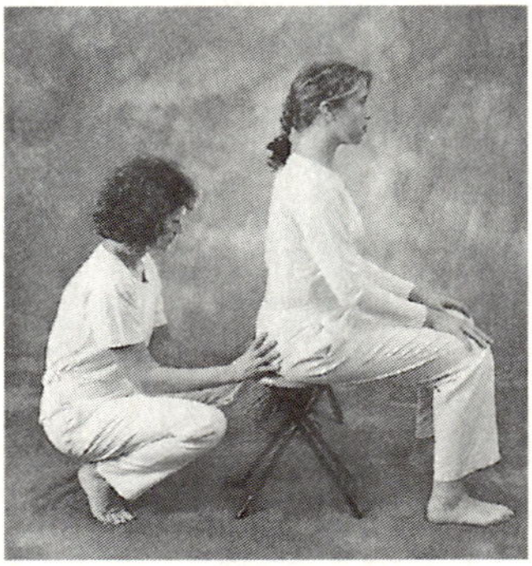

19: Aufbauen der Energiekugel, um die Lebenskraft oder das Chi zu erhöhen.

20: Die Therapeutin beginnt, die Energiekugel nach oben zu verschieben.

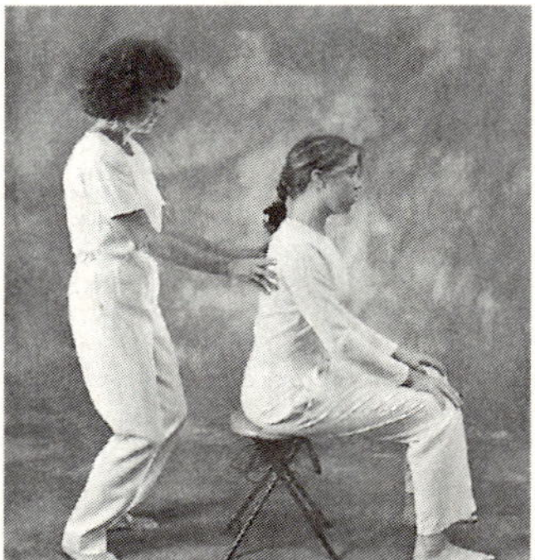

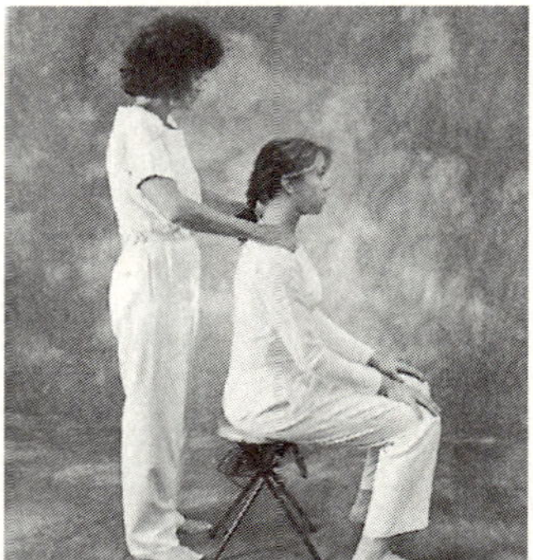

21–22: Die Therapeutin zieht die Energiekugel langsam an der Wirbelsäule der Patientin hinauf, während sie visualisiert, wie diese den Zentralkanal reinigt und die Energie der Patientin anhebt.

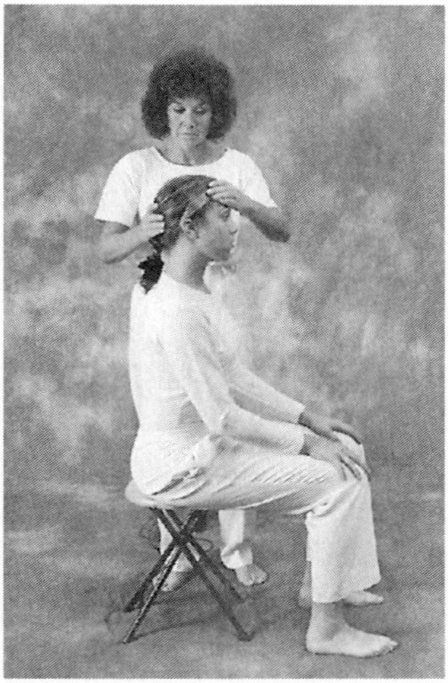

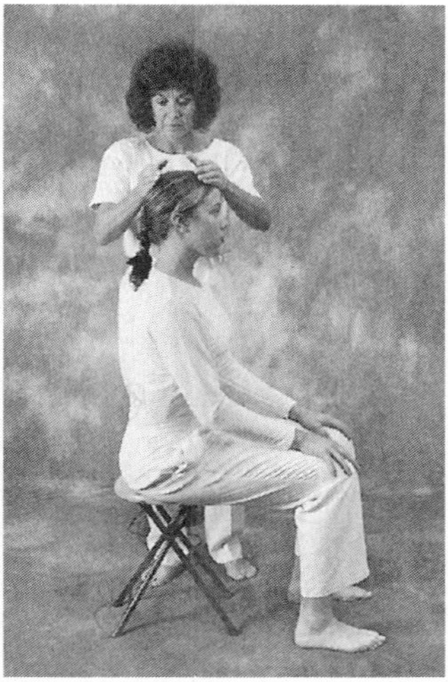

23–26: Energien freisetzen und ins Licht schicken.

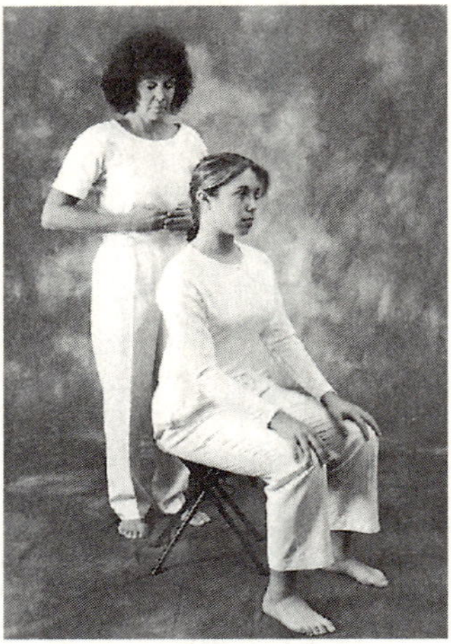

27: Die Therapeutin schickt Licht und Liebe in ihren eigenen Schwingungskern, um ihr Gleichgewicht wieder herzustellen.

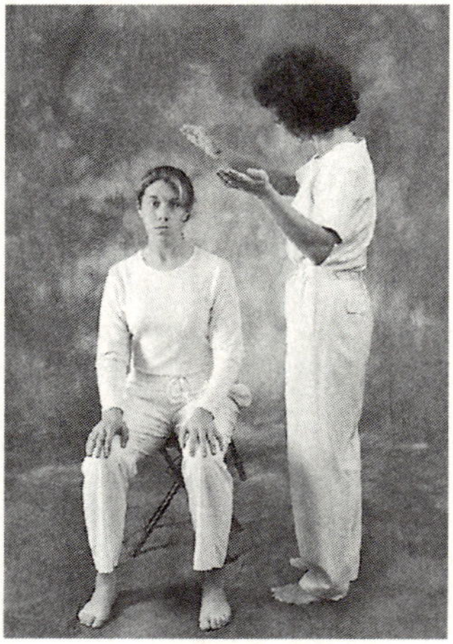

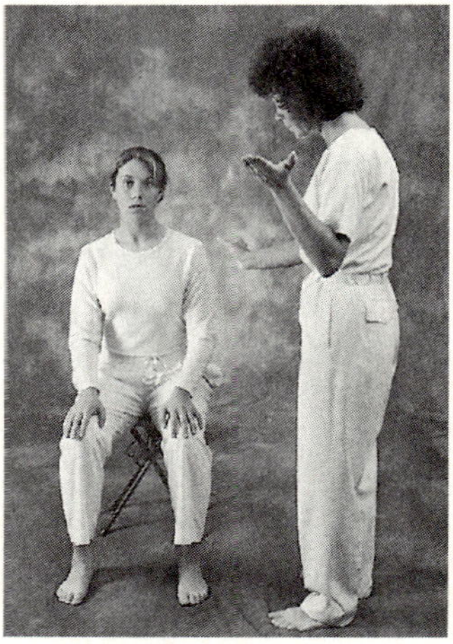

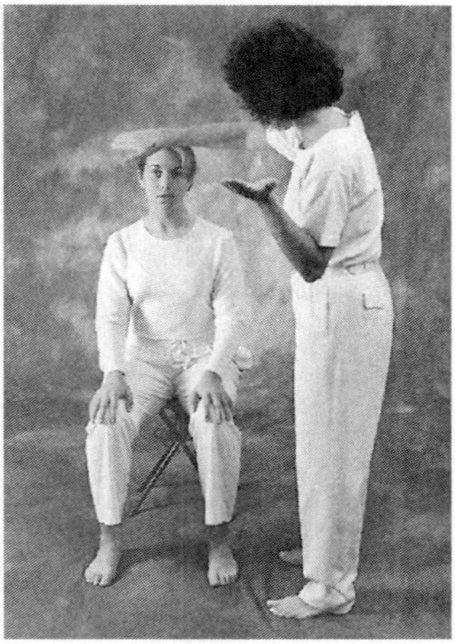

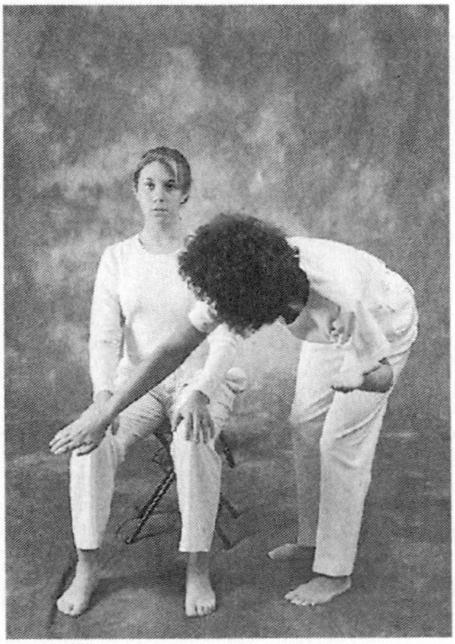

28–32: Das Energiefeld der Patientin im Uhrzeigersinn glattstreichen.

Ausgleich der Chakras an der liegenden Patientin

(Man kann auch die gesamte Behandlung im Liegen durchführen.)

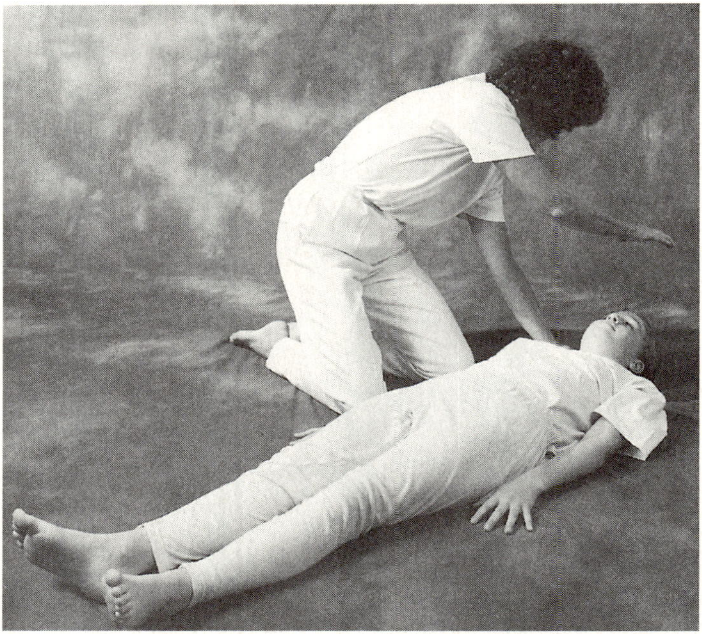

1–3: Untersuchung des Energiefelds, wobei die Therapeutin mit ihrer linken Hand den Nacken der Patientin stützt.

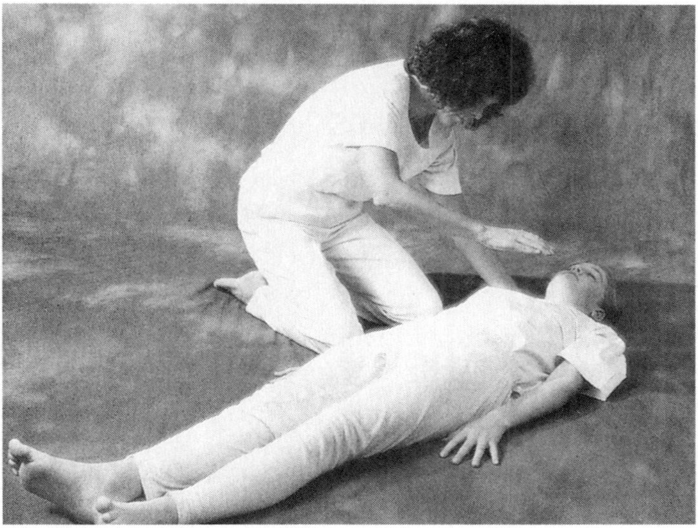

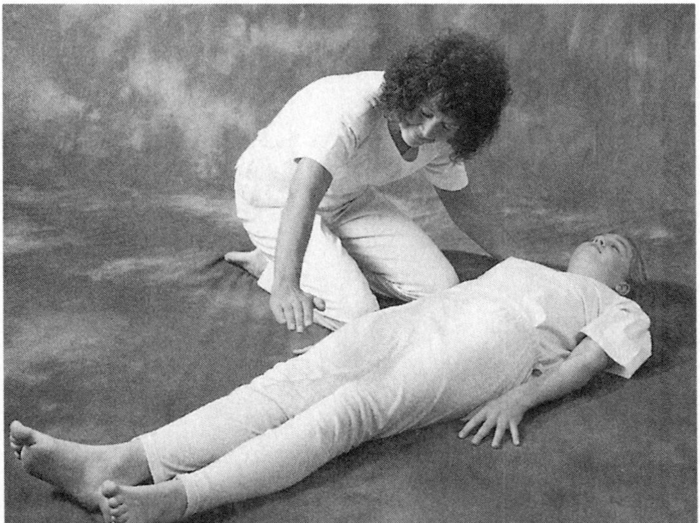

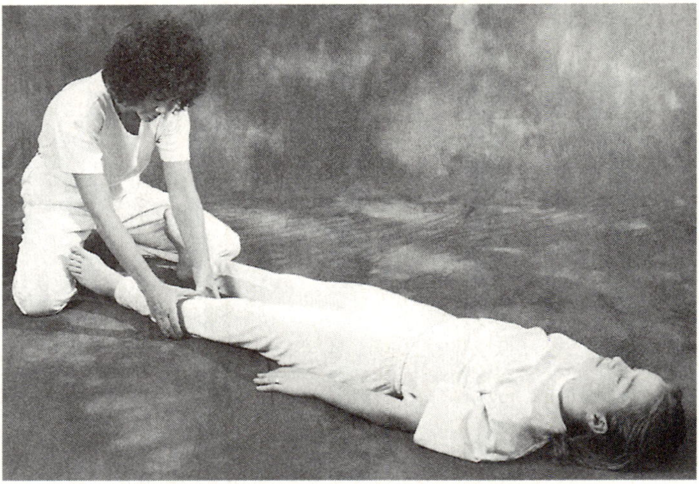

4–6: Energie in beide Beine hinunterziehen.

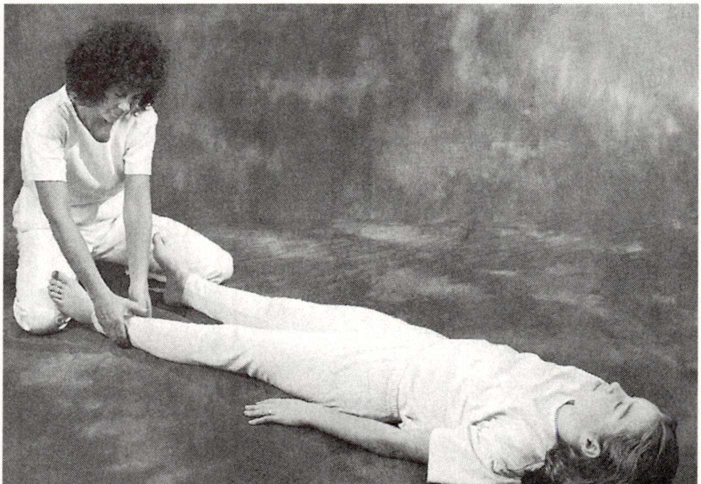

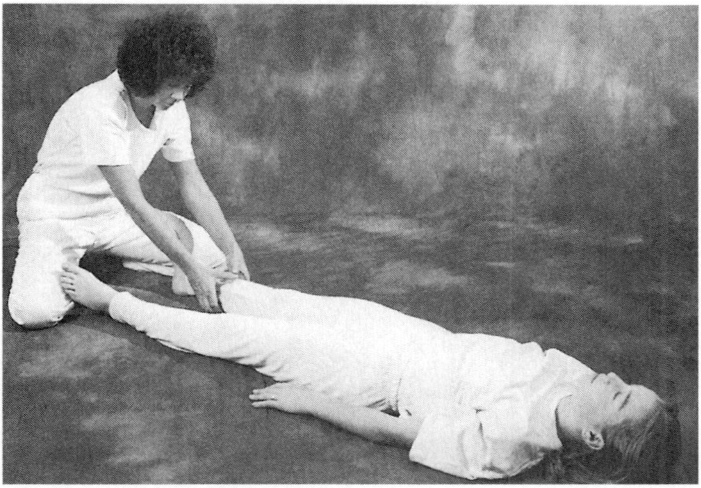

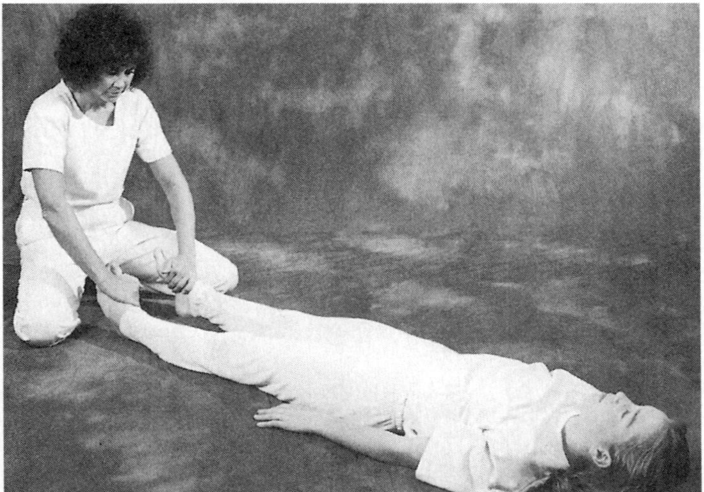

7: Die Füße öffnen.

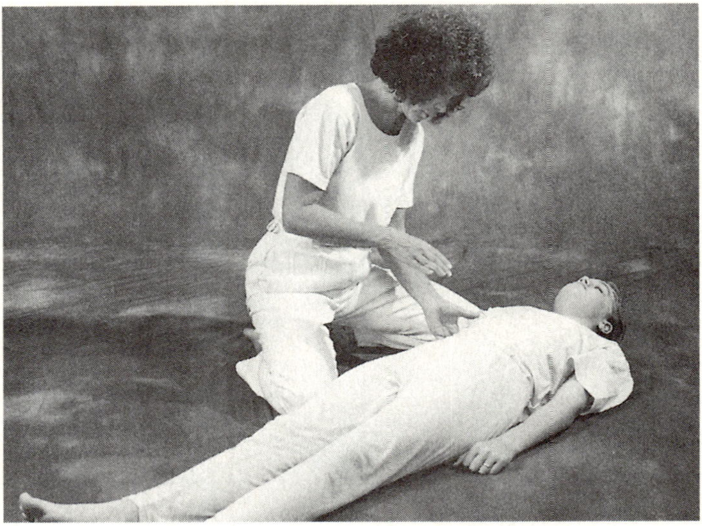

8–9: Die Therapeutin legt ihre Hände um den Solarplexus der Patientin.

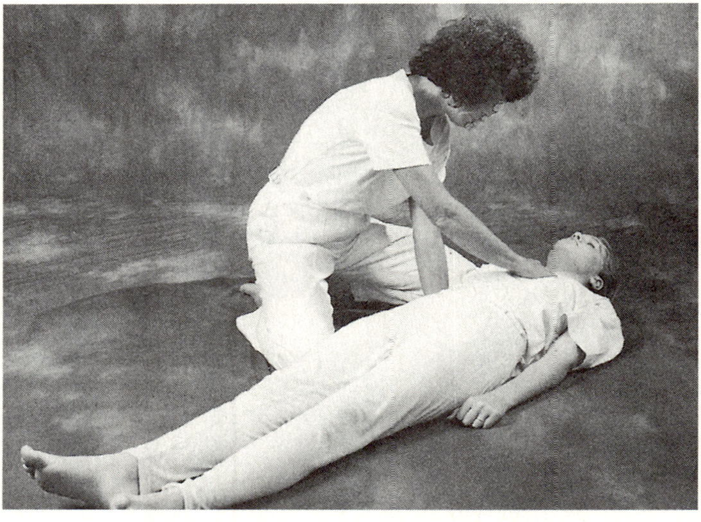

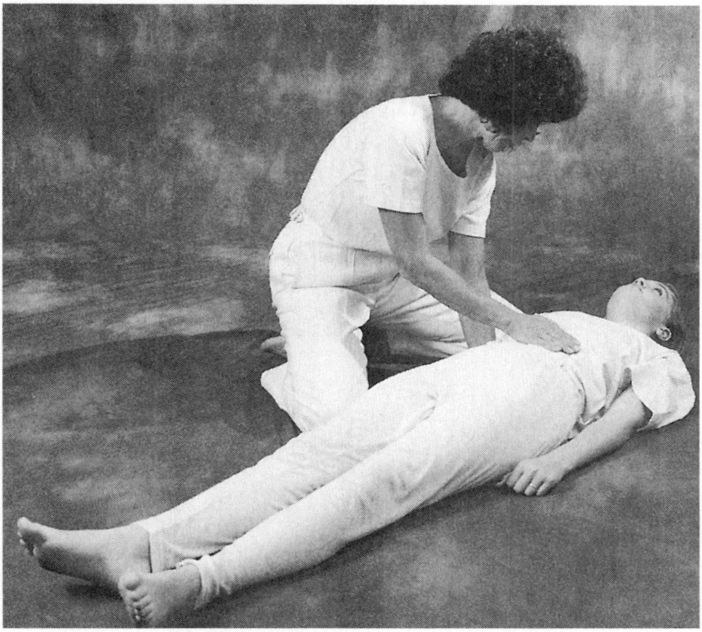

10: Visualisation der Energiekugel zwischen den Händen, um das Chakra ins Gleichgewicht zu bringen.

Anmerkung: Die Abbildungen stellen nur die Arbeit am Solarplexus dar; die Schritte 8 – 10 lassen sich jedoch auf jedes Chakra anwenden.

Bibliographie

Berger, Ruth. *The Secret Is in the Rainbow*. York Beach, Maine: Samuel Weiser, Inc., 1979.

Berkow, Robert, M. D., ed. *Merck Manual of Diagnosis and Therapy*. 14th ed. Rahway, N. J.: Merck, Sharp, and Dohme Research Labs, 1982.

Besant, Annie, Leadbeater, C. W. *Gedankenformen*. H. Bauer Verlag, [7]1996.

Boyde, William. *Textbook of Pathology*. 8th ed. Philadelphia: Lea and Febejer, 1970.

Brennan, Barbara A. *Licht – Arbeit*. Goldmann, 1995.

Caine, Randy, and Bufalino, Patricia, eds. *Nursing Care Planning Guides for Adults*. Baltimore: Williams and Wilkins, 1987.

Chia, Mantak. *Tao Yoga*, Ansata, [6]1992.

Chopra, Deepak, M. D. *Die heilende Kraft*. Lübbe, 1990.

Clark, P. E., and Clark, M. J. «Therapeutic Touch: Is There a Scientific Basis for the Practice?». *Nursing Research* 33 (1) (1984): 37–41.

Cooke, Ivan. *Healing by the Spirit*. Oxford, England: University Printing House, 1988.

Dolan, Marion. *Community & Home Health Care Plans*. Pa.: Springhouse Corporation, 1990.

Earl, Jonathan. «Cerebral Laterality and Meditation: A Review of the Literature». *Journal of Transpersonal Psychology* 13 (1981):155–173.

Fanslow, Cathleen A., R. N., M. A. «Therapeutic Touch: A Healing Modality Throughout Life.». *Topics in Clinical Nursing* 5 (2) (1983): 72–79.

Fastwolf, Oh Shinnah. Various lectures on healing with crystals.

Gerber, Richard, M. D. *Vibrational Medicine.* Santa Fe, N. M.: Bear and Company, 1988.

Grad, Bernard. «The Influence of an Unorthodox Method of Wound Healing in Mice». *International Journal of Parapsychology*, Spring 1961, pp. 5–24.

– «Some Biological Effects of ‹Laying On of Hands›: A Review of Experiments with Animals and Plants». *Journal of the American Society for Psychical Research* 59 (2) (1965): 95–127.

Heidt, Patricia, Ph. D., R. N. «Effect of Therapeutic Touch on Anxiety Level of Hospitalized Patients». *Nursing Research* 30 (1) (1981): 32–37.

Johari, Harish. *Chakras.* Sphinx, 1992.

Judith, Anodea. *Wheels of Life.* St. Paul, Minn.: Llewellyn Publications, 1990.

Kaptchuk, Ted J. *Das große Buch der chinesischen Medizin.* Scherz, 1990.

Karagulla, Shafica, M. D., / van Gelder Kunz, Dora. *Die Chakras und die feinstofflichen Körper des Menschen.* Aquamarin, 1994.

Kilner, Walter J. *The Human Aura.* Secaucus, N. J.: Citadel Press, 1965.

Krieger, Dolores, Ph. D., R. N. *Living the Therapeutic Touch: Healing as a Lifestyle.* New York: Dodd, Mead and Company, 1987.

– *Therapeutic Touch: Die Heilkraft unserer Hände.* H. Bauer, 1995.

– «Therapeutic Touch: The Imprimatur of Nursing». *American Journal of Nursing* 5 (1975): 784–787.

Krieger, Dolores, Ph. D., R. N., et. al. «Therapeutic Touch: Searching for Evidence of Physiological Change». *American Journal of Nursing*, April 1979, pp. 660–662.

Kunz, Dora, comp. *Spiritual Aspects of the Healing Arts.* Wheaton, Ill.: Theosophical Publishing House, 1985.

Landsdowne, Zachary, PH. D. *The Chakras and Esoteric Healing.* York Beach, Maine: Samuel Weiser, Inc., 1986.

Laurie, Sanders G., and Tucker, Melvin J. *Centering: A Guide to Inner Growth.* Rochester, Vt.: Destiny Books, 1983.

Leadbeater, C. W. *Die Chakras.* H. Bauer, [12]1996.

Macrae, Janet. *Therapeutic Touch – Die heilende Berührung.* Aquamarin, [2]1995.

– «Therapeutic Touch in Practice». *American Journal of Nursing*, April 1979, pp. 664–665.

Miller, Lynn A. «An Explanation of Therapeutic Touch: Using the Science of Unitary Man». *Nursing Forum* 18 (3) (1979): 278–287.

Mitchell, Edgar D. *Psychic Exploration: A Challenge for Science.* New York: G. P. Putnam and Sons, 1974.

Nitsch, Twylah. Various lectures on healing.

O'Connor, John, and Bensky, Dan, trans. and eds. *Acupuncture: A Comprehensive Text.* Chicago: Eastland Press, 1981.

Pelletier, K. R. *Mind as Healer, Mind as Slayer.* New York: Dell Publishing, 1977.

Quinn, Janet, Ph. D., R. N. «One Nurse's Evolution as a Healer». *American Journal of Nursing*, April 1979, pp. 662–664.

Randolph, Gretchen L., Ph. D., R. N. «Therapeutic and Physical Touch: Physiological Response to Stressful Stimuli». *Nursing Research* 33 (1) (1984): 33–36.

Rea, John D. *Patterns of the Whole.* Vol. 1. Healing and Quartz Crystals. Boulder, Colo.: Two Trees Publishing, 1986.

Schwarz, Jack. *Human Energy Systems.* New York: E. P. Dutton, 1980.

– *Voluntary Controls.* New York: E. P. Dutton, 1978.

Stein, Diane. *All Women Are Healers.* Calif.: Crossing Press, 1990.

– *The Woman's Book of Healing.* St. Paul, Minn.: Llewellyn Publications, 1987.

Taber, Clarence Wilbur. *Taber's Cyclopedic Medical Dictionary.* 11th ed. Philadelphia: F. A. Davis Company, 1969.

Williams III, Gurney. «The Lowest-Tech Medicine Ever». *Longevity*, January 1992, pp. 60–69.

Wilson, Jean D., M. D., et al., eds. *Harrison's Principles of Internal Medicine.* 12th ed. New York: McGraw-Hill, Inc., 1991.

transformation

«Und wenn der große Phönix frei fliegt, sieh genau hin, was er behutsam zwischen seinen Krallen trägt.» *No-Eyes*

George Brown
Dicke Bären und kalte Winter *Eine Einführung in das astrologische Denken*
(transformation 19719)

Mary Summer Rain
Der Phönix erwacht *Weisheit und Visionen*
(transformation 18558)
Spirit Song *Der Weg einer Medizinfrau*
(transformation 18537)
Weltenwanderer *Der Pfad der heiligen Kraft*
(transformation 18722)

Chögyam Trungpa
Das Buch vom meditativen Leben
(transformation 18723)
Die Shambhala-Lehren vom Pfad des Kriegers zur Selbstverwirklichung im täglichen Leben.

Peter Orban/Ingrid Zinnel
Drehbuch des Lebens *Eine Einführung in die esoterische Astrologie*
(transformation 18594)
Personare *Die zwölf Personen im Inneren der Seele*
(transformation 19179)

Paul Hawken
Der Zauber von Findhorn *Ein Bericht*
(transformation 7953)
Ein Erlebnisbericht aus der berühmten New Age-Community.

3415/3

rororo sachbuch

Stephen Arroyo
Astrologie, Psychologie und die vier Elemente
(transformation 18579)
Einer der führenden Astrologen Amerikas skizziert die Bedeutung der vier Elemente als archaische Kräfte für die Seele und weist auf die bislang ungenutzten Möglichkeiten hin, astrologisches Wissen in der Psychotherapie einzusetzen.

Janwillem van de Wetering
Ein Blick ins Nichts
Erfahrungen in einer amerikanischen Zen-Gemeinde
(transformation 17936)

Ein Gesamtverzeichnis der Reihe *rororo transformation* finden Sie in der *Rowohlt Revue*. Jedes Vierteljahr neu. Kostenlos in Ihrer Buchhandlung.

transformation

«Ein spirituelles Leben zu führen heißt, dem Ewigen zu gestatten, sich durch uns in den gegenwärtigen Augenblick hinein auszudrücken.»
Reshad Feild

C. J. Cooper
Der Weg des Tao *Eine Einführung in die Lebenskunst und die Weisheitslehre Chinas*
(transformation 60110)

Stanislav Grof
Geburt, Tod und Transzendenz
Neue Dimensionen in der Psychologie
(transformation 18764)
Eine Bestandsaufnahme aus drei Jahrzehnten Forschung über außergewöhnliche Bewußtseinszustände.

Ken Wilber
Das Spektrum des Bewußtseins
Eine Synthese östlicher und westlicher Psychologie
(transformation 18593)
«Ken Wilber ist einer der differenziertesten Vordenker und Wegbereiter des Wertewandels in Wissenschaft und Gesellschaft.»
Psychologie heute

Gary Zukav
Die tanzenden Wu Li Meister
(transformation 17910)
Der östliche Pfad zum Verständnis der modernen Physik: vom Quantensprung zum Schwarzen Loch.

Reshad Feild
Schritte in die Freiheit *Die Alchemie des Herzens*
(transformation 18503)

rororo sachbuch

Robert Anton Wilson
Der neue Prometheus *Die Evolution unserer Intelligenz*
(transformation 18350)
«Robert A. Wilson ist einer der scharfsinnigsten und bedeutendsten Wissenschaftsphilosophen dieses Jahrhunderts.» *Timothy Leary*

Joachim-Ernst Berendt
Nada Brahma *Die Welt ist Klang*
(transformation 17949)
Das Dritte Ohr *Vom Hören der Welt*
(transformation 18414)
«Wenn wir nicht wieder lernen zu hören, haben wir dem alles zerstörenden mechanistischen und rationalistischen Denken gegenüber keine Chance mehr.» *Westdeutscher Rundfunk*

Ein Gesamtverzeichnis der Reihe *rororo transformation* finden Sie in der *Rowohlt Revue*. Jedes Vierteljahr neu. Kostenlos in Ihrer Buchhandlung.

Gedanken heilen

Jeanne Achterberg
Gedanken heilen *Die Kraft der Imagination. Grundlagen einer neuen Medizin*
(rororo sachbuch 8548)
«Die neuen Verhaltenstherapien, die die Imagination in den Mittelpunkt stellen, wie zum Beispiel gelenkte Phantasien, Hypnose und Biofeedback, und denen ein Hauch von Schamanismus anhaftet, haben in kontrollierten Testsituationen ihren Einfluß auf die Immunität bewiesen. Nun, da sich die schwer faßbaren Geheimnisse des menschlichen Geistes zu enthüllen beginnen, spielt sich vor unseren Augen ein faszinierendes, noch nie dagewesenes Drama ab: Das wissenschaftliche Paradigma wechselt, die Metaphern vermischen sich. Es ist ein guter Augenblick zu leben.»
Dr. med. Jeanne Achterberg im Vorwort ihres Buches

Norman Cousins
Der Arzt in uns selbst *Wie Sie Ihre Selbstheilungskräfte aktivieren können*
Mit einem Vorwort von Heiko Ernst
(rororo sachbuch 9307)
Norman Cousins litt an einer tückischen, äußerst schmerzhaften Knochendegeneration, als er beschloß, sich selbst zu heilen: durch Höchstdosen von Vitamin C und – Lachen. Zur Verblüffung aller Fachleute war seine Therapie tatsächlich erfolgreich. In *Der Arzt in uns selbst* beschreibt der renommierte Journalist seinen sensationellen Heilungsprozeß, der die Wegscheide in der modernen Medizin markiert.

3407/9

rororo gesundes leben

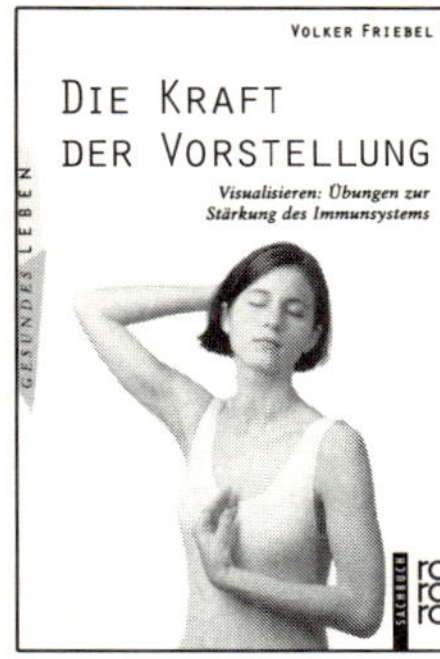

Volker Friebel
Die Kraft der Vorstellung
Visualisieren: Übungen zur Stärkung des Immunsystems
(rororo sachbuch 9959)
Der Diplompsychologe Dr. Volker Friebel bietet nicht nur eine Einführung in das Zusammenspiel von Psyche und Immunsystem. Er beschreibt auch ausführlich, wie die Selbstheilungskräfte des Körpers funktionieren und welche Rolle die Techniken der Visualisierung dabei spielen. Im praktischen Teil des Buches stellt er Übungen vor, die der Entspannung und Stimulierung des Immunsystems dienen.

Ein Gesamtverzeichnis aller lieferbaren Titel der Reihe *rororo gesundes leben* finden Sie in der *Rowohlt Revue*. Jedes Vierteljahr neu. Kostenlos in Ihrer Buchhandlung.

Wege zur Ruhe

Ingo Jarosch
Die acht Brokate *Kraft und Entspannung aus dem Reich der Mitte*
(rororo sachbuch 9648)
Finden Sie Entspannung, tanken Sie Kraft und innere Ruhe: Die acht Brokate sind ein Gesundheitszyklus aus dem Tai Chi und beruhen auf der fernöstlichen ganzheitlichen Betrachtungsweise des Menschen. Diese eleganten Übungen sind schnell und leicht zu erlernen. Und wenn Sie sich jeden Tag nur zehn Minuten Zeit nehmen, werden Sie Ihre innersten Energien wecken und in kurzer Zeit ein positives Lebensgefühl erfahren.

Ingo Jarosch
Tai Chi *Neue Körpererfahrung und Entspannung*
(rororo sachbuch 8803)

Sue Luby
Hatha Yoga *Entspannen, auftanken, sich wohl fühlen*
(rororo sachbuch 8592)
«Das Buch wendet sich an Anfänger und Fortgeschrittene verschiedenen Grades. Es möchte dem Leser helfen, Geist und Körper auf intelligente Weise beherrschen zu lernen, um dadurch Gesundheit und Spannkraft des Körpers zu erhöhen. Diese Absicht des Buches kann der Leser gewiß mit Erfolg erreichen, wenn er nach den Anleitungen des Buches übt. Es ist ‹ein intelligentes Buch›.»
BDY-Information (Berufsverband der deutschen Yogalehrer)

rororo gesundes leben

Paul Wilson
Wege zur Ruhe *100 Tricks und Techniken zur schnellen Entspannung*
(rororo sachbuch 60119)
Ein kurzweiliger Reader für hektische Zeiten: Neben Klassikern wie Atemtechnik, Stretching, Autosuggestion und Massagen stellt der Autor auch viele überraschende Wege zur Ruhe vor, etwa: die Katze streicheln, helle, lockere Kleidung anziehen oder viel klares Wasser trinken und für besonders Ungeduldige und Gestreßte gibt es effektive Hilfe für den «Notfall». Eine originelle, amüsante und informative Zusammenstellung von hundert Wegen zu schneller Ruhe und Entspannung.

Ein Gesamtverzeichnis aller lieferbaren Titel der Reihe *rororo gesundes leben* finden Sie in der *Rowohlt Revue*. Jedes Vierteljahr neu. Kostenlos in Ihrer Buchhandlung.

3407/8a

Bewegung und Entspannung aus dem Reich der Mitte

Bruce Kumar Frantzis
Qi- Gong *Wege zu den Energiequellen des Körpers*
(rororo sport 9442)
Seit über 3000 Jahren nutzen die Chinesen diese sanften und genußvollen Qi- Gong-Übungen, um Krankheiten vorzubeugen und sie zu heilen, tiefe Entspannung zu spüren, Begleiterscheinungen des Alters zu mindern, die Sexualität zu intensivieren und die körperliche und geistige Leistungsfähigkeit zu aktivieren. Lernen Sie, in Ihren Körper hineinzufühlen, spüren und entdecken Sie die Energie, die durch Ihren Körper fließt und Ihnen Kraft und Vitalität gibt. Bruce Kumar Frantzis hatte das seltene Glück, von unterschiedlichen Großmeistern in die tiefsten Geheimnisse der inneren Kraft eingeweiht zu werden, die er in diesem Buch an uns weitergibt.

Ingo Jarosch
Die acht Brokate *Kraft und Entspannung aus dem Reich der Mitte*
(rororo sachbuch 9648)
Finden Sie Entspannung, tanken Sie Kraft und innere Ruhe: Die acht Brokate sind ein Gesundheitszyklus aus dem Tai Chi und beruhen auf der fernöstlichen ganzheitlichen Betrachtungsweise des Menschen. Diese eleganten Übungen sind schnell und leicht zu erlernen, und wenn Sie sich jeden Tag nur 10 Minuten Zeit nehmen, werden Sie Ihre innersten Energien wecken, und ein positives Lebensgefühl wird sich in kurzer Zeit einstellen.

rororo sachbuch

Yogi Deenbandhu (Detlef Uhle)
Yoga für alle *Übungen für jeden Tag*
(rororo sachbuch 9386)

Sue Luby
Hatha Yoga *Entspannen, auftanken, sich wohl fühlen*
(rororo sachbuch 8592)

Ingo Jarosch
Tai Chi *Neue Körpererfahrung und Entspannung*
(rororo sachbuch 8803)
Der Autor zeigt, wie man mit Tai Chi die Rückbesinnung auf sich selbst und die dabei erfahrene körperliche und geistige Entspannung mit seiner Methode rasch erlernen kann.

Tran Vu Chi
Heilen durch Bewegung *Schnelle Selbsthilfe durch WA DO bei Krankheiten und Beschwerden*
(rororo sachbuch 9615)
500 Bewegungen, die innerhalb kürzester Zeit Wohlbefinden hervorrufen und gezielt bei allen körperlichen und nervösen Beschwerden eingesetzt werden können – das ist WA DO.

3531/1

psychologie aktiv

Laurie Ashner / Mitch Meyerson
Wenn Eltern zu sehr lieben
(rororo sachbuch 9359)

Karola Berger
Co-Counseln: Die Therapie ohne Therapeut *Anleitungen und Übungen*
(rororo sachbuch 9954)
Co-Counseln bedeutet: sich gegenseitig beraten. In dieser neuen Form der «Laien-Therapie» finden sich zwei Menschen zum therapeutischen Gespräch zusammen. Das Buch vermittelt mit leicht verständlichen Anleitungen und einfachen Übungen die Grundlagen und Techniken dieser neuen Methode.

Nathaniel Branden
Ich liebe mich auch *Selbstvertrauen lernen*
(rororo sachbuch 8486)

Wayne W. Dyer
Mut zum Glück *So überwinden Sie Ihre inneren Grenzen*
(rororo sachbuch 60230)
Der wunde Punkt *Die Kunst, nicht unglücklich zu sein. Zwölf Schritte zur Überwindung unserer seelischen Problemzonen*
(rororo sachbuch 17384)

Diane Fassel
Ich war noch ein Kind, als meine Eltern sich trennten ... *Spätfolgen der elterlichen Scheidung überwinden*
(rororo sachbuch 9984)

Daniel Hell
Welchen Sinn macht Depression? *Ein integrativer Ansatz*
(rororo sachbuch 19649)

rororo sachbuch

Klaus Kaufmann-Mall / Gudrun Mall
Wege aus der Depression *Hilfe zur Selbsthilfe*
(rororo sachbuch 60232)

Robin Norwood
Warum gerade ich? *Ein Ratgeber für die schwierigsten Situationen des Lebens*
(rororo sachbuch 60126)

Tim Rohrmann
Junge, Junge – Mann, o Mann *Die Entwicklung zur Männlichkeit*
(rororo sachbuch 9671)

Shelly E. Taylor
Mit Zuversicht *Warum positive Illusionen für uns so wichtig sind*
(rororo sachbuch 9907)

Ein Gesamtverzeichnis aller lieferbaren Bücher und Taschenbücher zum Thema finden Sie in der *Rowohlt Revue*. Vierteljährlich neu. Kostenlos in Ihrer Buchhandlung.

3622/2a

3400/7